IT 戦略の日米政策比較分析
―1970－2020 年を中心に―

藏田 幸三

第 3 部

IT 国家戦略と企業経営との相互作用

IT 戦略の日米政策比較分析

　本論文の目的は、IT 戦略（通常は Information Technology ＝情報技術と訳
されるが、本章では ICT（情報通信技術）を含めた意味で IT という言葉を
用いる）に関する日米両国の政策の相違とそれを生み出す形成過程を明らか
にすることである。1970 年代以降、日米両国の経済的な発展の中心を担った
IT 分野に対して、政府と産業がいかなる政策と相互関係を持ったのかを実証
的に考察する [1]。

　本論文では、IT 戦略に関する国レベルの総合的な政策を、IT 国家戦略と
定義して用いる。その用語を用いる意図を、簡潔に述べておこう。

　まず、国を政策の主体・階層・範囲のひとつとして捉える。それは、IT の
発達によって国の役割が変容しつつあることを認めながらも、一国の政府が
実質的な権力（Power）を持った主体であり、そこに国民の利益や関心を集
約できると考えるからである [2]。インターネットに代表されるネットワーク
の発展が、時間的・空間的な障害を低減するものであって、国連や国際通信
連合（ITU）などの国際組織や IT ネットワークの上に構築されるサイバー・
コミュニティの役割を認めながらも、いずれも IT 戦略の形成・推進の主体性・

---

(1) IT分野の国家戦略という観点からは、ブロードバンドで先行した韓国やソフトウェア産業で発展するインド、
　急速な情報通信産業の発展を遂げている中国など、アジア諸国にも考察に値する事例がある。しかし、本論文で
　はITで世界をリードしてきた米国と日本の2ヶ国に絞り込んで、深く政策形成過程にまで踏み込んだ研究を行う
　という選択をした。また、資料的な限界もあり、アジア諸国やヨーロッパなどの分析は、別の機会に取り組む予
　定である。
(2) Maciver, R. M., The elements of social science, Methuen, 1921.

有効性の確立にはしばらくの時間が必要であると思われる。

　これまで「国家戦略」という用語は、安全保障や金融、エネルギーなど、その国の生命、財産、経済を支える基礎的・公共的な分野で多く用いられてきた。しかし、21世紀の社会・経済の基盤となったITに対する戦略の成否はその国の盛衰を分ける重要な社会的基盤であり、旧来の国家戦略の枠組みを拡張した新しいIT国家戦略を位置づける必要性があると考えられる。バイオ・インフォマティックスやナノ・テクノロジーなど、既存の産業を超えて新しく融合・誕生する産業が生まれ、それをベースにした社会・経済制度の変革を促進する戦略が求められる中で、IT国家戦略と同様の総合的な戦略の必要性は一層高まっていくと思われる。

　また、従来の研究で用いられてきたITに関する産業政策は、主に個別の産業を対象とした政策を指してきたが、本論文ではその上位概念として産業横断的、総合的に企画・推進される一国の戦略のことをIT国家戦略として位置づける。これまでの産業政策が、個別産業の技術開発などに持続的な革新を促すための条件整備の政策であったとすると、IT国家戦略は、その枠組みでは捉えきれない破壊的な革新や社会構造の非連続的な発展を速やかに進めるための手法として捉えられる。それは、既存の規制や制度の改革を目指す規制緩和論やネットワーク分析、技術革新論の分析枠組みにとどまらず、IT産業の融合・確立の過程やそれに至る政府と産業の相互作用、IT技術の開発とその応用・展開の連携などを包含したものである。

　ところで、1990年代に入ると、急速な情報通信産業の一層の発達に伴って、既存の産業、政策、制度などのあり方が大きく変容してきた[3]。それは、IT産業が経済・社会の活力を支える重要な基盤になったことの表れであると考えられる。この大きな変化は「IT革命」とも称され、ITを核とした社会・経済の総体的な変革であり、ひとつの産業の発展にとどまらない変化として

---

(3) ITによる社会的な変革については、いわゆるIT革命の呼称が与えられ、一般社会の共通認識となっていると考えられる。日本においては1990年代半ばまではその考え方が先行するような形であったが、2000年以降は経済、社会、文化など、あらゆる面でITによる変化・発展の現実の変化が広く見られるようになった。

捉えることが重要である。そのような変化に対する政策運営は、一産業のあり方にとどまらず、一国の経済、社会全体、個別の経済政策、産業政策の枠を超えて、国レベルの総合的な政策である IT 国家戦略が、強く要請されるようになる。特に、IT ネットワークが経済的な競争を世界的な規模で展開するための情報基盤となる中で、国・産業の競争関係が大きく変化するようになってきた。

　本書では、旧来の産業政策という限定された枠組みにとどまらず、国レベルの総合的な政策、すなわち IT 国家戦略という考え方を重視する。なぜなら、IT 産業は情報産業と通信産業という個別・専門の産業領域の枠組みを超えて、複数の産業が融合して確立する産業の全体であり、それに対する政策は既存の専門・産業に限定された伝統的な「産業政策」では十分ではないと考えるからである。また、IT 社会への移行を伴う IT の発展は、産業の融合や社会的な変化を視野に入れる必要があり、短期的・局所的な分析にとどまらず、長期的・大局的な分析の視点にも重点を置いて分析を行った (4)。

　そのような IT の産業確立から社会的な基盤となるまでの 1970 年代から 2020 年を取り上げ、その時代の日米の主要 IT 関連政策・事象を詳細に調査・分析した。特に、両国の政策形成過程に関する資料は、審議過程の原資料にまで踏み込んで、その収集・分析に取り組んだ。具体的には、日本においては公表されている政策文書、政府刊行物、統計・政策年鑑、国会議事録を、米国に関しては連邦議会の速記録、各種研究機関の報告書・提出資料などを調査した。また、できる限りフィールド調査を組み込むことで、現実的・実践的な知見を導き出すことができるよう意識した。

　それらの政策関係情報を、本論文ではデータベース化し、そのデータに基づく詳細な分析を行った。IT ネットワークや既存のデータベース、また原資料から抽出した情報を集めて、日米両国の政策の形成過程に関する政策情報

---

(4) IT社会における新しい事業展開として、Linuxなどのオープン・ソースの動向が注目される。長期的・大局的に見ると、産業・企業にとどまらず、ITネットワークを活用した連携・協働の形態として、その特徴や構造などの分析とそれに対する政策対応は重要な課題であるが、事例が限定されており、学術的な研究のためにはしばらく時間が必要であると思われる。

データベースを構築し、それを多面的に分析することで規則性や推移を検証する方法をとった。

　日本と米国のIT産業や政策に関する研究で、情報通信産業の産業融合的な特徴に視点を置いた研究はほとんど見られない。なぜなら、先行研究は情報産業や通信産業、産業政策などの専門領域の中で行われており、それらを産業横断的な変化と捉え、それに対する国レベルの政策の必要性やその政策形成に着目する認識が十分ではなかったからである。本論文は、その未だ十分に研究されていない領域に対して、IT国家戦略という観点からその形成過程にまで踏み込んで詳細な分析を行い、それによって生じた日米のIT分野の対照的な様相を明らかにしようとするものである。

　そこで、簡潔に本論文の構成とその結論を要約してまとめておきたい。

　まず、第1部では日本のIT国家戦略について検討する。第1章で取り上げる1970年代の超LSIプロジェクトは、個別政策としては一定の成果を上げ、世界に先駆けた国家的なプロジェクトとなった。しかし、その成功体験とその手法にとどまり続けたために、1980年代以降のIT社会 (5) への先行の機会をつかむことができなかったばかりでなく、1990年代のIT国家戦略の確立に大きな後れを取ってしまったのである。

　第2章では、超LSIプロジェクト後の日本のIT国家戦略の空白を明らかにし、1990年代末に漸く着手された国家戦略づくりの過程を分析する。その形成過程においては、政府と企業の相互関係を基盤とし、同時期に政策より先行した企業経営における事例を吸収し、具体的で実践的な戦略にまとめていくことが求められる。

　第3章では、日本においてIT基本法が制定され、国家戦略の策定・推進段階に入った2000年代（2000年から2020年まで）を取り上げ、政府主導によるIT国家戦略のあり方を分析する。2010年代の後半に入って本格化した

---

(5) IT社会とは、インターネットなどの情報通信のネットワークが社会的な共通基盤となって、様々な経済、社会、政治、文化活動が行われる社会のことと定義する。1970年代に提示された知識集約型社会や高度情報化社会、知識社会などの概念と類似するが、IT産業を中心とした情報ネットワークの基盤整備・活用を重視するものである。

5G をベースとする Society5.0 の実現に向けた動きについて検証する。2000年代前半では光ファイバー網の整備により高速通信環境の整備をいち早く実現した日本は、そのプラットフォームを生かした新しい事業・サービスの創出に向けて、有効な政策を打ち出すことができなかったと考えれられる。それに対して、2000 年以降の米国 IT 国家戦略は、大統領のリーダーシップに基づいて、今後のあるべき IT 産業の発展の方向性やビジョンを示し、それに向けて民間事業者の主体性を引き出しながら、産業振興を図っていくことで、多くの世界的な IT 企業を生み出すなどの成果を上げることができたと捉えられる。

　次に、第 2 部で米国の IT 政策について分析する。第 4 章では、日本の超 LSI プロジェクトを範として、それに後れて 1980 年代に実施されたセマテック（SEMATECH）を取り上げる。これは個別産業に対する施策として一定の成果を上げるとともに、米国の政府と産業間の相互協力や政策形成のネットワーク確立の端緒となった。

　第 5 章では、その政府と産業の関係が発展し、企画・立案された 1991 年高性能コンピュータ法を取り上げる。この法律によって、米国は全世界をリードする IT 国家戦略を打ち出すことに成功した。軍事目的の ARPANET をはじめとして、学術目的の NSFNET など、世界に先駆けて IT ネットワークの基礎技術をリードしてきた米国が、その IT 戦略を産業目的への展開や一般のユーザーを巻き込んだ広範な活用へと推進したと考えられる。それを可能としたのは、連邦議会の政策形成システムであり、そこでは政府、産業、軍事、学界などの知識・情報が結集し、産業横断的な国家戦略の立案に成功したのであった。

　最後に、第 3 部として IT 国家戦略が産業や企業にいかなる影響を与えたのかを分析する。IT 国家戦略の有効性は、国レベルの戦略や理念が、産業や企業の現場などの IT の活用局面に広く浸透し、多様な工夫・改善を創出できるかによると考えられる。すなわち、日米の IT 国家戦略の評価にあたっては、経済・産業の分野で具体的な経営戦略や事業展開に与えた影響を検証するこ

とが必要不可欠であると考えられる。

　産業政策論の研究においてそうであったように、IT 国家戦略などの政策と個別企業の経営戦略との関係性は、十分に解明されてこなかったと考えられる。しかし、これまで述べてきたように IT ネットワークの特徴とその有効性は、情報基盤としての機能性にとどまらず、それが多様な社会や組織の関係性やそのあり方を変革し、新しいシステムが創出される点にあると考えられる。

　そこで、1990 年代以降に新しく誕生し、様々な産業や企業で展開されている「モジュール化」に着目した。同時期に日米両国で急速な発展を遂げたアウトソーシング、EMS、サプライ・チェーン・マネジメント、ソリューション・ビジネスなどの諸形態は、このモジュール化という概念で統一的に理解することができる。様々な呼称を与えられている事業形態は、IT を基盤として基本設計（アーキテクチャ）に基づく分業・連携によって、市場・顧客への迅速な対応などの成果を目指すものであり、モジュール化の諸形態（バリエーション）として捉えることができる。そこで本論文では、モジュール化を IT 国家戦略によって創出される新しい経営戦略と位置づけ、それに取り組む企業や経営者と、国家戦略や政府との相互関係を分析する。

　ここでモジュール化の位置づけについて、手短に述べておきたい。先進諸国における最近の重要な経営革新、ビジネス・モデルのひとつとして、モジュール化の研究が進展してきている。それは、ハーバード・ビジネス・スクールで展開し、日本でも多様な視点からの調査・分析が発展してきている (6)。モジュール化の動きは先ほどふれたように、アウトソーシング、EMS、サプライ・チェーン・マネジメント、ソリューション・ビジネスなどの事業形態や生産システムにおける「モジュール生産方式」「セル生産」など、いろいろな場面で展開されており、IT ネットワークが基盤となった経済活動の共通形式としての優位性を持つものと考えられる。その背景には、IT によって可能となった大量、正確、迅速な情報の共有・活用やそれらを基盤とした顧客ニーズへ

---

(6) 詳細は第6章にて詳述。

の的確な対応などが、多様な産業における競争優位の要素になってきていることがあると思われる。しかし、このモジュール化の特徴を十分に発揮させるためには、個別の企業や産業にとどまらず、顧客・ユーザーや他業種・企業とのネットワーク（ハードウェア）の整備と、それらを戦略的に組み合わせていく産業横断的な政策が必要となる。それらの課題は、個別産業や企業の革新では容易に解決し得ないものであり、IT国家戦略が産業基盤の整備とそれに伴う社会的な変革への戦略提示を進めることで、自律的に展開される技術や経営の革新を支援し、相乗的な成果へとつなげることができると考えられる[7]。

　第6章では、米国企業のモジュール化への取り組みを分析する。特に、同国のIT戦略の形成過程において重要な役割を担ったIBMが、その企業経営を大きく転換するにあたって、国家戦略がそれを支援したことを明らかにする。

　第7章では、日本におけるモジュール化の事例分析を行う。米国とは対照的に、国家戦略の支援を待たずに、自律的な経営革新によって日本企業は独自にモジュール化への取り組みを進めた。そのために、個別の企業内での経営革新にとどまり、米国と比較してその発展は後れを取ってしまったと考えられる。2000年にようやく形成されたIT国家戦略には、それらの企業経営の成果を事後的に吸収・導入することになってしまった。これらの事例分析を通じて、両国のIT戦略が現実にどのような形で企業経営に影響を与え、いかなる成果を上げているのかを考察する。

　最後に補章として、ITネットワークを活用した企業経営の一側面として重要性を増している環境経営についてもふれた。

　それでは、次から日本のIT国家戦略についての分析を始めていくことにする。

---

(7) それが象徴的に表れたのが、1980年代のIBM、1990年代のソニーなどの停滞であると捉えられる。先進的な経営戦略を展開している両社は、経営努力によってIT社会の新しい事業形態を目指したが、情報と通信の区分や規制、既存システムの転換などは困難な課題であった。それを支援・促進した重要な要因のひとつとして、日米両国のIT国家戦略の存在があると考えられる。

第1部

先行・停滞した日本の
IT国家戦略の実証分析

第 1 章

世界をリードした IT 国家プロジェクトの分析
― 1970 年代「超 LSI 研究組合」―

1. はじめに

　1990 年代以降、情報通信産業は社会全体を支える重要なインフラストラク
チャーをなす基盤産業として [1]、世界各国で戦略的な政策が推進されてきて
いる [2]。その重要な戦略産業である同産業に対して、日本は世界に先駆けて、
1970 年代に同産業の育成を図る政策を実施した。それは、1970 年代において
重要であったハード部門の情報通信機器産業における国家プロジェクトの企
画・推進であり、世界的な注目を集めた [3]。

　本章では、その 1970 年代の日本の情報機器産業に対する政策を分析、評価
する。具体的には、通商産業省（以下、通産省とする [4]）が 1976 年度から
1979 年度に実施した超 LSI 研究組合プロジェクト（以下、超 LSI プロジェク
トとする [5]）を取り上げる。

　情報通信産業とは、「情報と通信を組み合わせたネットワークに関連する産

---

(1) 米国商務省著、室田泰弘編訳『デジタル・エコノミー 2002 ／ 03』東洋経済新報社、2002年、37-38ページ。
(2) 日本では、IT基本戦略（2000年11月27日）、高度情報通信ネットワーク社会形成基本法（2000年11月29日）、
　　e-Japan戦略（2001年、2002年）。米国では、NII構想（1993年）、電気通信法改正（1996年）。
(3) Okimoto, Daniel I., Between MITI and the market :Japanese industiral policy for high technology, Stanford
　　University Press, 1989. (同訳書　ダニエル・I.オキモト著、渡辺敏訳『通産省とハイテク産業－日本の競争力を生
　　むメカニズム』サイマル出版会、1991年。以下、引用は同訳書を用いる。
(4) 2001年1月6日に中央省庁の再編成がなされ、通商産業省は経済企画庁と統合され、経済産業省となっている。本
　　章では1970年代当時の通商産業省を用いる。同様に、他の省庁についても当時の名称で記述する。
(5) 超LSIプロジェクトの正式名称は、超エル・エス・アイ技術研究組合である。また、同プロジェクトは年度単位
　　の事業であるため、正確な実施期間は1976年4月～1980年3月であるが、本章では年度を区切りとして考え、同プ
　　ロジェクトを1970年代の政策として位置づける。

業」であり、情報機器産業（ハード部門）とソフトウェア産業（情報処理やサービス部門）、通信産業から構成されると定義する。これまで情報産業と通信産業を区分した政策と研究がなされてきたが[6]、本論文では情報（ハード、ソフト部門）と通信の両産業を組み合わせた情報通信産業全体を視野に入れながら、1970年代の同産業の中心であった情報機器産業に注目して分析を行いたい。

　産業政策は、ある産業に対して資源配分やシステムづくりを通じて、産業の育成や発展に寄与する政策である。これまでの研究では、産業政策を否定するもの、市場機能を補完する政策として容認するもの、産業形成期に限って政策実施を支持するもの（幼稚産業保護論）があるが[7]、本章では市場機能をサポートする産業政策を認める立場から、情報通信産業に対する政策を分析する。特に、2章以降で詳細に検討するように、IT社会への移行といった産業横断的、社会総体的な変化を支援するためには、特定産業に対する政策にとどまらず、国全体としての基本戦略の提示と推進が必要であると考える[8]。それはITに限らず、大きな社会的変化を伴う産業・技術革新に対して、迅速に対応していくために必要な政策の役割として必要とされると思われる。

　また、政策評価は、ある政策の問題点と効果を測定し、その結果を検証し、将来の政策に対して参考となる事実を発見することである。日本の政策評価は1990年代末から法律や制度の整備が行われ、2002年4月1日から政策評価法に基づく評価が行われてきている[9]。実践・研究ともに十分な蓄積がなく、最近になって行政的な取り組みが始められた。そこで、米国の政策研究を参考にしながら、産業政策理論およびその評価基準を明らかにしたい。

(6) 政策では通産省と郵政省によって、研究では電気通信学会などの通信分野と日本経済政策学会の産業領域、さらに社会情報学会など、多岐にわたる学問分野でアプローチが行われている。
(7) 産業政策の定義や概念については、これまで多くの議論がなされてきたが、その結論は出ていない。小宮隆太郎・奥野正寛・鈴村興太郎編『日本の産業政策』東京大学出版会、1984年、1-22ページ。小松雅雄・加藤寛・原豊・赤沢昭三・丸尾直美『現代経済政策論』東洋経済新報社、1972年、3-14ページ。鶴田俊正『戦後日本の産業政策』日本経済新聞社、1982年、5-13、281-7ページ。上野裕也『日本の経済制度』日本経済新聞社、1978年、12-14ページ。松井隆幸『戦後日本産業政策の政策過程』九州大学出版会、1997年、1-13ページ。西村厚「競争力分析からみた米国の産業政策」『国府台経済研究』第11巻第2号、1999年、95-128ページ。
(8) 1970年代のビジョン行政との違いをはっきりとさせる。
(9) 宇賀克也『政策評価の法制度：政策評価法・条例の解説』有斐閣、2002年。

まず、産業政策の正当性について、クルーグマン（Krugman, Paul）は政策の対象とその利益の享受者が異なるときに正当性を持つと指摘する [10]。超LSI プロジェクトも、直接、研究費の補助を受けた情報機器産業に有益であるばかりでなく、ソフトウェア産業や通信産業、その他の産業分野に効果が波及しなければならない。それは、特定の産業を対象としその成果が同産業にとどまるような政策ではなく、IT ネットワークへの社会変化を促す複数産業にわたる政策に、より重要な政策推進の根拠があるということである。それを明らかにするためには、短期的・個別的な産業の育成・成長だけでなく、長期的・総合的な情報通信産業全体としての発展過程にどのような成果をもたらしたのかを分析することが必要不可欠であると考えられる。

　また、ポーター（Porter, Michael E.）は国の政策と役割を競争優位の確立に置き、その評価基準として（1）要素条件、（2）需要条件、（3）関連・支援産業、（4）企業戦略・構造・競合関係を挙げている [11]。ポーターは同基準を用いて、特定の産業の競争力分析にとどまらず、各国の競争優位の比較分析を行っており、国レベルの政策を検討するための基準として採用するに値すると思われる。しかし、これらの指標はすでに確立された産業に限っては有効であるが、1970 年代以降の情報通信産業のように、新しく融合して誕生する産業にはこれらの基準だけでは不十分である。なぜなら、情報と通信という別々の産業が相互に密接に関連し、融合しながら成立・発展していく情報通信産業の場合、その産業全体を見渡し、相互関係や融合過程をどのように見通すかという政策目的（長期ヴィジョン）と、それを迅速かつ効率的に実現する政策体系と手法も重視しなければならないからである。そうした観点から考え、ポーターの基準では必ずしも重視していないと思われる（5）政策目的（長期ヴィジョン）、（6）体系性、（7）政策手法という 3 点を加えた独自の基準に基づいて政策評価を試みる。

　そのために、通産省の政策資料や文献調査に基づいて、超 LSI プロジェク

---

(10) Krugman, Paul, Obsfeld, Maucice, 3rd ed., International Economics : Theory and Policy, Harper Collins College Publisher, 1994, pp.282-287.
(11) Porter, M.E., The Competitive Advantage of Nations, Free Press, 1990, pp.179-238.

トの事例分析を行う。これは通産省の研究補助金と参加企業の拠出金を基に、1976年度から79年度まで実施された共同研究開発の取り組みであった。このプロセスは1960年代の第2次産業に対してとられた政策と類似していて、その効果も共通点がみられる。すなわち、超LSIプロジェクトの目的が既存技術の高度化という「持続的なイノベーション」に置かれ[12]、それを活用して製品改良や工程革新を進め、従来型の過当競争を繰り返したのである[13]。そのため、プロジェクトの成果は情報機器産業の発展に限定され[14]、情報と通信の融合した新産業の育成には十分な効果が及ばなかったと考えられる。

　次に、独自の視点から超LSIプロジェクトの政策評価を試みたい。直接の対象となった情報通信機器産業に限らず、長期的な視点も含めた総合的な政策評価を行う。欧米諸国から評価されている同プロジェクトは[15]、将来的な戦略産業（情報通信産業）の育成という観点からは、これまでの研究と異なった評価をせざるを得ない。既存の研究は1980年代の情報機器産業の成長に注目し将来の社会的インフラストラクチャーを担う情報通信産業の育成をあまり重視していないのである。本章は、ポーターの評価基準に長期的なヴィジョン（政策目的）を重視する観点を加えることで、情報通信産業の政策評価と今後の政策のあり方を展望していきたい。

　以上のような視点に立って、次に超LSIプロジェクトの事例分析を行う。

(12) Christensen, Clayton M., The Innovator's Dilemma, Harvard Business School Press, 1997.（同訳書 クレイトン・クリステンセン著、伊豆原弓訳『イノベーションのジレンマ』〔増補版〕翔泳社、2001年、1-20ページ。以下、引用は同訳書を用いる。）
(13) 通商産業省・通商産業政策史編纂委員会『通商産業政策史 第14巻 —第Ⅳ期 多様化時代（3）—』通商産業調査会、1993年、369-372ページ。
(14) 日本電子機械工業会『電子工業50年史—通史篇—』日経BP、1998年、166-167ページ。
(15) オキモト、前掲書、96-107ページ。

2. 1970年代における情報機器産業政策の事例分析

超LSIプロジェクトについて、(1) 背景、(2) プロジェクトの位置づけ、(3) プロジェクトのプロセス、(4) 成果に着目して、考察を行いたい [16]。

(1) 超LSIプロジェクトの背景

まず、超LSIプロジェクトが実施された背景を、情報機器産業の状況を中心に振り返ってみたい。

1970年代の日本の情報通信産業は、3つの業種から構成されていたものと考えられる。情報通信機器を製造する産業（情報機器産業）と情報や通信を利用するソフトウェアやサービスを提供する産業（ソフトウェア産業）、そして通信事業を営む産業 [17]（通信産業）であった。当時は監督官庁の違い [18] や産業技術の水準がそれほど高くなかったことから、業務用を中心に情報システムの導入が進められた。具体的には金融機関や製造業、行政機関などが情報システムを構築したのだが、そこには今日的な情報通信産業のへ萌芽を見ることができる [19]。しかし、1970年代においては大量生産と機能向上によって情報機器（ハードウェア）を普及させることが主要な課題であり、ソフトウェア産業の育成や通信産業との融合といった課題にはあまり関心が寄せられなかった。

当時の情報通信機器は、メインフレーム（汎用大型電子計算機）が代表的な機器であった [20]。その分野で世界的なシェアを押さえていたのが、IBM を

---

(16) 超LSIに関する研究プロジェクトは、本章で分析する超LSIプロジェクトのほか、郵政省管轄で日本電信電話公社の行った超LSI開発プロジェクト（第1期計画、1975-1977年度）がある。これは、64K〜256KDRAMなどの次世代デバイスの開発を主要な目的とし、200億円を投入した大型プロジェクトであった。オキモトは同プロジェクトに対しても効果を認めている。

(17) 同産業は、1970年代には日本電信電話公社が独占していた。1985年に、日本電信電話株式会社法（昭和59年12月25日法律85号：いわゆるNTT法）によりに民営化された。

(18) 情報機器産業とソフトウェア産業は通産省が、通信産業は郵政省が所管しており、情報通信産業全体に対する政策立案を行う行政組織は存在しない。

(19) 具体例として、金融機関の第1次、第2次オンラインシステム（都市銀行のATMなど）、新日鉄やトヨタ自動車の生産管理システム（在庫、生産、受発注などの情報処理など）、通産省、運輸省、労働省、農水省、経済企画庁などの業務用情報システム（統計、管理、計算など）が構築された。

(20) メインフレーム（大型汎用電子計算機）は、中央に高性能なコンピュータを設置し、それに複数のターミナル（端末）からアクセスして計算や処理を行う機械である。各コンピュータがそれぞれにデータ処理を行う現在のパーソナルコンピュータとは、設計と構造が異なっていた。

中心とする米国企業であった。日本は一部の情報機器メーカーがメインフレームを生産していたものの、IBMと比較すると後れを取っていた。

　同産業において指標的な部材が、コンピュータの中核部品のIC（Integrated Circuit：集積回路）である。ICは電気的な信号をデータ処理する部品であり、現在では主にメモリ（コンピュータの内部記憶装置）として使用されている。超LSI（超大規模集積回路：Very Large Scale Integration）は高性能なICで、1980年代に入るとその用途はコンピュータ以外にも拡大し、工作機械や電子機器などの幅広い製品に組み込まれるようになった[21]。

　超LSIプロジェクトに関連して、代表的な情報機器であったメインフレームの状況について、少し詳しく説明したい。1970年代の主力機種は、処理能力から第3.5世代と呼ばれ、IBMのSYSTEM370が最も普及しており[22]、1980年代には第4世代のコンピュータの登場が期待されていた。第3.5世代と第4世代の大きな違いは、第3.5世代ではコンピュータ（ハードウェア）にプログラム（ソフトウェア）が内蔵されて一体化していたものを、第4世代ではメモリを共通化してそこにプログラムを読み書きして使うようになるところにあった[23]。それを実現するためには、高性能で容量の大きなメモリを製造するための技術、すなわち超LSI製造技術を開発しなければならなかった。それは、第4世代コンピュータに使われるメモリ需要が急速に増加することを意味し、それをめぐって国際的な競争が繰り広げられることになった。

　そのような中でIBMのFuture Systemと呼ばれる第4世代の開発計画が報じられた[24]。それも契機となって、1980年代以降の超LSIの加速的な需要増加と情報機器産業の競争力向上のために、通産省と産業界が協力して超LSIプロジェクトをスタートさせたのであった。

---

(21) ICは産業のコメとも呼ばれて幅広い分野に活用された。超LSI部品などのハードウェアや情報処理を行うソフトウェアは、様々な製品や産業で用いられた。
(22) 坂本和一『IBM－事業展開と組織改革』ミネルヴァ書房、1985年、207-267ページ。
(23) プログラム内蔵方式では、処理の対象となる信号（データ）だけでなく、処理の内容も入力することができるようになった。処理方法、計算式などがプログラム（ソフトウェア）であり、データとプログラムをメモリに蓄え、それらを使ってプロセッサ（中央演算装置：CPUなど）が処理して出力する。このシステムが、その後のコンピュータに引き継がれている。メモリは汎用的な製品であるため、持続的なイノベーションが効果を発揮しやすく、いかに効率的な製造工程をつくるかという点が競争となる。
(24) 谷光太郎『半導体産業の系譜－巨大産業を築いた開拓者たち－』日刊工業新聞社、1999年、190-212ページ。

(2) 超 LSI プロジェクトの政策的な位置

1) 日本における情報通信産業政策

1970 年代における通産省の産業政策は、知識集約型産業への移行と高度情報化社会の実現というヴィジョンの下に実施されていた[25]。その中で情報機器産業は、産業それ自体が高い知識と技術を集約することで成立する電子工業であり、生産品である情報通信機材が社会の情報化と知識集約化に寄与することから、同ヴィジョンを実現するための中心的な産業となることが期待されていた。

それを政策的に推進するために、1970 年代の情報機器産業に対して様々な政策が実施された[26]。同産業に関わる支援立法として、特定電子工業及び特定機械工業臨時措置法(1971-1978 年)と特定機械情報産業振興臨時措置法(1978-1985年）が成立した。財政措置としても、大型工業技術研究開発制度[27]（通称：大型プロジェクト。1966 年以降）や電子計算機等開発促進補助金[28]（1972 年以降）が設けられた。これらの情報機器産業に対する政策のひとつとして、超 LSI プロジェクト（1976-1979 年度）は実施された[29]。

1970 年代の産業政策は、1960 年代の設備投資や施設改善の促進、企業の統合や合理化などの振興政策から、研究開発支援政策へとシフトしていった。そのような流れの中で、超 LSI プロジェクトは将来の産業構造や産業基盤となる情報通信産業の発展に向けて、基礎的な LSI 加工・生産技術の研究開発を支援する政策として位置づけられる。

2) 欧米諸国による追随

日本の超 LSI プロジェクトのような共同研究開発の国家プロジェクトは、欧米諸国によっても同じような政策が実施された[30]。それは 1970 年代後半から

---

(25) 通商産業省・通商産業政策史編纂委員会、前掲書、225-229ページ。
(26) 日本電子機械工業会、前掲書、65-68ページ。
(27) 同制度によって、「超高性能電子計算機システム開発計画」(1966-71年)、「パターン処理システム」(1971-80年)、「光応用計測制御システム」(1979-85年）などが実施された。
(28) コンピュータ本体および周辺機器の研究開発、製造、標準化などを目的とした制度。具体的には、(1) 電子計算機新機種開発促進費補助金（1976年終了）、(2) 周辺装置等商品化促進補助金（同左）、(3) 集積回路開発費補助金（1974年終了）、(4) 情報処理産業振興対策補助金（1975年終了）。
(29) 他にも情報処理産業の振興を図るために、情報処理振興事業協会の発足（1969年）、「情報処理振興法」（情報処理振興事業協会等に関する法律）制定などが行われた。

1980 年代にかけて、次世代の情報化を支える超 LSI の技術開発が各国に共通の課題であったからであった。

表 1-1　各国政府による超 LSI 研究開発プロジェクト

	日本	米国	イギリス	西ドイツ	フランス
期間	1976〜79年	1976〜86年	1979〜83年	1979〜81年	1977〜82年
補助金	300億円 （約1.5億ドル）	2億ドル	1.4億ドル	1億ドル	1.3億ドル
開発体制	研究組合 　共同研究所 CDL NTIS	国防総省 主要メーカー	INMOS（国策会社）， GEC－フェアチャイルド社など	政府研究所 ジーメンス，バルボ，テレフンケン社など	トムソン－ CSF, RTC社 など
開発目標・内容	次世代コンピュータの開発	軍事システム用2MビットRAM，電子ビーム露光技術の開発が中心	64kビットRAMの開発	基礎技術と実用化技術の開発。 電子ビーム露光，X線露光技術が中心	N-MOSおよびSOS技術，電子ビーム露光技術が中心

〔出所〕垂井康夫監修、半導体産業新聞編『日本半導体 50 年史』産業タイムズ社、2000 年、165 ページ。

　表 1-1 のとおり、日本の超 LSI プロジェクトが 1976 〜 79 年度に 300 億円（約 1.5 億ドル）の政府資金を投じて行われたのに続いて、1976 年からアメリカが 2 億ドルをかけて、1977 年からフランスが 1.3 億ドルを投入して、1979 年からはイギリスと西ドイツがそれぞれ 1.4 億ドルと 1 億ドルを使って、LSI 関連の技術開発政策を実行した。研究の開発目標は各国で違いがあるが、露光技術や回路技術など、超 LSI 関連技術に集中している。また、フランスを除いてはアメリカ、イギリス、西ドイツのいずれも政府系機関もしくは国策会社がその研究推進主体となっていることも類似している。それぞれの成果はいずれも 1980 年代になってまとめられたが、日本が最も早く 1979 年にプロジェクトを完了させた。その後、西ドイツは 1981 年に、フランスは 82 年、イギリスは 83 年、アメリカは 86 年に終了となった。

(30)　影山僖一「半導体産業における日米間の競争と協力について─第56回日本経済政策学会自由論題報告をめぐって─」『千葉商大論叢』第38巻第1号、2000年、54-59ページ。

この数年の先行が、情報機器産業の発展に寄与したと考えられる。ムーアの法則に象徴されるように、半導体は急速な技術開発が行われている。後述するように、1980年代後半には超LSI技術を活用したメモリの分野で、日本の情報機器メーカーは世界市場で高いシェアを獲得し、日本の情報機器産業は成功を収めた[31] が、それを可能としたのは他国に先んじて関連・基礎的技術を開発したこのプロジェクトの貢献によると考えられる。

（3）超LSIプロジェクトの推進過程
1）立ち上げ段階

　超LSIプロジェクトは、情報機器産業界からの要望を受けて誕生した。そのスタートは、1974年春の日本電子工業振興協会における国家プロジェクトの議論であった。同協会の電子材料マネジング・ボードにおける検討を経て、国家プロジェクト・テーマのひとつとして超LSIプロジェクトが提案された。これは1974年6月に通産省に伝えられたが、それに対してすぐには実現に向けた対応はとられなかった[32]。

　しかし、前述したIBMのFuture System計画に対応するために、あらためて1974年12月に「超高性能LSIの開発について」をマネジング・ボードの議案にのせ、その検討結果を1975年に通産省へ報告した。それを受けて、急遽翌（1976）年の予算編成に間に合うように、通産省内部で検討が行われ、1976年4月から超LSI研究プロジェクトがスタートした[33]。

2）プロジェクトの組織設計

　超LSIプロジェクトは、鉱工業技術研究組合法（1961年）に基づく組織で、1976年3月に主務大臣である通産大臣の認可を得て設置された。これは、民間企業が共同研究開発を行うためにグループを結成し、資金とスタッフを効率的に活用するための制度であった。所管は通産省の機械情報産業局が担当し、活動期間は1976年度から1979年度までの4年間とされた[34]。1976年3月、富

（31）垂井康夫監修、半導体産業新聞編『日本半導体50年史』産業タイムズ社、2000年、165-166ページ。
（32）谷光、前掲書、191-196ページ。
（33）垂井、前掲書、160-168ページ。
（34）通商産業省産業政策局調査課編『通商産業省年報（昭和52年度）』通商産業省、1976年、237-238ページ。

士通・日立・三菱・日本電気・東芝の大手情報機器企業が参加して超LSIプロジェクトの設立総会が開催され、そこで吉山博吉（日立製作所）が初代理事長に就任し、同プロジェクトの活動が始まった。

　超LSIプロジェクトの研究開発は、富士通と日立と三菱のグループと日本電気と東芝のグループに分かれ、両グループで研究実施機関を定めて実験が行われた[35]。それに加えて、グループ間の共通課題を共有・担当する共同研究所が設けられた[36]。その他に協力研究組織として、工業技術院の電子総合技術研究所、日本電信電話公社から支援を受けながら同プロジェクトは進められた。

3）研究開発の技術目標

　超LSIプロジェクトは、次世代電子計算機用の超LSI実用化に必要な基礎技術および製造技術の開発が目標とされた。具体的には、0.1〜1ミクロンの微細加工技術（電子線露光技術、X線露光技術など）を開発し、次世代電子計算機用の論理素子およびメモリ素子の製造技術を確立することをめざして研究が進められた。

　詳細な開発課題として、以下の6つの技術があげられる。（1）電子線装置などを利用して光加工では実現できないような超微細加工技術[37]、（2）特別に欠陥の少ない超LSI用の大口径シリコン結晶製作技術[38]、（3）微小部分に多くの異なったパターンを組み込むための高度設計技術[39]、（4）微細加工技術などの成果を十分に駆使できるプロセス技術[40]、（5）超高集積度を有する超LSI素

---

(35) それぞれの研究実施機関は、富士通・日立・三菱グループが1975年12月に新設したコンピュータ総合研究所、日本電気・東芝グループが既存の日電東芝情報システムとした。
(36) 共同研究所を日本電気中央研究所におかれた。テーマ毎に6の研究室が設けられ、初年度が54名、最終的には100名の研究者が、集まって研究開発に取り組んだ。
(37) この課題は2ミクロン程度が限界であった光学的加工技術を、超LSIの開発に必要な0.1〜1ミクロン単位の露光技術の実用化することであった。短波長の電子線もしくはX線の露光技術によって、超微細加工を行うためのパターン形成が可能であった。
(38) 高集積化された超LSIの製造には、チップ面積の拡大と高密度化が不可欠であった。具体的には、それまで主流であった3インチウエハ、5ミリ角チップを、超LSIでは5インチ以上、10ミリ角以上のレベルまで向上させなければならず、そのための大口径単結晶育成技術、無歪加工技術、不純物濃度および欠陥の精密測定技術なども必要とされた。
(39) 超LSIによって飛躍的に上昇する集積度に対応して、迅速な設計、デザインが要求された。実際には、10倍、100倍単位での高まった論理設計技術、レイアウト技術、CAD技術の開発が必須の課題となった。
(40) 高度な微細加工に対応するために必要な結晶処理技術、不純物精密制御、無歪拡散などの接合形技術、超高品質の絶縁膜などを形成するための膜形成技術および微細加工応用技術、プロセス関連技術の開発、実用化が求められた。

子を短時間に試験評価する技術 [41]、(6) これら (1) から (5) までの諸技術の
成果を利用した超 LSI 素子技術であった [42]。

4) 研究資金と政府補助金

超 LSI プロジェクトの研究資金は、政府の補助金と参加企業の拠出金によって
賄われた。

表 1-2　超 LSI プロジェクトに対する政府補助金の推移

1	1976年度	35億	
2	1977年度	86億	40百万円
3	1978年度	100億	52百万円
4	1979年度	69億	6百万円
	合計	290億	98百万円

〔出所〕通商産業省産業政策局調査課編『通商産業省年報（昭和 54 年度）』通商産業省、1981 年、
　　　　197 ページより筆者作成。

表 1-2 のように、政府から 4 年間で約 300 億円の資金が提供された。1976 年
には 35 億円、77 年には 86 億 4000 万円、78 年には 100 億 5200 万円、最終の
79 年には 69 億 600 万円が拠出された [43]。プロジェクト全体で 720 億円の資金
を費やしたが、その中で政府補助金の割合は 42％ であった。残りの研究資金は、
参加した 5 企業が均等に 80 億円を負担した。

超 LSI プロジェクトに拠出された政府補助金は、1970 年代に実施された他の
情報通信産業政策と比較して、それほど大きなものではなかった。

5) 技術開発の成果

超 LSI プロジェクトによって開発された主要技術は、以下の 10 項目である。

---

(41) 製造された超LSI素子、材料などを試験評価する技術の開発が求められた。具体的には、超微細レベルの測定
　　評価技術、大容量超高速テスト技術などであった。
(42) 通商産業省・通商産業政策史編纂委員会、前掲書、369-372ページ。
(43) 通商産業省産業政策局調査課編『通商産業省年報（昭和54年度）』通商産業省、1981年、196-197ページ。

これらはいずれも、超 LSI の製造に関する重要な製造・加工技術であった。(1) 0.5 ミクロンまでの超精細描画が可能で、さらに速度も 10 倍に向上した電子ビーム描画装置、(2) 微細寸法と高精度測定の可能な電子ビームを測定のために用いたマスク検査装置、(3) 光電子放射物質（CsI）を用いた電子ビーム等倍一括転写法、(4) トランジスタ構造を改善し、五酸化タンタルによる容量を構成したメモリセル構造（超 LSI メモリの構造）、(5) 高い再現性と実用性を兼ね備えた高性能ドライエッチング装置、(6) 近接効果現象を排除し、正確なパターン形成を実現する電子ビーム描画ソフトウェアシステム（AMDES）、(7) 可変寸法成形ビーム方式の原理を用いた高速電子ビーム描画装置、(8) 非接触微細プローブと評価用信号発生、画像データ処理などの評価解析を行うレーザー走査型デバイス解析システム、(9) カラーディスプレイによる正確な温度分布の表示が可能な赤外線走査方式による IC 温度分布測定システム、(10) 従来の装置にくらべて 3 〜 10 倍の高速化を実現した超高速パターン発生装置のプロトタイプ、などであった[44]。

(4) 超 LSI プロジェクトの成果

1) 情報機器産業への効果

それでは次に、超 LSI プロジェクトが情報機器産業にもたらした効果をみてみたい[45]。

図 1-1 のとおり、プロジェクト終了後、情報機器を含む電子産業は全体として持続的な成長を続けた。その中でも超 LSI 技術が活用される IC は、1980 年代を通じて GNP の成長率を上回る生産額の成長率をみせている。

また IC 半導体市場のシェアの推移を示したのが、図 1-2 である。これによると、1980 年代には日本企業が市場での地位を拡大していった一方で、アメリカ企業が勢いを失っていったことがわかる。この日米逆転の基盤には、超 LSI プロジェクトのいくつもの開発技術があったと思われる。

---

(44) (1) 〜 (4) の研究成果は、1980年2月13日に新聞発表がなされた。(5) 〜 (10) の開発技術の発表は、1980年3月11日に行われた。
(45) 日本電子機械工業会、前掲書、165-168ページ。

図 1-1　名目 GNP、電子産業生産金額、半導体集積回路の生産金額の前年比（5 年間の移動平均値）

〔出所〕日本電子機械工業会『電子工業 50 年史：通史篇』日本電子機械工業会、1998 年、166 ページ。

図 1-2　世界半導体市場の企業本籍地別シェアの推移

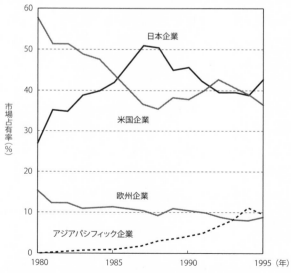

〔出所〕日本電子機械工業会『電子工業 50 年史：通史篇』日本電子機械工業会、1998 年、167 ページ。

表 1-3　世界の半導体メーカー売上高上位 10 社の変遷

順位	1981年	1985年	1995年
1	テキサス・インスツルメンツ	日本電気	インテル
2	モトローラ	モトローラ	日本電気
3	日本電気	テキサス・インスツルメンツ	東芝
4	日立製作所	日立製作所	日立製作所
5	東芝	東芝	モトローラ
6	ナショナル・セミコンダクタ	フィリップス	三星電子
7	インテル	富士通	テキサス・インスツルメンツ
8	松下電子工業	インテル	富士通
9	フィリップス	ナショナル・セミコンダクタ	三菱電機

〔出所〕日本電子機械工業会『電子工業 50 年史：通史篇』日本電子機械工業会、1998 年、166 ページ。

　次にプロジェクトの参加企業の業績は、表1-3のようになっている。各会社は 1980 年代にはいってからも、確実に成長を遂げた。具体的には、日本電気は 81 年に 3 位、85 年に 1 位、95 年に 2 位となり、国際的な情報機器企業となった。日立製作所は 81 年、85 年、95 年ともに 4 位となり、東芝は 81 年と 85 年には 5 位であったが、95 年には 3 位へとランクアップした。また、81 年には 10 位以下であった富士通と三菱電機は、85 年に富士通が 7 位、95 年には富士通が 8 位、三菱電機が 9 位となった。これらの企業はすべて超 LSI プロジェクトに参加しており、それぞれの企業の売上高順位の上昇には同プロジェクトの成果が少なからず貢献したと考えられる。

2）消費者へのインパクト

　超 LSI プロジェクトの成果は、消費者にどのようなインパクトを与えたのであろうか。その具体例として、超 LSI 部品を組み込んだ AV・家電製品をみてみたい。

　図 1-3 の通り、VTR やビデオカメラなどは超 LSI の応用技術を活用することで新製品の開発に成功した。その結果、多様な商品が市場に供給され、多彩な消費者の需要を喚起することことで、製品普及が急速に進んだと考えられる [46]。この 1980 年代以降の同分野における急速な世帯普及率を支えた要因のひとつとして、

(46)　同書、96-97ページ。

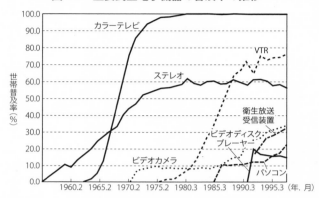

図 1-3　主要民生電子機器の普及率の推移

〔出所〕日本電子機械工業会『電子工業 50 年史：通史篇』日本電子機械工業会、1998 年、97 ページ。

超 LSI プロジェクトの技術的な成果を、AV 機器や家電商品の高機能化や低価格化へとつなげていった企業の戦略があったのではないかと思われる。

3）情報機器産業の支援産業・関連産業への波及

　これまでみてきたように、超 LSI は情報機器産業に関連する産業（たとえば電子工業や機械工業など）で、生産財や消費財に幅広く組み込まれることを通じて、生産性の向上や機能の高度化に貢献したと考えられる。具体的には、すでに述べた AV・家電製品の普及や生産工程の電子・情報化による効率化などを通じて、それぞれの企業や製品の発達につながっていったのである (47)。

　このような関連・支援産業への影響は、企業同士のつながりで伝播するだけでなく、社内の部門間での情報交換によっても波及した。それは超 LSI プロジェクトに参加した企業が、情報機器部門以外にも多彩な事業を展開する大企業であり、系列関係にある多数の企業を持っていたからである。これ以外の産業、たとえば

---

(47)　一例として、1976年に三洋電機はオーディオ用LSI、電子オルガン用LSI、カラーテレビ用LSIなどで半導体部門の急速な成長を成し遂げた。1977年には、三菱電機のTVゲーム用LSIが任天堂によって採用されることで、LSI開発を加速させた。また、ソニーのウォークマンやCCDカメラ、シャープのZ80のほか、カラオケ、ゲーム機、日本語ワープロなどが登場し、半導体事業を牽引した。

自動車産業などの組立産業や高度化した情報機器をネットワーク化して活用した金融・サービス産業にも、事業の効率化などの効果があったと考えられる⁽⁴⁸⁾。

4) 情報機器産業の企業戦略・構造・競合関係への影響

　超LSIプロジェクトは、既存の情報機器産業における経営方針やライバル関係を強化する方向で影響を持ったと考えられる。すなわち、それまで同産業において広くみられた厳しい企業間競争や個々の企業での頻繁な製品改良とコスト圧縮に重点をおく経営戦略などを、新しい超LSI技術に対象を変えただけで同じように繰り返させたのである。これは高度経済成長期から日本が高い競争優位を持っていた製造業を中心に採用されていた生産・事業戦略が継続された事実を示したものと思われる。すなわち、新しい情報通信産業や知識集約型産業に向って業態転換を目指す戦略を確立させることにはつながらなかったのである。

　その具体的な表れは、プロジェクト参加各社によって1980年代の同時期に、九州などの同地域に、同種の超LSI工場が建設された事実にみることができよう⁽⁴⁹⁾。また、情報機器産業の企業構成もほとんど変わっておらず、市場における競争関係にも大きな変化はなかったものと考えられる。

(5) 1970年代の情報機器産業政策の全体像

　このような超LSIプロジェクトの事例分析をベースにさらに一歩ふみこんで、それを核にして推進された1970年代の情報機器産業政策の全体的な姿を明らかにしてみたい。それは、短期からと長期からの見方によって対照的なものとなる。

　まず、短期的な視点から政策のあり方をみてみたい。1970年代、80年代において、超LSIプロジェクトは情報機器産業における革新的な超LSI技術を開発するための政策であった。基礎的かつ高度な技術の開発コストの一部を政府が補助す

---

(48) 日本電子機械工業会、前掲書、27-37ページ。
(49) 1976年にはNECが九州の半導体工場を拡張、77年には日立がメモリー事業を本格始動させ、東芝セラミックスはシリコン単結晶ウェハーの生産に参入した。さらに、1978年には三菱電機が超LSI研究組合と連動してLSI開発を加速、79年に入ると東芝が半導体技術研究所を設立し、三洋電機は110億円を投じて超LSI技術開発プロジェクトを始動、松下電子工業も超LSI開発センターをスタートさせた。1980年代も、半導体各社が積極的な設備投資を行い、半導体生産部門を拡大していった。

ることで、参加企業は低コストでそれらを習得でき、一定の成果をあげたと考えられる。これまで述べてきたように、超 LSI 技術の開発に成功したことで、日本の情報機器企業は世界へ躍進する基盤をつくることができ、それを応用した家電・民生電器製品の普及・高度化がはかられた。それまでと同様、製品の製造を中心にした持続的な改善と低価格化を目指す競争が行われ、情報機器産業においても日本企業に特長的な優位性が向上し、結果として消費者は多様な製品を安価に購入することができるようになった。しかし、これらの成果は、ほとんど第 2 次産業の枠組におけるものであり、既存産業の持続的イノベーションとして捉えられるものであった。

　次に、長期的な観点から検討してみる。1970 年から現在につながる長期的な産業発展の中で超 LSI プロジェクトを考えると、それは情報通信産業の発展基盤としての情報機器（ハードウェア）産業育成政策のひとつとして捉えられる。その枠組で把握し直したとき、同プロジェクトの成果は必ずしも大きなものではなく、むしろ弊害が大きかったとさえ言えるかもしれない。

　1970 年代はじめに、情報通信社会への移行と知識集約型産業の育成という長期的な政策ヴィジョンが発表された。その実現のために、まず情報機器産業の競争力を確立し、それをもとにソフトウェア産業や通信産業の成長を促し、それらの相互作用によって情報通信産業の発展を実現していくことが必要であった。しかし、超 LSI プロジェクトは、情報機器産業を中心とする第 2 次産業の発展にとどまり、新しい情報通信産業を生みだすような「破壊的なイノベーション」にまでは及ばなかったのであった。

　このようには、超 LSI プロジェクトは短期的には一定の成果をあげながら、長期的にはそれが弊害につながるという矛盾した 2 側面を持っていた。そして、1970 年代の情報機器産業政策の実体も、情報通信社会への移行という長期ヴィジョンに適切に対応できず、その成果も限られたものとなってしまったのである。

3.　1970年代における情報機器産業の政策評価

　それでは、1970年代の情報機器産業政策である超LSIプロジェクトの政策
評価を行ってみたい。まず日本における政策評価の動向を、次に米国におけ
る政策評価の基準を整理し、最後に独自の基準にもとづいて総合的な政策評
価を試みる。

(1)　日本の政策評価に関する動向

　日本における政策評価の取り組みは、1990年代後半から検討がはじめられ、
2001年に行政的な政策評価制度が導入された。その流れを簡単に紹介し、日
本の政策評価の動向を整理する。

　政策評価制度にむけた動きは、1997年12月の「行政改革会議最終報告」
において、行政改革の一環としての政策評価導入が提言されたことをきっか
けにはじまった。1998年6月には、時代に適合した効率的な行政システムを
構築するための「中央省庁等改革基本法」が成立し、その基本方針のひとつ
として政策評価機能の強化が盛り込まれた。9月には、中央省庁等改革推進
本部が具体的な政策評価機能の充実をふくむ「中央省庁等改革に係る立案方
針」を策定し、それにそって1999年1月には政策評価の枠組となる「中央
省庁等改革に係る大綱」が、4月には「中央省庁等改革の推進に関する方針」
が決定した。その制度化にむけて、5月から総務庁行政監察局に政策評価等
推進準備室を設置し、あわせて各省庁政策評価準備連絡会議を発足させた。
7月に入ると国家行政組織法の一部改正法、内閣府設置法、総務省設置法が
成立し、それらの中に政策評価の法律的な根拠規定が定められた。

　また、政策評価の手法に関する議論も進められた。2000年2月には、政策
評価の手法等に関する研究会が「政策評価の導入に向けた意見・論点の中間
整理」を公表し、4月には「政策評価に関する標準的ガイドラインの試案（全
文・概要）」が明らかにされた。そして6月になると、「政策評価の導入に向
けた中間まとめ」を公表された。その後、9月に「政策評価に関する標準的

ガイドラインの案」に関する意見募集、11月にはその結果を公表した。12月には最終的に、政策評価の手法等に関する研究会から「政策評価制度の在り方に関する最終報告」が、各省庁政策評価準備連絡会議から「政策評価に関する標準的ガイドライン（案）（概要・全文）」が公表された。

　最後に行政内部では、2000年5月に政策評価・独立行政法人評価委員会の組織、所掌事務等を規定した政策評価・独立行政法人評価委員会令が閣議決定され、8月には実際の政策評価制度の導入準備にあたる政策評価制度法制化担当室を総務庁行政監察局に設置し、内部的な準備作業を進めた。こうして2001年1月6日から、日本における政策評価制度がはじまったのであった。さらにその後、政策評価の法制度の整備が進められ、2002年4月には政策評価法が制定された。また、地方自治体においても独自の政策評価条例がつくられ、政策評価の取り組みが拡大してきている[50]。

　このように日本における政策評価制度ははじまったばかりであり、そのデータや実績もまだ限られたものである。また、学問研究としての政策評価研究も行われているが、これからの一層の発展が期待される。

(2) 米国の政策評価研究の展開

　つぎに、米国における政策評価の展開について整理し、本章の政策評価基準を位置づけてみたい。

　第2次大戦後の日本の産業政策に関して、米国の学者による研究・評価が行われてきた。その中で注目を集めたのが、「世界一優秀な製造業」や「日本株式会社」などであった[51]。これらは、戦後日本の急速な経済成長の要因を、優秀な通産省の官僚・産業政策と製造業を中心とする日本型経営・企業との関係によって説明した。それらの研究において、超LSIプロジェクトは日本

---

(50) 宮城県「行政活動の評価に関する条例」（2001年12月25日 宮城県条例第70号）同施行規則、秋田県「秋田県政策等の評価に関する条例」（2002年3月29日 秋田県条例第11号）、北海道「北海道政策評価条例」（2002年4月1日 北海道条例第1号）など。宇賀 前掲書 186-214ページ。

(51) Vogel, Ezra F., Japan As Number One: Lesson for America, Harvard University Press, 1979, pp.9-23,53-90.（同訳書 エズラ・ヴォーゲル著、広中和歌子・木本彰子訳『ジャパン アズ ナンバーワン：アメリカへの教訓』TBSブリタニカ、1979年、26-43、79-115ページ）。

の産業政策の成功事例として取り上げられている⁽⁵²⁾。そこでは、情報機器産業という個別製造業における成長を中心に政策の効果があがったことを評価し、その成功要因を通産省などの産業政策の優秀さに求めた。

　このような通説的な日本の産業政策分析に対しては、再検討が行われている。それらは、短期的な市場拡大や産業発展という結果よりも、その後の産業の競争力を低下に重点をおいて批判を行っている⁽⁵³⁾。超LSIプロジェクトに関しても、1980年代に世界的なシェアを確保した日本企業が1990年代になるとその勢いを失い、新しく台湾や韓国などの企業が競争力を獲得したことなどを事例として、産業政策の効果について批判を行っている。

　これまで日本の産業政策に関する代表的な見解を紹介してきたが、政策評価基準に関しては必ずしも重点をおいていないように思われる。そこで次に、評価基準に関する研究をみてみたい。

(3) 産業政策の一般的要件

　すでに「はじめに」で述べたことであるが、本章における重要な理論であるため、あらためて詳しく言及してみたい。

　米国では市場機能への信頼を前提として、自由競争を妨げる政府の介入は避けなければならないという立場から、独占禁止法にもとづいた市場機能を補完する政策に重点がおかれてきた。クルーグマンは、経済学の立場から産業政策の理論的根拠を明らかにしている。それは、市場の失敗を補うために実施される産業政策の一般的な要件が、「産業政策は、その実施される対象とその利益を享受する者が異なる時に正当性を有する」ということである。すなわち、援助を受ける産業とその利益（産業発展など）を受ける産業が同じ場合、産業政策を実施する理由がないと考えられる。また、成長性の高い産

---

(52) エズラ・ヴォーゲル著、上田惇生訳『ジャパン アズ ナンバーワン再考－日本の成功とアメリカのカムバック』TBSブリタニカ、1984年、147-194ページ。
(53) リチャード・K.レスター著、田辺孝二・西村隆夫・藤末健三訳『競争力－「Made in America」10年の検証と新たな課題』生産性出版、2000年、Hollerman, Leon, Japan, Disincorporated; The Economic Liberalization Process, Hoover Institution Press, Stanford University, California, 1988, pp.13-16.（同訳書 レオン・ホラーマン著、益戸欽也訳『「日本株式会社」の崩壊：そして、その後にくるもの』産能大学出版部、1990年、39-43ページ）。

業への助成や高付加価値産業の育成などの通俗的な産業政策も、同様の理由で誤りであることを指摘している。

(4) 米国の政策評価論

　ポーターは、具体的な政策評価の基準について、総合的な政策評価論を展開している。国の政策の役割として競争優位の確立を重視する立場から、競争力強化につながる政策を測定する基準として、1）要素条件、2）需要条件、3）関連・支援産業、4）企業戦略・構造・競合関係を提示している。ポーターは、これらの4つの要素が一つのシステムなって競争優位を形成し、それらの向上を促す環境整備を政府の役割として期待する。これら4指標に与える効果を総合的に測定することが、政策評価であるとしている。

　各要素について補足説明を加えたい。1）要素条件とは、ある産業が競争するための資本、労働力、天然資源、インフラストラクチャーなどの生産要素だけではなく、熟練した人材や科学的な基盤、そして生産要素を創出、更新、活用するスピードと効率である。したがって、ある時点での生産条件の不利性も、以下の3要素との組みあわせによっては、イノベーションを生み出す条件になることもある。

　2）需要条件とは、製品やサービスの消費市場の規模や性質のことである。これは、顧客のニーズや市場の価値観に対する企業の認識・対応力に影響を及ぼす。需要者からのプレッシャーや要求について、その課題の克服や新しい改善策の発見を行うことで、産業の競争力が向上すると考えられる。

　3）の関連・支援産業とは、資材や部品などを購入・納入する産業や技術や業務の内容が関連する企業群のことである。これは優れた供給業者によってそれを活用する会社が優位性を持つということだけでなく、緊密な協力関係や情報交換によって技術革新やレベルアップのスピードが加速することなどの利点がある。いわば、系列企業、関連企業による特定企業や産業の成長を促すサポート体制でもある。

　4）の企業戦略・構造・競合関係とは、ある産業の経営方針や市場参加の企

業の数と構成、それら企業同士の競争関係のことである。これは企業の経営システムのあり方に限らず、企業や個人の労働目的やスキル向上へのモチベーションもふくんだもので、これによって資本や人材の配分が決まり、競争優位の要因を形成する。また国内市場における競合関係は、企業におけるイノベーションを迫るプレッシャーを与え、さらに競争優位の源泉をレベルアップさせる方向に影響を及ぼす。これは他の3要素に強力な刺激を与え続けるため、特に重要な要素と考えられる。

(5)　政策評価基準の提示

　「はじめに」で述べたように、ポーターの1）から4）の評価基準はすでに確立された産業に対する指標であるために、1970年代の情報機器産業政策の分析には必ずしも十分でないところがある。すなわち、超LSIプロジェクトのように、いくつかの産業が将来にむかって変化・融合して形成される産業に対する政策をめぐっては、評価基準が最適とは言えない点がある。

　そこで、新たな評価基準として、5）政策目的（長期ヴィジョン）、6）体系性、7）手法を加えたい。なぜなら、短期と長期の政策目的の組みあわせが、超LSIプロジェクトの重要な部分となっているからである。同プロジェクトは、知識集約型産業への移行と情報通信産業の育成という長期的なヴィジョンにもとづいて行われ政策であり、短期的な情報機器産業の発展のためだけに実施されたのではない。換言すれば、産業政策が対象とする個別分野で即時的な効果をあげたとしても、将来にわたる産業発展や変化に寄与するものでなければ、高く評価することはできない。このような政策目的（長期ヴィジョン）の分析が、政策評価に必要であると考える。

　さらに、それらの長期と短期の目的を互いに整合させながら、それらの速やかな実現をはかるために、適切な政策体系と手法が必要となる。政策評価の時間的な幅が広がるにつれて、関係する要素の数と範囲は増大し、それとともに不確実性は高まる。したがって、特に長期ヴィジョンの達成にむけては、短期的な政策を進めながら、その位置づけと修正を行っていく必要があると

考える。

(6) 超 LSI プロジェクトの総合的政策評価

これまで述べてきた7つの基準から、超 LSI プロジェクトについて政策評価を行ってみたい。

1) 政策目的（長期ヴィジョン）

産業政策の多くは、長期と短期の二つの政策目的をもって行われる。長期ヴィジョンの実現にむけて、短期的な課題と成果がどのように生かされるのかが、政策評価の第一のポイントである。そして、政策目的は政策の諸要素を規定するものであり、その面をふまえた評価方法と判定結果が重要であると考えられる。

超 LSI プロジェクトの目的は、短期的には情報機器産業の技術革新と産業振興であり、長期的には情報通信産業の育成におかれた。この2つの目的自体は、1970 年代における産業政策として不適切なものではなかった。すなわち、圧倒的な市場支配力を持つ IBM などのアメリカ企業に対して、将来の戦略的産業として情報通信産業を位置づけ、そのためにハードウェアの開発・普及を担う情報機器産業に政策対象を決定したことは、妥当であったと考えられる。

しかし、二つの目的の相互関係を明確に見通し、プロジェクト成果の展開をすることができなかったところに最大の問題があったと考えられる。それは、超 LSI や情報機器をどのように生産するのかという持続的なイノベーションの成功を、コンピュータをソフトウェアや通信産業と融合させることでそれをどのように生かすのかという破壊的なイノベーションに結びつけることができなかったのである。その結果として、短期的な目標を維持して、既存産業の高度化政策を継続することになってしまい、長期的な目的であった新産業の育成は困難となってしまった。

このように政策目的の観点からは、その内容が短期と長期でそれぞれに適切であったが、その位置づけが明確でなかったことに問題があったと考えら

れる。

2) 体系性

　第二の評価ポイントである政策の体系性とは、政策目的に対応して短期と長期の視野から適切な政策が整合的に実施されているかを分析する。これは政策目的の実現にとって、時代背景や他の政策との関係を視野にいれながら、量的にも質的にも必要な政策が行われていたかに注目するものである。

　短期目的に対応して行われた政策の体系は、電子・情報機器産業に対する産業立法や財政措置による研究開発支援とあわせて、超 LSI プロジェクトが実施されるという構図であった。そして、情報機器産業に関しては、1970 年代における戦略的な産業として十分な政策措置が、一定の体系性をもって講じられていたと考えられる。しかし、長期的な観点からそのような一貫性を見つけるのは難しい。情報通信社会のインフラストラクチャーとして、通産省の管轄以外の部分もふくめた政策との連携によって、巨視的な政策体系を構想することが必要であったと思われる。具体的には知的財産権等の経済の制度に関する政策やデータ通信政策、情報化にむけた人材育成・教育政策などと整合をはかることを通じた、新産業の育成政策が量的にも質的にも十分ではなかったと考えられる。

　このように政策の体系性についても、短期・個別の産業政策としてはある程度評価できるものの、長期的な立場からはそのような高い評価は差し控えざるをえない。

3) 政策手法

　政策目的を実現するために、どのような手法によってその速やかな実現をはかるか、それが第 3 の評価基準の政策手法である。

　超 LSI プロジェクトの制度と実施方法は、1960 年代からの製造業（ハードウェア部門）に対して用いられてきた手法にそって実施された。具体的には、鉱工業技術研究組合という枠組や政府から補助金支給、民間企業の共同研究

組合の結成などである。これらの手法は、情報機器産業に対する基礎的分野に関する技術開発策としては、効率的な方法であると評価することができる。しかし、政策体系の分析と同様に、情報通信産業の育成との関係でこの政策手法が有効であったかどうかは必ずしも明らかではない。

　したがって、政策手法に関する評価は、長期的な判断をふくめると、あまり高いものにはならないと考えられる。

4）要素条件への効果

　第4の評価項目は、情報機器産業の要素条件への効果である。超LSIプロジェクトは、1970年代における持続的イノベーションを効率的に生みだし、他国に先駆けて産業発展を達成させた。これは、第2次産業の分野で競争力を持った人材育成に寄与したと考えられる。また、外部経済性の強い基礎的研究への支援は、情報機器製造技術に関する知的な蓄積に一定の効果があった。この点からは、同プロジェクトを評価することができる。しかし、長期的な視点からみると、短期的な効果に関心が集まり、結果として新産業や破壊的なイノベーションの創出に対して、抑制的になってしまったことが指摘できる。このような短期と長期の評価を総合すると、要素条件に関しては高い評価を下すことができない。

5）需要条件への影響

　5番目に、需要条件への影響をみてみたい。超LSIプロジェクトによって、半導体を組込んだ電子製品の高機能化、低廉化が促進された。それらの製品の進歩によって市場が拡大するとともに、消費者の電器製品に対する要求が多様化し、多品種少量生産を基調とするマーケットへ要望が生まれてきたことは評価される。日本の厳しい消費者を満足させるための商品開発と生産体制にむけた変化もみられるようになった。この点は、短期的な情報機器産業に限定した場合、一定の評価を与えることができる。

　しかし、情報機器の利用による情報化の促進や知識集約化の支援、新しい

事業やニーズを喚起することにはつながらなかった。したがって、需要要素に対する評価を総合すると、それほど高い評価をすることはできない。

6）関連・支援産業へのインパクト

　第6の評価基準は、関連・支援産業へのインパクトである。超LSIプロジェクトの参加企業は大手電機メーカーであり、部品産業やグループ・系列企業を持っていた。そして、超LSIの電器製品への迅速な応用・商品化を通じて、それらの産業の高度化にも寄与した。具体的には、世界的なシェアを獲得したVTR（ビデオ録画装置）の普及や家庭電化製品の発達などによって、電子工業分野を中心に多くの産業に効果が波及した。一方で情報機器を活用した産業（主に第3次産業）には、あまり影響がみられなかった。これらを合わせて考えると、関連・支援産業への効果とその評価は限定的なものにとどまる。

7）企業戦略・構造・競合関係の変化

　最後に、企業戦略・構造・競合関係から評価を行いたい。超LSIプロジェクトは、情報機器産業における既存の企業戦略・構造・競合関係にほとんど変化を与えなかった。むしろそれまでの同産業における競争の集約化と激化をもたらした。たとえば、1980年代にはいると、プロジェクト参加各社が類似した事業展開、設備投資、製品開発を行い、それまで電子機器産業や他の製造業におけるものと同様の構図が続いた。それは「何を作るか」ではなく、「いかに作るか」という工程革新を重視し、頻繁なモデルチェンジによる差別化戦略という日本における典型的な経営戦略と競争関係の姿であった。このような事業戦略や競争関係は、第2次産業を中心にみた場合、日本経済の競争力の源泉であり、超LSIプロジェクトはそれらの一層の強化をもたらしたと捉えられる。この角度からは、同プロジェクトを高く評価することができる。

　しかし、このような経営戦略の維持が、長期的な戦略産業の変化や情報通信社会への移行に対する適応を遅らせたことも否定できない。ソフトウェア産業や通信産業との融合によって生み出される生産性上昇や経済発展は、第

3次産業への重点移動をベースにしており、そのような変化に対応できる柔軟な経営戦略への転換はなされなかった。したがって、他の要素と同じように長期的な観点からは、この指標に対する評価を抑えざるをえない。

(7) 1970 年代の情報機器産業育成に関する政策評価

このように日本と米国の産業政策、政策評価に関する動向をふまえて、独自の視点から総合的な政策評価を試みた。

その結果、1970 年代の情報機器産業育成政策には、高く評価することは難しいことが明らかになった。これは超 LSI プロジェクトを中心とした日本の産業政策を評価してきた既存の研究と異なったものとなった。

その相違の重要な原因は、短期と長期の政策目的の相互関係にあった。情報機器産業の振興という短期的な課題と、情報通信産業の育成という長期的な課題の結びつきが明確でなく、そのため政策の諸要素にも悪影響を与えている。

具体的には、体系性や手法、関連・支援産業、企業戦略・構造・競合関係などが、短期的には成果があり評価されるものものの、それが長期的な視点から検討するとその評価を変えざるをえなくなるのである。また、要素条件や需要条件は、短期的にも長期的にもあまり高い評価を与えることができないという結果になった。

それでは最後に、1970 年代の情報機器産業に対する政策評価についての結論をまとめ、今後の政策評価のあり方を展望したい。

4.　小括

(1)　1970年代の情報機器産業育成政策の総合的評価

　これまでみてきたように、社会の基盤産業として期待された情報通信産業に対しては、1970年代にはいって重点的な産業政策が行われるようになった。その中で、超LSIプロジェクトは世界に先駆けたIT国家プロジェクトとして、日本のみならず諸外国からも研究と技術開発政策として注目され、高い評価をえてきた。

　本章では、同プロジェクトの事例分析と評価基準の検討を行うことを通じて、1970年代の情報機器産業政策の実体と評価を明らかにした。その結果、既存研究ではあまり重点をおいてこなかったと思われる長期ヴィジョン、体系性、政策手法を分析基準に加えることで、これまでの研究とは異なった結論をえることができた。

　まず、超LSIプロジェクトの背景、位置づけ、プロセス、成果について、詳細な事例分析を行った。1970年代の情報機器産業は、米国企業の圧倒的な競争力に対抗するために、業界全体と通産省が協力することで、コンピュータの世代交代の鍵となる高度技術の共同研究開発を実現した。この時期には超LSIプロジェクトとあわせて、産業情報化に向けた立法措置や財政的な支援も行われ、戦略的な産業政策が実施された。そのプロセスは1960年代の政策過程と類似しており、それまで個別産業に対して有効であった方法が採用された。その成果は、短期的には情報機器産業において持続的イノベーションと産業発展をもたらしたが、長期的な観点からは知識集約産業への移行や破壊的イノベーションの抑制といった問題を生みだしたと考えられる。

　次に、これまでの評価基準を検討して新しい視点から、超LSIプロジェクトの政策評価を行った。前提として、産業政策の一般的要件を政策対象と利益享受者の相違とし、具体的な評価項目を要素条件、需要条件、関連・支援産業、企業戦略・構造・競合関係の4つを検討した。そして、新しく創出される情報通信産業のような産業を対象とする政策には、長期ヴィジョンと短

期目的の関係やそれに適合する政策体系と手法を重視しなければならないと考え、それらを加えた7基準によって評価を試みた。その結果、長期的な目的と短期的な目的の関係が明確でなく、そのために政策全体が望む成果を上げることができなかったと考えられる。すなわち、超 LSI プロジェクトは、短期的には情報機器の普及と産業の発展を促進したが、長期的には知識集約型産業である情報通信産業の育成には限られた効果しかもたらさなかった。したがって、1970年代の情報機器産業育成政策に対する高い評価は、差し控えざるをえないと思われる。

(2) 政策評価のあり方に関する提言

　最後に、これからの政策評価に対する展望を提示したい。これまでの考察を通じて明らかになった問題を解決するために、望ましい政策評価基準のあり方を試論的に提示したい。

　第1に、長期ヴィジョンと関連づけられた個別の産業政策の実施と評価が重視されなければならない。個別の政策は、長期的な経済や社会の変化に適合するように運営されなければならず、評価にもそのような視点が必要不可欠である。情報通信産業のように既存の産業が融合して新しい産業が誕生する場合や全く新規の産業が生まれてくるケースでは、特に重要であると考えられる。そのためには、既存の産業や行政、短期目標などを広い視野で関連づける政策主体と、政策評価システムが必要となる。1970年代の情報機器産業にあてはめてみると、情報産業と通信産業を融合させるような政策を検討・運営するための組織がなければならない。具体的には、首相・内閣府によるイニシアティブ（IT 戦略本部など (54)）や第三者機関（道路公団の民営化推進委員会など (55)）のような方法が考えられる。これらは既存の枠組を超えて、長期と短期、複数の個別政策の関係性を検討・整理する役割を担っている。

---

(54) 詳細は次章にて検証。高度情報通信ネットワーク社会推進戦略本部。本部長は内閣総理大臣が務め、政府の情報化政策の全体を検討する組織で、省庁の縦割りの弊害を解決するためのひとつの手法。
(55) 道路関係四公団民営化推進委員会（内閣府設置法：1999（平成11）年法律第89号および道路関係四公団民営化推進委員会設置法：2002（平成14）年法律第69号により設置）。高速道路を管理する4つの公団の民営化について、その課題や方法を検討する。

また政策評価でも、政策の実施段階と同様に、短期的な成果とともに長期的な目的との位置関係が重要である。

　第2に、情報通信ネットワークをベースにした政策実施・評価が必要とされる。長期ヴィジョンは不確定性が高く、その推進にあたっては市民の理解をえる必要がある。1990年代の後半から、インターネットを中心とした情報通信ネットワークが発展し、政策実施者である政府と対象者である産業や個人を結びつけるようになった。また、市民も政策に関する情報を容易に入手・評価するためのツール（手段）として、情報ネットワークを活用するようになりつつある。一定期間毎の内容や成果の再検討やオープンな意見交換を可能にするこのようなツールを活用し、政策の実施・評価の手法と信頼性を向上させていくことが必要である。

　それではつぎに、超LSIプロジェクト以降の日本における情報通信産業政策の変遷について、1980年代からの空白期間と、1990年代後半からの本格的なIT国家戦略が形成までの動きをみていくことにしよう。

後れた日本の IT 国家戦略の誕生過程
― 1980 年代から 2000 年 IT 基本法まで―

1.　はじめに

　日本の情報通信産業に対する国家戦略は、1980 年代と 1990 年代半ばまで
の長い空白期間を経て、1990 年代後半からようやくその基盤づくりが開始さ
れた。そして、2000 年 11 月 29 日の高度情報通信ネットワーク社会形成基本
法（以下、IT 基本法とする）の制定によって、日本における IT 国家戦略の
形成システムが確立された。本章では、1980 年代から 1990 年代半ばまでの
IT 国家戦略の不在と、その後の IT 国家戦略の誕生・形成過程を、審議記録
や資料などの詳細な分析によって明らかにする。

　1970 年代に世界に先んじて国レベルの技術開発プロジェクトを成功させた
日本の情報通信産業は、半導体産業や製造装置産業などのハード部門を中心
として、1980 年代に継続的な成長・発展を遂げた。しかし、1990 年代半ばか
ら普及したインターネットに代表される IT ネットワークの登場によって、ソ
フトウェアやコンテンツ産業の比重が高まるのと同時に、ハード部門の位置
づけが相対的に低下していった。また、他の諸産業における社会的インフラ
ストラクチャーとしての機能が大きくなり、情報通信産業にとどまらず、そ
れを活用する産業との連携・協働が必要不可欠な要素となった。

　そのような状況において、経済・産業の共通基盤となる IT の発展に向けた
戦略の推進は、ハードやソフトへの個別政策だけでは不十分であり、それを

活用する諸産業、ユーザー・サイドの視点に立った産業横断的な戦略・政策が求められるようになった。米国においては、5章で詳述するとおり、1990年代はじめから国家戦略としての IT 政策を推進してきた。連邦議会において産業、軍事、学術分野からの情報や要望を取り入れながら、国としての IT ネットワークの構想をつくりあげたのである。しかし、日本においては 1970 年代の国家プロジェクトの成功体験から抜け出せず、情報通信産業全体としての国家戦略を持たないまま、1990 年代半ばを迎えてしまったのである。

　日本の政策対応は、米国の後塵を拝するばかりでなく、韓国、インドなど、アジア諸国との関係でも課題が指摘される。国際的にも注目を集めた超 LSI プロジェクト以降、長期的な IT 戦略不在の時期が続いたのである。

　そのような課題を克服するために、1990 年代の後半になってようやく日本における IT に関する政策形成が本格化した。その中心的な役割を担ったのが、本章で分析する IT 基本法であり、それが制定されるまでの背景や制度設計、形成過程を詳細に検証する。また、そこに至る日本の IT 戦略の流れについても整理する。

　まず、IT 基本法の内容を簡単に紹介する。第 2 条（以下、同法については条文のみ示す）には、「インターネットその他の高度情報通信ネットワークを通じて」、国民が多様な経済、社会、文化などの諸活動を活発に行えるように、国や地方公共団体、推進組織の責務を定めている。その具体的な対象として、電子商取引や人材育成・教育振興、行政の情報化、研究開発の促進、国際貢献、情報セキュリティ確保などが掲げられ、推進組織として「内閣に、高度情報通信ネットワーク社会推進戦略本部」（第 25 条）（以下、IT 推進戦略本部とする）が設置されることが規定されている。そして、IT 推進戦略本部が、「重点計画を作成」（第 35 条 第 1 項）し、「施策の具体的な目標及びその達成の期間を定める」（同条 第 3 項）ことで、重点計画を着実に実施していくことを定めている。2001 年以降は、この枠組みによって、基本方針となる e-Japan 戦略とその改訂版である e-Japan 戦略 II、その具体的アクションプランとなる e-Japan 重点計画と、それに続く e-Japan 重点計画 -2002、e-Japan 重点計画 -2003 が策定されてきている。それまでの通信分野・情報分野に限

定された政策にとどまらず、様々な分野にまたがる規制緩和、ルールづくりなどが打ち出されてきている。

　このようなIT国家戦略を策定する契機となったIT基本法については、その重要性にもかかわらず、これまでは十分な検証が行われていないと思われる。そこで本章では、その政策形成システムに焦点を絞って、具体的には同法の国会における審議過程と、その基盤となった経済戦略会議および沖縄サミット・IT憲章、IT戦略会議および情報通信技術（IT）戦略本部（以下、IT戦略本部とする）などの議事録や関連資料を詳細に分析する。

　ここで本章の結論を、先取りして示しておきたい。まず、1990年代後半まで日本はIT国家戦略を持たず、2000年のIT基本法によって初めて戦略とその形成システムを確立したことが明らかになる。次に、IT基本法とそれまでの過程において、産業・学界などのユーザー・サイドとの相互関係を通じて、それらの戦略が生み出されてきたことが確かめられる。最後に、IT基本法により法的・制度的に位置づけられたIT国家戦略の形成システムには、関与する立案者のネットワーク（開放性と公平性）など、改善すべき課題があることを指摘する。

　ところで、IT基本法に関する体系的な研究は、これまであまり行われていない。政策担当者、実務家、研究者からIT基本法についての言及があるものの、その形成システムについての資料的な検証を含めた分析は、十分に行われていないと思われる⑴。本章はそのような空白領域について、資料調査による検証という面からそれにアプローチするものである。

　それではまず、1980年代から1990年代半ばまでの日本の情報通信産業政策について、その流れを概観してみたい。

⑴ 石黒一憲「IT基本法と「光の国」日本の国際戦略－人類を幸福にするネットワークの構築において日本がなすべきこと」『電子情報通信学会誌』85巻5号、2002年5月、306-311ページ。佐藤隆「高度情報通信ネットワーク社会形成基本法（IT基本法）に基づく行政情報化のための法整備をはじめとする諸問題の検討」『神奈川大学大学院法学研究論集』12号、2003年、33-107ページ。武田博之「資料 IT基本法の立法過程について」『北大法学論集』53巻3号、2002年、761-785ページ。藤山良幸「法令解説 IT社会形成のための枠組み作り－IT基本法の制定 国民があまねくITの恵沢を享受できる社会の形成に向けて（高度情報通信ネットワーク社会形成基本法）」『時の法令』2001年3月、33-48ページ。内閣官房IT担当室「高度情報通信ネットワーク社会形成基本法（いわゆるIT基本法）の概要」『ジュリスト』2001年3月、77-79ページ。

2.　1980年代から1990年代半ばまでのIT国家戦略

　日本の情報通信産業は、1970年代の超LSIプロジェクトによるハード部門を中心とした産業発展の成果を引き継ぎ、1980年代を通じて順調な成長を続けた。しかし、1990年代はじめのバブル経済の崩壊を契機として、その後の「失われた10年」と言われる停滞を続けた。その間およそ20年間にわたって、日本のIT国家戦略は企画されることはなかったのである。その後、後述するように1990年代後半になって日本におけるIT国家戦略が形成されることになる。

　その最も大きな原因は、情報政策と通信政策の乖離、情報通信産業政策の二元制に求められる。すなわち、情報と通信の両政策を融合する国家戦略を立案するシステムを確立することができなかったのである。そして、それぞれの個別政策が同時に重複して有効的な関連性を持たずに実施され、結果として情報通信産業全体としてITネットワークの普及・活用に関して、米国の後塵を拝することになった。またアジア諸国においてもIT政策に関しては一括して立案・実施する行政機関を持つところが多く、情報分野と通信分野を横断的に視野に入れた政策が進められている[2]。

　情報政策と通信政策の乖離、重複は、中央省庁レベルでも多数存在する。その典型的なもののひとつが、1983年に郵政省が提案した、ニューメディアを活用して地域社会の振興を図る「テレトピア構想（未来型コミュニケーション・モデル都市構想）」と、通産省が提案した「ニューメディア・コミュニティ構想」である。どちらも当時のメディア、現在では情報通信ネットワークや機器を、将来の社会・産業基盤として位置づけ、その政策的な推進を目指したものであった。前者が電気通信産業を重視した構想であったのに対して、後者は情報機器産業や情報処理・ソフトウェア産業に主眼を置いたものであった。

　また、1986年には建設省が「インテリジェント・シティ構想」を、1989年

---

(2)　韓国の情報通信省、インドのMinistry of Communications & Information Technologyなど、通信系と情報系の両面を管轄する政策官庁が存在する。

には郵政省が「テレコムタウン構想（地域の情報受発信機能の向上に資する高度な情報通信基盤整備事業）」を、1991年には自治省が「地域情報ネットワーク整備構想（コミュニティ・ネットワーク構想）」を発表し、情報通信技術を活用した個別分野の構想が打ち出された[3]。

さらに、日本の通信産業を支えたNTTも、1985年には情報通信の先駆事業である「キャプテン（ビデオテックス通信サービス）」を、1988年にはデジタル情報通信ネットワークの基礎となるISDNを開始した。そして、1991年には米国の国家戦略に影響を与えたVI&P構想が発表され、現在のブロードバンド社会の中核技術である光通信ネットワークを全国に配備する先進的なプランを提示した[4]。

このように1980年代から1990年代半ばまでの情報通信産業政策は、1970年代の超LSIプロジェクトと同じ個別産業政策の次元にとどまっており、それらの相互調整にも十分になされていなかった。すなわち、1970年代に成果を上げた政策手法に固執し、情報通信産業全体の融合過程を見通した政策やその形成システムの構築には失敗したと考えられる。後述するように、1990年代後半からは省庁連携の取り組みが始まり、2000年にはそれを政策形成システムとして実質的に確立することになるのであるが、それはアメリカと比較して10年以上の後れを取ることとなったのである。

それでは次に、日本が停滞から脱する1990年代後半からの動きについて、詳細に検証していきたい。

---

(3) 1980年代後半にはニューメディア、1990年代前半にはマルチメディアなど、情報通信関係の言葉が社会一般の関心を集め、社会的な流行を生み出した。
(4) 独立行政法人情報処理推進機構『「過去の情報政策と情報産業に関する調査・分析について」調査報告書』独立行政法人情報処理推進機構、2004年、6-23ページ。独立行政法人情報処理推進機構『情報政策総合年表1950年〜2002年―経済産業省を中心に―』独立行政法人情報処理推進機構、2004年、3-6ページ。電子自治体情報 http://www.JJ-SOUKO.com/elocalgov/（2004/10/05閲覧）「IT政策を巡る年表」。

3.　1990年代後半の情報通信産業の発展

　1990年代半ばから登場したインターネットなどのITネットワークによって、情報通信産業は着実な成長を維持してきた。それは、同時期に他の産業が長期的な不況に苦しむのとは対照的に、一貫した市場規模の増加傾向として見られる（図表2-1）。情報通信産業 [5] の市場規模は、1995（平成7）年には79兆2240億円であったものが、2001（平成13）年には123兆960億円にまで拡大している。成長率について見てみると、1995年〜2001年までの平均成長率が2位の電気機械産業の2.5%を上回る7.6%、直近の2001年の対前年比の成長率でも輸送機械産業の1.7%を大きく超える7.0%の成長率を記録している。

　次に、急速な普及・発展を遂げた情報通信産業における、分野別（図表2-2）、部門別（図表2-3）の推移を見てみたい。通信、放送、情報サービスからなる情報通信産業を筆頭に、関連製造業、関連サービス業、関連建設業、研究などのすべての分野において、市場規模の増加傾向が続いている。一部、1997（平成9）年〜1998（平成10）年の情報通信関連製造業と、1998（平成10）年〜1999（平成11）年の関連サービス業、2000（平成12）年〜2001（平成13）年の関連建設業には、対前年比で減少が見られるものの、全体の傾向に影響を与えるものではない。最も急速な成長を達成している個別分野は、通信、放送、ソフトウェア、コンテンツ部門などが含まれる情報通信産業である。さらに、分野を構成する部門別に見てみると、分野別とほぼ同じような継続的な成長傾向が見られる。前年比の増減についても、一部の部門において一時的な減少があるものの、部門全体の成長傾向を修正するものではない。1995（平成7）年〜2001（平成13）年の平均成長率については、通信部門（13.2%）、情報サービス部門（12.8%）、情報通信関連建設部門（11.0%）、

---

(5) このようなIT産業に関する統計資料は、IT基本法 第14条「統計等の作成及び公表」に基づくものである。本統計の定義・推計方法などについては、情報通信白書 平成15年度版 134ページ 注1を参照。分野及び部門の分類は、1984（昭和59）年11月に出された電気通信審議会答申に準拠し、情報通信産業を（1）情報通信業、（2）情報通信関連製造業、（3）情報通信関連サービス業（他に分類されないもの）、（4）情報通信関連建設業、（5）研究の5分野に分類している（同書349ページ 資料2-1-1参照）。

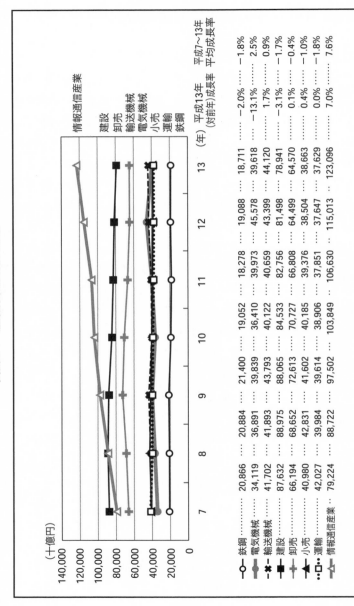

図表 2-1　産業別市場規模の推移

（十億円）

	7	8	9	10	11	12	13 (年)	平成13年 (対前年)成長率	平成7～13年 平均成長率
鉄鋼	20,866	20,884	21,400	19,052	18,278	19,088	18,711	−2.0%	−1.8%
電気機械	34,119	36,891	39,839	36,410	39,973	45,578	39,618	−13.1%	2.5%
輸送機械	41,702	41,893	43,793	40,122	40,659	43,399	44,120	1.7%	0.9%
建設	87,632	88,975	88,065	84,533	82,756	81,498	78,941	−3.1%	−1.7%
卸売	66,194	68,652	72,613	70,727	66,808	64,499	64,570	0.1%	−0.4%
小売	40,980	42,831	41,602	40,185	39,376	38,504	38,663	0.4%	−1.0%
運輸	42,027	39,984	39,614	38,906	37,851	37,647	37,629	0.0%	−1.8%
情報通信産業	79,224	88,722	97,502	103,849	106,630	115,013	123,096	7.0%	7.6%

凡例：
─○─ 鉄鋼
─●─ 電気機械
─✕─ 輸送機械
─■─ 建設
─+─ 卸売
─□─ 小売
┄●┄ 運輸
─△─ 情報通信産業

［出所］『情報通信白書』平成15年度版135ページ。

　情報通信関連製造部門（8.5%）などが高水準を維持している。それに対して、新聞、出版、ニュース配信などで構成される映像・音声・文字情報制作部門はわずか1.3%、公共放送、民法、有線放送などからなる放送部門も1.6%の低水準にとどまっている。情報通信分野の中でも、成長を牽引する通信部門、情報サービス部門と低成長から脱することのできない放送部門、映像・音声・文字情報制作部門の二極化傾向が見られる。

　このように1990年代後半の情報通信産業は、他産業と比較して高い成長率を保ちながら、市場規模を拡大してきた。これは同時期に普及したITネットワークを活用するための関連部門、具体的には通信および情報サービス、関連機器製造などを中心とした成長であった。このようなITの普及・利用範囲の拡大によって、ITネットワークとそれを支える情報通信産業の役割は、日本経済、産業の中で重要性を増していったのである。

　それでは、このような状況下で情報通信産業に関する国家戦略の形成過程について、経済戦略会議の動きから見ていくことにする。

図表 2-2　情報通信産業における分野別市場規模の推移

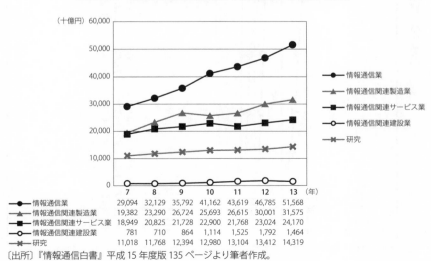

	7	8	9	10	11	12	13
情報通信業	29,094	32,129	35,792	41,162	43,619	46,785	51,568
情報通信関連製造業	19,382	23,290	26,724	25,693	26,615	30,001	31,575
情報通信関連サービス業	18,949	20,825	21,728	22,900	21,768	23,024	24,170
情報通信関連建設業	781	710	864	1,114	1,525	1,792	1,464
研究	11,018	11,768	12,394	12,980	13,104	13,412	14,319

〔出所〕『情報通信白書』平成15年度版135ページより筆者作成。

図表 2-3　情報通信産業における部門別市場規模の推移

（十億円）

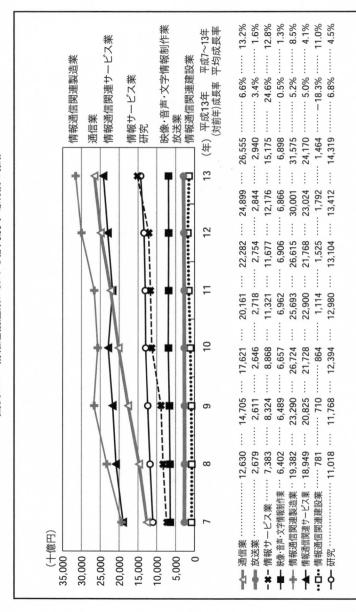

	7	8	9	10	11	12	13（年）	平成13年（対前年）成長率	平成7～13年平均成長率
通信業	12,630	14,705	17,621	20,161	22,282	24,899	26,555	6.6%	13.2%
放送業	2,679	2,611	2,646	2,718	2,754	2,844	2,940	3.4%	1.6%
情報サービス業	7,383	8,324	8,868	11,321	11,677	12,176	15,175	24.6%	12.8%
映像・音声・文字情報制作業	6,402	6,489	6,657	6,962	6,906	6,866	6,898	0.5%	1.3%
情報通信関連製造業	19,382	23,290	26,724	25,693	26,615	30,001	31,575	5.2%	8.5%
情報通信関連サービス業	18,949	20,825	21,728	22,900	21,768	23,024	24,170	5.0%	4.1%
情報通信関連建設業	781	710	864	1,114	1,525	1,792	1,464	−18.3%	11.0%
研究	11,018	11,768	12,394	12,980	13,104	13,412	14,319	6.8%	4.5%

〔出所〕『情報通信白書』平成15年度版 135ページ。

4.　経済戦略会議における IT 国家戦略の基礎づくり

(1) 経済戦略会議の構成

　経済戦略会議（The Economic Strategy Council）は、国家行政組織法第 8 条によって設置された内閣総理大臣の諮問機関であった [6]。日本の長期にわたる不況から脱し、21 世紀に向けて豊かな経済社会を築いていくためのヴィジョンを構築するために、産業界から 6 名、学識経験者から 4 名の合計 10 名で構成された（表 2-1）[7]。議長に樋口氏（アサヒビール・名誉会長：以降所属・肩書などは当時のものとする）、議長代理に中谷氏（一橋大学教授）が就任し、後半に答申をまとめるために 4 つのワーキンググループ（WG）に分かれ、学識経験者がその主査として調査・研究のとりまとめにあたった。会合には毎回 2 時間前後の時間を費やし、第 1 回、第 9 回、第 14 回に 1 名が欠席した以外は、すべての委員が全会合に出席して充実した審議が行われた。経済戦略会議の会合には、小渕内閣総理大臣や堺屋経済企画庁長官、鈴木・上杉内閣官房副長官がそのすべてに出席したのをはじめ、官房長官、大蔵大臣、通商産業大臣などの主要な経済関連の閣僚・官僚が参加した。このような出席状況から、産業界、学界、政界でそれぞれに重要な役割を担う参加者間で、主体的な問題提起と活発な議論がなされたことがわかる。

表 2-1　経済戦略会議　委員名簿

	役職	氏名	所属
1	議長	樋口　廣太郎	アサヒビール (株) 名誉会長
2	議長代理/WG主査	中谷　巌	一橋大学教授
3	WG主査	竹中　平蔵	慶應義塾大学教授
4	WG主査	伊藤　元重	東京大学教授
5	WG主査	竹内　佐和子	東京大学助教授
6		井手　正敬	西日本旅客鉄道 (株) 会長
7		奥田　碩	トヨタ自動車 (株) 社長
8		鈴木　敏文	(株) イトーヨーカ堂社長
9		寺田　千代乃	アートコーポレーション (株) 社長
10		森　稔	森ビル (株) 社長

〔出所〕経済戦略会議議事録などから筆者作成。

(6) 第一回経済戦略会議　内閣総理大臣あいさつ（1998年8月24日）。
(7) 以下、経済戦略会議に関する記述は、第1回〜第14回の会議議事録に基づく。

(2) 審議過程

　それでは、具体的な審議過程について詳しく見てみたい。経済戦略会議の活動の流れをまとめたのが、表2-2である。大きな展開としては、答申をまとめる第1段階とそれをフォローアップする第2段階とに分かれる。第1段階は、1998（平成10）年8月24日の経済戦略会議の設置から、1999（平成11）年2月26日の答申発表までの6ヶ月間に、合計14回の会合を行い、21世紀に向けたIT分野も含めた国家戦略・ヴィジョンをまとめた。第2段階では、発表した答申に対する政府の検討結果（1999（平成11）年6月発表）を踏まえて、答申に盛り込まれた提言内容の実現に向けた働きかけを続け、6ヶ月間で8回の諸官庁との対話を行い、1999年12月24日に最終報告をまとめた。

　すこし踏み込んで経済戦略会議の特徴を探っていきたい。第1に、本会議の位置づけと展開について見てみると、本会議の冒頭に小渕内閣総理大臣から、本会議設置の趣旨が発表された。内閣の最重要課題である経済の再生に向けて戦略的な視点からの答申を期待していること、そして実効性を担保するために内閣総理大臣直属の機関として法的に位置づけていること、さらに既存の政策決定にこだわらず、「民間で実際に企業経営に携わっておられる方々や経済学者の方々のご意見を賜り、それを基に、私自身のトップダウンによるスピーディーな政策決定を行っていきたい」という考えを明言した。

　そのような首相の意図に呼応して、各委員からも主体的な協働が行われた。各会合では分担されたテーマについて問題提起を行い、出席委員の活発な質疑応答が展開され、その成果が答申内容として蓄積されていった。例えば、序盤の第2回会合では、学識委員4名による検討テーマに関する考えが提示され、会議全体として目指すべき方向性と議論の主要な柱について検討と絞り込みが行われた。中盤の第7回では、竹中委員から検討課題ごとにワーキング・グループを設けて、集中的な議論を行ってはどうかという提案がなされ、それ以降の議論は各グループにおける研究・討論を活用しながら審議が進められた。終盤の第13回には、中間とりまとめとして発表した答申案について、具体的な政策提示や数値目標、提言の実行の道筋などを追加するか議論がなされ、最終答申を発表することだけで

なく、それを将来的に成果あるものとするための修正が行われた。

(3)　審議・答申における IT の戦略的位置づけ

　まず、第2回の主要検討テーマの中で、IT ネットワークについて「4. 中期的な政策」「(3) 情報インフラの基本構想」としての位置づけが明示された。短期的には金融システムの安定化、不良債権の処理などが挙げられる一方で、21世紀に向けた新しい社会基盤として情報通信インフラを捉える観点から、中期的な政策課題とされていた。

　次に、第7回において、竹内委員から「21世紀型社会インフラ整備について」と題した問題提起の中で、重視すべき項目のひとつとして「高度情報網の配備など情報インフラの整備。既存のインフラの維持・活用」を推進すべきとの主張がなされた。それに関する質疑では、地域間・都市間競争を促す意味からも情報、交通、物流などのネットワーク型のインフラ整備が重要であるという意見や、その整備にあたっては省庁横断的で総合性のある戦略を策定すべきであるといった発言があった。それから「21世紀型インフラの整備と私的・公的イニシアティブ」のワーキング・グループにおいて、集中的な議論が行われ、第10回会合で提示された主査ペーパーには、「3. 重点的投資項目（例）」の中に「情報インフラ：通信コストの抜本的低減策、新規参入の確保」が書き込まれている。

　第11回会合において修正を加えたものが、中間とりまとめとして1998（平成10)年12月23日に発表された。はじめに日本経済の現状認識が述べられた上で、「2. 経済再生に向けた基本戦略」の5本柱のひとつとして「21世紀への戦略的インフラ投資」が掲げられ、「重点的に取り組むべき戦略プロジェクトとして、次世代インターネットの構築等の情報通信分野」を「国家的重要分野と位置づけ、民間の活力を十二分に引き出しつつ」推進することを明確にした。本文では、「重点的に取り組むべき戦略プロジェクト例」の「(3) 情報インフラ」において、「21世紀の情報インフラをインターネットを核として進めるため、立ち後れたインターネットの改善をはかり、インターネット環境を一変させる。」としている。それに向けて、光ファイバーの敷設や通信サービスの規制緩和・料金低廉化、電子政

表 2-2　経済戦略会議　審議過程

No.	日付	審議過程（経済戦略会議）	内容
1	1998年8月24日	第1回会合　設置	国家行政組織法第8条による委員会
2	1998年9月10日	第2回会合	小渕首相諮問／議長選出
3	1998年9月25日	第3回会合	検討テーマの検討（学識委員提起）・決定／会議日程の決定
4	1998年10月1日	第4回会合	短期的政策・金融分野の検討（竹中提起）
5	1998年10月7日	第5回会合	短期的政策（消費税問題）の検討（鈴木提起）
6	1998年10月14日	第6回会合	短期的政策（住宅問題）（奥田提起）・（金融）（中谷・竹中・伊藤提起）
7	1998年10月14日	短期経済対策への緊急提言	短期経済政策の緊急提言（金融安定化・短期経済対策6項目）
8	1998年10月23日	第7回会合	短期経済政策の現景・金融安定化・短期経済対策6項目
9	1998年11月6日	第8回会合	21世紀社会インフラ整備の現景・WGの設置提案・竹中提起
10	1998年11月19日	第9回会合	公的部門の抜本改革の検討（井出提起）／経済戦略会議アピールの決定
11	1998年11月30日	第10回会合	公的部門の抜本改革の検討（継続）・税制の検討（井出提起）／金融に関する論点整理（WG：伊藤提起）／WGの状況報告・景気回復シナリオと中期的財政見通し（WG1：竹中主査）／賃金・雇用・社会保障の精緻化とセーフティ・ネットの整備（WG2：中谷主査）／21世紀型インフラの整備と制度的・公的イニシアティブ（WG3：竹内主査）バブル経済の本格清算と新しい産業活力（WG4：伊藤主査）
12	1998年12月13日	第11回会合	WGの状況報告／各WG主査からのペーパー提示・検討
13	1998年12月23日	第12回会合	WGの成果集約による原案の検討
14	1998年12月23日	「日本経済再生への戦略」（経済戦略会議中間とりまとめ）	5つの基本戦略を中心に、現状認識・政策提言（総論＋各論）を提示／＊21世紀型の戦略的インフラ整備として、具体的分野について具体的に言及。
15	1999年1月20日	第13回会合	答申のとりまとめについて（中間報告の修正・検討）
16	1999年1月26日	第14回会合	答申の決定／小渕首相へ答申
17	1999年2月26日	「日本経済再生への戦略」—経済戦略会議答申	5つの基本戦略を中心に、答申の具体的内容を盛り込んだ、経済戦略会議答申／＊債務通話分野について具体的について現実的な項目を指示。
18	1999年6月4日	経済戦略会議答申に盛り込まれた各種提言に対する政府の検討結果	答申された224項目について、Aは実現の方向で検討、Bは内容を大く検討、Cは乗り越え困難／といった3段階で分類。
19	1999年6月16日	経済戦略会議提言に対する政府の検討結果について	政府の検討結果について、その内容を吟味・精選し、分類および対応に問題があるものの再検討とし、提言内容の実施の要望。
20	1999年7月29日	政策対話（労働省・法務省・文部省）第1回	雇用対策の推進について
21	1999年8月18日	政策対話（規制改革委員会）第2回	規制緩和と教育改革について
22	1999年8月23日	政策対話（法務省・運輸省・大蔵省）第3回	不良債権の処理促進・不動産流動化・証券化等について
23	1999年8月24日	政策対話（大蔵省・郵政省・自治省）第4回	公会計制度・財政改革等について
24	1999年8月25日	政策対話（自治省）第5回	税制改革について
25	1999年8月26日	政策対話（国土庁・自治省）第6回	都市再生・戦略的インフラ整備について
26	1999年9月9日	政策対話（建設省・厚生省）第7回	年金・医療・少子化問題について
27	1999年11月11日	政策対話（大蔵省・自治省）第8回	
28	1999年12月24日	「政策対話シリーズ」の結果報告	

左欄グループ：
第1段階（戦略策定過程）＝1〜17
第2段階（フォローアップ）＝18〜28

答申内容について主なものは3つの分類で対応。各担当省庁は担当部署の検討結果を返答し、さらに各省とも協議を経て、経済戦略会議としての見解をとりまとめた。

（出所）経済戦略会議議事録概要などから筆者作成。

府の実現、次世代インターネット環境の整備、社会的弱者に配慮したシステム開発などが列挙されている。その後の修正を経て、経済戦略会議の答申がまとめられた。

　「日本経済再生への戦略」と題された答申は、1999（平成11）年2月26日に内閣総理大臣へ提出された。中間とりまとめからさらに拡充して、IT ネットワークに関する戦略・構想が提示された。その答申の中では、まず産業再生に関する部分で、情報通信分野への設備投資の促進や企業経営における情報化の強力な推進が求められるとしている。また、次世代を牽引する新産業創出に関連して、国家戦略の策定と戦略的な規制緩和、ハード・ソフトへの重点的な予算配分、先導的な国家プロジェクトなどを通じて、情報通信分野への戦略的な取り組みを提言している。さらに、21 世紀に向けた戦略的なインフラ投資の一分野として、「情報の分野においても、省庁の壁を超えて、インターネットに重点を置いた我が国全体の高度情報化を推進するための国家戦略に取り組む」ことを明記している。それを推進するために、首相直轄のタスクフォースの設置や民間活力導入のための積極的な規制緩和などの措置をとることも示されている。最後に、重点的に取り組むべき戦略プロジェクトとして、（1）電気通信規制の緩和、（2）列島を縦横断する情報スーパーハイウェイの整備、（3）通信の定額料金制の導入促進、（4）電子政府の実現などが列記されている。その他、研究開発や観光などのアプリケーション（IT の応用・活用）分野においても、インターネットを核とした情報通信ネットワークを積極的に活用していく方向が提示されている。このように経済戦略会議において、IT ネットワークに関する国家戦略の策定とそれに基づく戦略的プロジェクトの設置が、強力に打ち出されていることは重要であると思われる。

（4）答申実現にむけたフォローアップ

　経済戦略会議の特筆すべき特徴の最後は、同会議の答申発表後に行った提言実現に向けた活動である。第11回の議論において、答申に盛り込まれる提言を「実行に移していくための組織体制のあり方と、具体的に改正すべき法律の洗い出し」を加えるべきとの意見が提示された。それを受けて、中間とりまとめにはなかっ

た項目「提言の着実な実行に向けて」として、(1) 提言実施に関連する法律の一覧（想定される新法も含む）、(2) そのための戦略ステップとして実施時期についての提案を、最終答申には加えた。そのような野心的な答申に盛り込まれた項目は、政府の整理では234項目に及んだ。答申発表後、3ヶ月ほど経ってから政府が発表した対応方針に対しても、その結果に関する再反論を行った。IT分野では、(1) 情報に関する首相直轄のタスクフォースの設置について、現状肯定的な政府の回答に対して、省庁横断的な形で国家戦略を策定するために再考を促し、(2) インターネットの電気通信規制の緩和についても、同様に前向きの結論を早急に出すことを迫っている。さらに、そのような政府への注文を発表した後に、非公式な政策官庁との意見交換を行い、その成果を経済戦略会議としてとりまとめて首相に意見具申した。この意見交換は、「政策対話」として合計8回にわたって続けられた。その中で、実現に向けて相互理解が進み、実際に進めることのできる提言項目と未だ実施には課題があるものとをより分け、前者の中にインターネットの電気通信規制の緩和があげられた [8]。そして最後に、首相のリーダーシップの下で積極的に検討してほしい事項の最後に、世界最先端のインターネット情報立国の実現に向けて、首相直轄のタスクフォース「IT戦略会議」を立ち上げる必要性を強く訴えた。

このように、経済戦略会議は国内におけるIT戦略の策定の必要性とその基礎をつくりあげたと考えられる。同会議の成果を契機として、首相直轄の省庁横断的な戦略決定機関が検討され、それが発展していくことで、IT基本法およびIT戦略会議やIT推進戦略本部などの法律、制度が形成されていったと捉えられる。同会議は、企業経営者、学識経験者、政策担当者が主体的に関わることを通じて、ITネットワークを含めた国家戦略を検討・立案した事例であり、実質的に制度・成果に結びついたケースとして重要な意義を持つと思われる。

それでは視点を変えて、国際的な側面からの日本のIT国家戦略について見てみたい。

---

(8) 経済戦略会議は、答申に沿って政策運営がなされているものとして、学校教育におけるIT環境整備、電子政府の基盤構築などを挙げ、批判のみならず正当な評価を与えている。

5.　沖縄サミットIT憲章におけるIT戦略の要素

　2000（平成12）年7月、九州・沖縄サミット（以下、沖縄サミットとする）
が行われ、特に沖縄で開催されたG8首脳会合は注目を集めた。同会合は21
世紀に向けた各国の繁栄を世界の安定を目指して、7月21日〜23日の3日
間にわたって協議が行われた。その成果のひとつが、「グローバルな情報社会
に関する沖縄憲章」（以下、IT憲章とする）の採択・発表であった。

　これまで見てきたような国内における産業発展と国家戦略に対する要請とは異
なったレベルで、この沖縄サミットは日本のIT戦略を国際的に表明するきっか
けとなったと考えられる。それは、国内で提起・議論されている課題で、政府が
明確な対応をとっていないものであったとしても、成果文書のとりまとめや関係
諸国の利害調整を進める中で、日本としてある戦略選択を迫られることがある。
沖縄サミットでの焦点は、デジタル・ディバイド（情報格差）に対する対応であっ
た。それでは具体的にIT憲章のなかみに沿って、その要点をまとめてみたい。

(1)　IT社会に対する基本認識

　まず、情報通信技術（IT）は、これからの社会、21世紀を築く最強の力のひ
とつであり、その影響は経済、産業分野にとどまらず、人々の生活や政府と市民
社会の関係にも大きな影響を及ぼすものである。ITの本質的な特徴は、個人や
社会がそれぞれの知識や技能を存分に活用する助けとなるところにある。そして、
その利点を十分に引き出すためには、国家的および国際的な戦略が必要であり、
その枠組みからはいかなる人々も排除されてはならないという原則が貫かれる必
要がある。そのために、政府の役割はITの効用を健全に発揮させるとともに、
デジタル・ディバイドの解消や人材への投資などにリーダーシップを担うこと、
特に前者について官民すべての関係者に呼びかけを行うことが重要である。

(2)　デジタル・オポチュニティ（ITが提供する機会）の活用

　ITの潜在力を活用することによって生み出されるデジタル・オポチュニティ

を創出していくためには、いくつかの経済的・社会的・制度的な基盤を整備することが必要である。まず、健全なマクロ経済政策とそれによるIT需要の増大、低廉な価格による十分な情報アクセスの確保、労働・人材市場の改革、電子政府の取り組みが求められる。そして、それらの推進にあたっては民間部門が主導的な役割を担うこととし、それらを支える基盤となる情報のセキュリティやネットワークの安定性を確保するために政府が国際的な連携を図りながら対応する。具体的な民間活力導入の方法としては、ITネットワークおよび機器の供給市場における競争促進と市場開放、WTO（世界貿易機関）の枠組みの下での電子商取引の促進、ソフトウェアなどの知的財産権の保護や一貫性のある課税方法に基づくIT産業の振興などが想定される。

(3) デジタル・ディバイドの解消

　G8各国の国内問題としてだけでなく、国家間の政策課題としてデジタル・ディバイドの解消が重要性を増してきている。基本認識においても明確に示されたとおり、誰もがITネットワークにアクセスでき、その恩恵を享受できることが必要不可欠である。そのためには、政府の主要な戦略として、すべての人々が手ごろな価格で情報にアクセスすることができるような取り組みを続けなければならない。具体的には、通信サービスの競争確保と価格の低廉化、農村地域や遠隔地などのサービスの行き届いていない地域の情報環境の改善、携帯端末を含めた多様で補完的なアクセス手段の確保、障害者や高齢者などの社会的弱者の利用促進などの政策が求められる。さらに、情報社会を支える人的な基盤の強化、すなわちインターネットを適正かつ効果的に活用し得る人材の育成や、事業者・個人が積極的にITネットワークに参加するためのインセンティブの提供なども十分に考慮されるべきである。

(4) 全世界的参加の推進

　ITネットワークの恩恵は、G8の先進諸国のみならず、新興市場諸国および開発途上国にとっても、大きなチャンス（機会）となると考えられる。す

でにいくつかの国々において効果を上げているが、貧困削減、保健衛生、教育などの分野において、ITはこれまでのインフラ開発とは異なったアプローチで諸課題を解決する有力な手段となる。先進諸国と同様、開発途上国においても、自主性に基づく一貫した国家戦略の策定と、競争の促進や社会的一体性の確保、人材開発、地域社会の発展などが決定的に重要である。

(5) 今後の展開

　国際的なデジタル・ディバイドを解消するために、二国間および多国間のIT分野における協力が重要であり、国際機関、民間部門、NGO/NPOとの連携の下でそれを推進することが求められる。すでに先行している民間における取り組み、例えば世界経済フォーラム（WEF）のグローバル・デジタル・ディバイド・イニシアティブや電子商取引グローバル・ビジネス・ダイアログ（GBDe）、グローバル・フォーラムを評価し、それらを参考にした政策対応を模索する必要がある。これらの目的を達成するために、デジタル・オポチュニティ作業部会（ドット・フォース）を設立し、具体的なプロジェクトを展開する。そのなかみは、(1) 政策、規制およびネットワーク環境の整備、(2) 相互接続性の向上とアクセスの拡大および費用の低廉化、(3) 人材の育成、(4) 世界的な電子商取引ネットワークへの参加奨励などについて検討する。

　これまで見てきたように、沖縄サミットにおけるIT憲章には、日本のIT戦略における重要な要素が数多く含まれている。議長国として21世紀のIT社会構築に向けた文書の策定は、国内的および国際的に意義のあるものであったと考えられる。日本におけるIT国家戦略の形成に向けて、国際的な認識の共有とその方向性が示されたことで、これ以降の政府の取り組みを後押しする効果を持ったのではないかと思われる。

　それでは、次に日本国内に対象を戻して、IT基本法制定に向けた動きを見てみたい。

6. IT 国家戦略形成組織の再編成と審議過程

　IT 分野における国家戦略を策定する動きは、中央省庁レベルで 1990 年代半ばから着手されていた。しかし、その経済、政治、行政を巻き込んだ IT 戦略の策定およびその推進が実質的に効果を持ったのは、2000 年 7 月以降であり、その中心に位置したのが高度情報通信社会推進本部（以下、情報通信推進本部とする）と IT 戦略会議および IT 戦略本部であった。2000 年 11 月の IT 基本法制定後は、IT 推進戦略本部がその役割を担い、現在に至っている。ここでは 1994 年から 2000 年 11 月までの期間における組織再編とその審議過程を検証する。この期間における審議過程をまとめたものが表 2-3、各組織の構成メンバーを整理したものが表 2-4 である。

表 2-3　IT 国家戦略形成組織の審議過程

		日付	活動過程	備考
情報通信推進本部	1	1994/8/2	高度情報通信社会推進本部　設置	
	2	1995/2/21	「高度情報通信社会に向けた基本方針」	決定
	3	1996/6	制度見直し作業部会報告書	策定
	4	1998/11/9	高度情報通信社会推進に向けた基本方針	決定
	5	1999/4/16	「高度情報通信社会に向けた基本方針」のアクションプラン	決定
	6	1999/7/14	個人情報保護検討部会について	決定
	7	1999/7/26	バーチャル・エージェンシー（省庁連携タスクフォース）の総理への中間報告について	策定
	8	1999/12/3	我が国における個人情報保護システムの確立について	決定
		1999/12/24	経済戦略会議「政策対話シリーズ」の結果報告	
	9	1999/12/28	バーチャル・エージェンシーの検討結果を踏まえた今後の取組に	決定
	10	2000/1/27	個人情報保護法制化専門委員会について	決定
	11	2000/2/29	情報セキュリティ対策推進会議の設置について	決定
	12	2000/2/29	情報セキュリティ部会について	決定
	13	2000/5/19	高度情報通信社会推進に向けた基本方針〜アクション・プラン〜（第1回フォローアップ）	決定
	14	2000/5/19	内閣総理大臣発言要旨[高度情報通信社会推進本部・有識者合同会議]	有識者合同会議
IT 戦略会議・IT 戦略本部	15	2000/7/7	情報通信技術(IT)戦略本部/IT戦略会議　設置	
	16	2000/7/18	第1回IT戦略会議・情報通信技術(IT)戦略本部合同会議	
		2000/7/22	九州・沖縄サミット IT 憲章	
	17	2000/8/30	第2回IT戦略会議・情報通信技術(IT)戦略本部合同会議	
	18	2000/9/20	第3回IT戦略会議・情報通信技術(IT)戦略本部合同会議	
	19	2000/10/16	第4回IT戦略会議・情報通信技術(IT)戦略本部合同会議	
	20	2000/11/6	第5回IT戦略会議・情報通信技術(IT)戦略本部合同会議	
	21	2000/11/27	第6回IT戦略会議・情報通信技術(IT)戦略本部合同会議	
	22	2000/11/27	IT基本戦略(IT戦略会議)	
		2000/11/29	高度情報通信ネットワーク社会形成基本法　制定	
IT 推進戦略本部	23	2001/1/6	高度情報通信ネットワーク社会推進戦略本部(IT推進戦略本部)　設置	
	24	2001/1/22	e-Japan戦略　決定	
	25	2001/3/29	e-Japan重点計画　決定	
	26	2001/6/26	e-Japan2002プログラム　決定	
	27	2002/6/18	e-Japan重点計画-2002　決定	
	28	2003/7/2	e-Japan戦略II　決定	
	29	2003/8/8	e-Japan重点計画-2003　決定	

〔出所〕各組織の議事録などから筆者作成。

表2-4　IT国家戦略形成組織の構成

高度情報通信社会推進本部

	役職	氏名
1	本部長	内閣総理大臣
2	副本部長	内閣官房長官
	〃	郵政大臣
	〃	通商産業大臣
3	本部員	その他全閣僚

情報通信技術(IT)戦略本部

	役職	
1	本部長	内閣総理大臣
2	副本部長	内閣官房長官
3	〃	郵政大臣
4	〃	通商産業大臣
5	〃	情報通信技術(IT)担当大臣
6	本部員	法務
7	〃	外務大臣
8	〃	大蔵大臣
9	〃	文部大臣
10	〃	厚生大臣
11	〃	農林水産大臣
12	〃	運輸大臣
13	〃	労働大臣
14	〃	建設大臣
15	〃	自治大臣
16	〃	国家公安委員会委員長
17	〃	金融再生委員会委員長
18	〃	総務庁長官
19	〃	北海道開発庁長官
20	〃	防衛庁長官
21	〃	経済企画庁長官
22	〃	科学技術庁長官
23	〃	環境庁長官
24	〃	沖縄開発庁長官
25	〃	国土庁長官

(注)本部会合には、内閣官房副長官(政務及び事務)が出席する。

IT戦略会議

	役職	氏名	
1	議長	出井　伸之*	ソニー株式会社会長兼CEO
2	委員	石井　威望	東京大学名誉教授
3	〃	伊藤　元重*	東京大学教授
4	〃	今井　賢一*	スタンフォード日本センター理事長
5	〃	氏家　齊一郎	日本テレビ放送網株式会社社長
6	〃	牛尾　治朗*	ウシオ電機株式会社会長 第二電電株式会社会長
7	〃	海老沢　勝二	日本放送協会会長
8	〃	大山　永昭	東京工業大学教授
9	〃	梶原　拓*	岐阜県知事
10	〃	岸　曉*	株式会社東京三菱銀行会長
11	〃	椎名　武雄*	日本IBM株式会社最高顧問
12	〃	孫　正義	ソフトバンク株式会社社長
13	〃	竹中　平蔵*	慶應義塾大学教授
14	〃	張　富士夫*	トヨタ自動車株式会社社長
15	〃	西垣　浩司	日本電気株式会社社長
16	〃	福井　俊彦*	株式会社富士通総研理事長
17	〃	宮内　義彦*	オリックス株式会社会長兼グループCEO
18	〃	宮津　純一郎	日本電信電話株式会社社長
19	〃	村井　純*	慶應義塾大学教授
20	〃	室伏　稔	伊藤忠商事株式会社会長

(注)　会議には、必要に応じ、構成員以外の関係者の出席を求めることができる。
(凡例)　*はIT国家戦略起草委員会委員として、IT戦略策定に深く関わったことを表す。

高度情報通信ネットワーク社会推進戦略本部

	役職	氏名		役職	氏名	
1	本部長	内閣総理大臣	21	有識者	石原　邦夫	東京海上火災保険株式会社　代表取締役社長
2	副本部長	内閣府特命担当大臣(沖縄及び北方対策・個人情報保護・科学技術政策)情報通信技術(IT)担当	22	〃	出井　伸之	ソニー株式会社　取締役代表執行役会長兼グループCEO
3	〃	内閣官房長官・内閣府特命担当大臣(男女共同参画)	23	〃	大歳　卓麻	日本アイ・ビー・エム株式会社　代表取締役社長
4	〃	総務大臣	24	〃	沢田　秀男	横須賀市長
5	〃	経済産業大臣	25	〃	鈴木　幸一	株式会社インターネットイニシアティブ　代表取締役社長
6	本部員	法務大臣	26	〃	南場　智子	株式会社ディー・エヌ・エー　代表取締役
7	〃	外務大臣	27	〃	村井　純	慶應義塾大学環境情報学部教授
8	〃	財務大臣	28	〃	和田　紀夫	日本電信電話株式会社　代表取締役社長
9	〃	文部科学大臣				
10	〃	厚生労働大臣				
11	〃	農林水産大臣				
12	〃	国土交通大臣				
13	〃	環境大臣				
14	〃	国家公安委員会委員長				
15	〃	内閣府特命担当大臣(青少年育成及び少子化対策・食品安全)				
16	〃	防衛庁長官				
17	〃	内閣府特命担当大臣(金融・経済財政政策)				
18	〃	内閣府特命担当大臣(規制改革・産業再生機構)				
19	〃	行政改革担当・構造改革特区				
20	〃	内閣府特命担当大臣(防災)・有事法制担当				

(注)　上記のほか内閣官房副長官(政務及び事務)、総合規制改革会議議長及び公正取引委員会委員長が本部会合に出席

〔出所〕各組織の議事録などから筆者作成。

(1) 情報通信推進本部の概要

　情報通信推進本部は、日本における高度情報通信社会の実現に向けた国内的な総合施策の推進と国際的な協力を進める目的で、内閣総理大臣を本部長に、すべての閣僚を本部員として、1994 年 8 月 2 日に設置された。IT ネットワーク社会の実現に備えて、省庁横断的な政策を立案するための組織として機能することが期待された。

　具体的な成果として、1995（平成 7）年 2 月 21 日には「高度情報通信社会に向けた基本方針」が決定された。これによって、情報通信社会に向けた政府としての基本的な考え方、具体的な課題と対応、国際的な貢献、今後の進め方が示された。内容はすべての省庁における情報化の取り組みを網羅したものとなっており、戦略的な手法・対象の選択と推進などにはほとんど言及されていない。例えば、方針策定後の取り組みとしては、有識者会議を設置して同指針のフォローを行うとしながらも、基本的には各省庁が内閣官房内閣内政審議室へ年一回報告し、それを郵政省、通商産業省の協力でとりまとめたものを情報通信推進本部に報告し、その後、情報通信推進本部がそれを公表して有識者会議に意見を求める、というものであった。全閣僚の参加という組織構成ではあったが、その運営の特徴は省庁間のバランス調整型であったと捉えられる。

　同基本方針の策定後は、1996（平成 8）年 6 月に「制度見直し作業部会報告書」が、1998（平成 10）年 11 月 9 日に改訂版の「基本方針」（以下、新基本方針とする）が発表された。新基本方針では、IT の普及と社会的な要請の高まりから項目が増加し、早急に実施すべき政策として電子商取引へ言及されるなどの変更があったものの、一般的・省庁調整型の方針であることに変わりはなかった。新方針の最後には、「遅くとも平成 13 年度（2001 年度）末までには、本基本方針の更なる見直しを行うものとする」とされていることは、後述する IT 基本戦略との関係で注目される。

　その後、新基本方針に基づいて、アクションプランの決定やバーチャル・エージェンシー（省庁連携タスクフォース）の検討などを行った。これらの取り組みについても、基本方針・新基本方針とその特徴に根本的な変化は見られなかった。

　しかし、本部の下部機構として設置された専門委員会・部会では、個別課題について専門的な審議と政策提言が行われた。具体的には、個人情報保護法制化専門委員会、個人情報保護検討部会、情報セキュリティ対策部会、電子商取引等検討部会などがそれにあたり、急速に進展する社会のIT化に対応するための基準・ガイドラインづくりに貢献した。

(2)　情報通信推進本部の再編

　1994（平成6）年から発足した情報通信推進本部は、一部の専門部会による成果以外は、国家戦略を策定する組織としての機能を十分に果たすことができなかった。その原因としては、まず同本部が全閣僚をメンバーとしながら、個別の政策の枠組みを超えるような政策立案を行う場とはならなかったことである。発表された基本方針、プランには、それぞれの現行政策を集めたもの以上の内容は含まれておらず、その実施も担当省庁に一任する形をとっていた。基本方針が決定されてから有識者会議が設置されたが、相互作用によってIT戦略を生み出すことはできず、情報通信推進本部からの報告を受けることにとどまった。

　これらの特徴は、すでに述べた経済戦略会議とは対照的なものであった。民間、学識、閣僚が主体的に議論し、既存の行政組織にこだわらず、必要となる国家的な経済戦略について答申をまとめ、その提言実施についても綿密な検証と現実の政策推進のための協議などのフォローアップを行ったのとは著しく異なる。その最終結果報告には、情報通信推進本部のような既存組織ではなく、首相直轄のタスクフォース「IT戦略会議」の新設の提案がなされていた。また、2000（平成12）年7月の九州・沖縄サミットにむけて、IT国家戦略が国際的にも要請されたという文脈もあった。

　それらの流れを受けて、2000（平成12）年7月7日に、IT戦略本部の設置が閣議決定された。そこには、IT憲章に盛り込まれたデジタル・ディバイドの解消と、経済戦略会議から提案された競争力あるIT立国を目指した総合的施策の推進を目的として、IT戦略本部を設置することが明記された。また、同日IT戦略本部によって決定されたIT戦略会議の設置については、上記の目的に「官民

の力を結集して、戦略的かつ重点的に検討を行うために」ということまで加えられた。これによって情報通信推進本部は廃止される一方、その下に設置された会議および部会（有識者会議を除く）はIT戦略本部に引き継がれたのである。

(3) IT戦略会議とIT戦略本部の役割

　IT戦略本部は内閣総理大臣を本部長とし、全閣僚を本部員とする25名の組織であり、IT戦略会議は民間人、学識経験者20名からなる組織である。IT戦略会議の議長には、出井伸之氏（ソニー株式会社会長兼CEO）が就任した。形式的には情報通信推進本部と同じ構図で、本部とは別に民間・有識者の組織を設ける形をとっているが、その関係はまったく異なっている。また、その別組織の構成メンバーをみてみると、20名中13名が民間人、学識経験者は、経済戦略会議に関わった伊藤元重氏（東京大学教授）、竹中平蔵氏（慶応大学教授）を含む6名、地方公共団体の代表者（県知事）が1名となっている。IT戦略本部とIT戦略会議を合わせると45名という大人数の組織となった。

　IT戦略会議とIT戦略本部は合同して会合を行い、産業界、学界、政界の多様な意見交換がなされた。2000（平成12）年7月18日〜同年11月27日までのおよそ4ヶ月間、合計6回の会合が持たれた。短期間の集中した審議によって、日本における国家戦略としてのIT戦略をつくりあげることが目標であった。全体会合において多面的な質疑応答、意見交換をする一方で、実質的なIT戦略の立案に関しては、起草委員会を別に設けてそこでの検討結果を提起する形で進められた。各回2時間前後という会合時間と参加者の人数の多さから、すべての参加者の主体的な協働を引き出すには至らず、起草委員会および合同会合では出井議長、閣僚・事務局が主要な役割を担う傾向が見られた。

　IT戦略会議の成果として、2000（平成12）年11月27日に「IT基本戦略」がまとめられた。基本理念と重点政策分野の2部構成で、基本理念にはIT革命の歴史的な位置づけと各国との比較、そして基本戦略としてこれから目指すべき社会像や国家戦略の必要などが明記されている。また、それを実現するための重点政策分野として、(1) 超高速ネットワーク・インフラ、(2) 電子商取引、(3)

電子政府、(4) 人材育成の4分野について、具体的な目標とその実現に向けた政策が提示されている。これは、2001（平成13）年1月22日に発表された、日本における最初のIT国家戦略である「e-Japan戦略」に反映され、その実質的な内容を形成したものとして重要な意義を持つ。

(4) IT 基本法案の審議との関係

　IT戦略会議とIT戦略本部の合同会合によるIT国家戦略の審議・立案過程と、IT基本法案の関係について簡潔に整理しておきたい。特に主体的な役割を担ったIT戦略会議は、IT基本戦略をまとめることがその主目的であった。それは、国家戦略としてのIT政策のなかみを民間、学識経験者が協働してつくりあげる場であった。これはいくつかの制約要因の下で、IT戦略本部との合同会合を通じて、一定の成果を上げることができた。しかし、IT戦略会議についてはIT戦略本部本部長決定による組織であり、そのIT戦略本部自体も閣議決定による機関であったため、制度的な位置づけが脆弱であった。

　そこで、IT基本法によって、IT推進戦略本部というIT戦略会議とIT戦略本部を合わせた組織を、法的、制度的に規定することが考えられた。同法には、この他にIT社会の定義や基本方針、重点計画などについても、あわせて法律で規定することで、国家IT戦略の策定および推進の枠組みを確定しようというねらいもあった。

　このように、情報通信推進本部からIT戦略会議・IT戦略本部へと進化する中で、国家戦略であるIT基本戦略の立案とその形成手法を確立したのである。2000年に至って、日本におけるIT国家戦略の形成システムが機能したと考えられる。

　それでは次に、この政策形成システムを法的・制度的に位置づけるIT基本法について、詳しく見ていきたい。

7. IT 基本法のねらいと審議過程

(1) 国会における法案審議の流れ

　最初に国会における法案審議がどのように進むのか、簡潔に紹介しておきたい。

　日本の法律は、衆議院・参議院の本会議による議決によってつくられる。その
ために、政府（内閣）もしくは議員から法案が本会議に上程され、専門の委員会
に付託されて、専門的な審議が行われる。具体的には法案についての詳細な審
議と、参考人に対する質疑などを通じた外部資源・知識の活用や条文の修正な
どが行われる。その議論がまとまったところで、各委員会によって裁決がなされ、
可決された場合は委員長がその審議過程をまとめた報告書とともに、本会議にか
けることになる。最終的には、両院における同じプロセスによる本会議の可決で、
法律制定の手続きは完了する。

　それに関連して、重要な法案については、国会会期の冒頭、両院の本会議に
おいて内閣総理大臣が行う所信表明演説において言及されることが多い。また、
それに対する各党からの代表質問や本会議後に行われる予算委員会においても、
主要な政策・政治課題については議論が行われるのが通例である。

(2) IT 基本法のねらいと内容

　IT 基本法案は、森内閣の重要法案として位置づけられていた。それは、2000（平
成 12）年 9 月 21 日の衆参両院の本会議の所信表明に象徴されている。はじめの
あいさつの後、最初に取り上げた政策が IT についてであった。「日本再生の最
も重要な柱は IT 戦略、いわば E ジャパンの構想であ」[9] ることを明言し、「IT
基本法案は、明確な国家戦略を打ち立て、官民一体となって迅速かつ集中的に
必要な施策を実現していくための基本的な枠組みとなるものであ」[10] ると述べた
のである。具体的ななかみとして、インターネットを中心とした IT ネットワーク
の分野において 5 年後の世界最先端の地位を占めるために、民間主導の原則に

---

(9)「第150回国会 衆議院会議録 第1号 (1)」『官報』号外 平成12年9月21日2ページ。
(10) 同上箇所。

基づいて、超高速ネットワークの整備、インターネットサービスの低廉化、放送と通信の融合、電子政府の推進、個人のIT リテラシーの向上、コンテンツ分野の発展促進などを進めていくことが掲げられた。また、沖縄サミットでとりまとめたIT 憲章やこれまでに取り組んできたIT 戦略本部およびIT 戦略会議を進めるために、内閣官房に担当室を発足させたことにも言及された。

　所信表明に続いて法案を本会議に上程するにあたって、中川秀直内閣官房長官から趣旨説明が行われた⑾。その中で、IT 社会の到来によって急速で大幅な変化がグローバルに起こっているという認識の下、それに的確に対応してIT ネットワーク社会の実現を図ることが重要な政策課題であるとされ、その基本理念として(1) すべての国民がIT の恩恵を享受できる社会の実現、(2) 経済構造改革の推進と産業の国際競争力の強化、(3) ゆとりと豊かさを実感できる国民生活の実現、(4) 活力ある地域社会の実現、(5) 民間主導の原則と適切な官民の役割分担、(6) IT の利用機会の格差是正の6点が掲げられた。また、施策の推進に関わる基本方針として、(1) 世界最高水準の高度情報通信ネットワークの形成、(2) 教育および学習の振興、人材の育成、(3) 電子商取引の促進、(4) 行政の情報化、(5) ネットワークの安全性の確保、(5) 研究開発の促進、(6) 国際的な協調などを規定しており、それらを実際に推進していく体制として内閣総理大臣を本部長とするIT 推進戦略本部を設け、そこが国としてのIT に関する重点計画を策定し、具体的な目標や達成すべき期限などを明記することなどを盛り込みたいとの考えが示された。

　このようなねらいを持って森内閣の主要法案のひとつとして提出されたIT 基本法案の内容についてふれてみたい。「1. はじめに」ですでに概略にはふれたが、ここでは少し詳しく検討する。

　IT 基本法案は、当初全34 条であったが⑿、両院の審議を経て35 条となった⒀。第1章の総則には、IT 基本法に関わる基本的な要素が規定されている。第1条に目的が掲げられ、第2条にはIT 社会の定義が、第3条から第9条まで、

(11)「第150回国会 衆議院会議録 第6号 (1)」『官報』号外 平成12年10月24日 1-2ページ。
(12)「第150回国会 衆議院 内閣委員会議録 第2号」18-20ページ。
(13)「第150回国会 参議院会議録 第14号」『官報』号外 平成12年11月29日 14-16ページ。以下、制定法の条文を用いる。

同法の目指す理念が列挙されている。それに続いて、国や地方公共団体の役割、法制上の措置、調査統計などの公表、国民の理解向上に向けた取り組みが規定されている。

第2章には基本方針として、第16条から24条まで9つの分野が挙げられている。具体的には、(1) 高度情報通信ネットワークの一層の拡充とそれに関連する施策の一体的推進、(2) 世界最高水準の高度情報通信ネットワークの形成、(3) 教育および学習の振興、人材の育成、(4) 電子商取引の促進、(5) 行政の情報化、(6) 公共分野における IT の積極的な活用、(7) ネットワークの安全性の確保、(8) 研究開発の促進、(9) 国際的な協調である。

第3章では IT 推進戦略本部について、法的、組織的な規定を第25条から第34条まで置いている。この中では、全閣僚と民間人・学識経験者の全員によって IT 推進戦略本部を構成すること、資料の提出や協力を本部から各機関へ要請できることなどが定められている。

第4章は、IT 推進戦略本部が策定する重点計画について第35条の一条で規定している。基本理念に関わる6分野とその他必要な事項について、「具体的な目標及びその達成の期間を定め」(同条第3項)、その計画を「インターネットの利用その他適切な方法により公表」(同条第4項) することが定められている。さらに、IT 推進戦略本部は、適宜目標の達成状況を調査し、それを適切な方法で発表するとしている (同条第5項)。

(3) IT 基本法案の審議過程

以上のような内容の IT 基本法が、いかなる審議によって形成されていったのか、国会の審議記録から読み取ってみたい。同法の審議過程についてまとめたのが、表2-5 である。

すでに述べたように、2000 (平成12) 年9月21日の森首相の衆参両院本会議における所信表明から、IT 基本法案に関する議論は始まった。この演説で森首相は IT という言葉を22回も用いて、情報通信ネットワークに対する政策・法律の必要性を訴えた。衆議院の本会議、予算委員会、内閣委員会における審議では、

理念的な課題としては（1）IT 基本法によって実現すべき IT 社会のあり方、（2）デジタル・ディバイドに関する取り組み、（3）IT 産業に対する偏りや経済界からの影響などが、専門・技術的な論点としては（1）これまでの NTT などの通信分野における規制、（2）IP.v6 などの技術的優位性とその資源配分の集中の必要性、（3）知的財産権の対応、（4）ミレニアム・プロジェクトや電子政府の取り組みとその成果・課題、（5）情報セキュリティや個人情報保護、電子署名などの IT 関連制度の進行状況との関係などが議論された。

　趣旨説明や裁決直前の合同審査会を含めた6回の委員会審議を踏まえて、沖縄サミットの IT 憲章によって国際的・国内的な政策課題として認知されたデジタル・ディバイドに関する条文（第9条）が、内閣提出の法案に追加されることになった。また、7項目にわたる付帯決議がなされ、特に消費者や市民に対する十分な配慮とそれに対する国と地方の政府に課される責務に関する注文がつけられた。

　そうして委員会において裁決された法案は、専門委員会の尊重と相互の政治的取引などの関係から、本会議において否決されることはきわめて少ない。IT 基本法案も内閣委員会における修正がなされたものが本会議で採決され、参議院に送られた。

　参議院では、交通・情報通信委員会に法案が付託され、そこで集中的な議論が行われた。参議院での審議では、IT 担当大臣が中川官房長官の辞任によって、堺屋経済企画庁長官の兼任となり、法案の趣旨説明や内容質疑を担うこととなった。経済戦略会議から IT 戦略本部まで、国務大臣として関わった知見と IT 分野に関する深い見識から、充実した法案審議が行われた。しかし、一部野党の意見を受け入れた修正を行い、基本的な構成はすでに完成しているため、条文と現状とのギャップをつなぎ合わせることに多くの時間と質疑が費やされることになった。参議院においても趣旨説明と合同審査会を合わせて6回の審議で、委員会採決を行い、本会議へ上程し、そのまま可決・成立した。

　IT 基本法案が IT 社会に対する基本的な政策の枠組みを規定する法律であり、そのなかみや個別の課題については、IT 戦略会議やそれぞれの法案、予算にお

いて議論されることから、法案の持つ重要性から考えると必ずしも十分な議論が尽くされたとはいえない国会審議であったと思われる。しかし、IT 基本法によって根拠づけられる IT 国家戦略の形成システムについては、経済戦略会議から続く一連の民間と政府の相互関係によって創出された仕組みであり、その意義については審議を通じても揺らぐことはなかったと考えられる。

　ところで、国会の法案審議の過程における外部資源・知識の導入は、どの程度行われたのかを見ておきたい。法案審議においては、各委員会において審議する法案に関連する分野の専門家や関係者を招いて、意見や質疑を行う「参考人質疑」が行われる。IT 基本法案では、2000（平成 12）年 11 月 7 日に開かれた第 4 回の衆議院・内閣委員会の法案審議に、IT 戦略会議の議長である出井氏、IP.v6 など IT 技術の専門家の村井氏（慶応義塾大学教授 /IT 戦略会議委員）、ネットワーク経営の専門研究者の国領氏（慶応義塾大学大学院教授）、全国障害者問題研究会・事務局長の薗部氏、NPO・NGO などに造詣の深い福冨氏の 5 名が参加した。参考人質疑は、各参考人がひとり 15 分程度で発言を行い、それから議員からの質疑を受ける形で進行した。厳しい時間的な制約の下であるが、IT 戦略会議の取り組みや民間企業、市民、NPO・NGO の視点から、IT 基本法の意義と期待を表明することは、法案審議においても一定の影響力を持つものと思われる。実際、衆議院におけるデジタル・ディバイドに関する条文修正に関しては、一部、薗部参考人の発言や受け答えが貢献したと捉えることができる。また、参議院においては、交通・情報通信委員会に、西垣氏（NEC 社長 /IT 戦略会議委員）、梶原氏（岐阜県知事 /IT 戦略会議委員）、清原氏（東京工科大学教授、専攻メディア論）、岡村氏（近畿大学産業法律情報研究所講師 / 弁護士）の 4 名が招致され、意見表明と質疑を行った。

　このような審議過程によって、IT 基本法は 2000 年 11 月 29 日、参議院本会議において可決・成立したのである。それでは最後に、IT 基本法が政策形成システムに与える変化について考察を行いたい。

表 2-5　IT 基本法の審議過程　第 150 回臨時国会
（2000 年 9 月 21 日〜 2000 年 11 月 29 日）

No	開会日付	内容	出席者・参考人	院名	会議名	号数
1	2000/9/21	所信表明演説	森喜朗内閣総理大臣	衆議院	本会議	1
2	2000/9/21	所信表明演説	森喜朗内閣総理大臣	参議院	本会議	1
3	2000/9/25	代表質問	民主(鳩山)、自民(谷津)、公明(北側)	衆議院	本会議	2
4	2000/9/27	代表質問	民主(千葉)、自民・保守(月原)	参議院	本会議	3
5	2000/9/28	代表質問	民主(菅)	衆議院	予算委員会	1
6	2000/9/29	代表質問	民主(簗瀬)	参議院	予算委員会	1
7	2000/10/24	本会議での趣旨説明・質疑の上程決定		衆議院	議院運営委員会	9
8	2000/10/24	趣旨説明 質疑	中川官房長官/IT担当大臣 民主(伊藤)、公明(久保)、自由(植高)、共産(松本)、社民(辻	衆議院	本会議	6
9	2000/10/24	法案付託		衆議院	内閣委員会	1
10	2000/10/26	法案趣旨説明	中川官房長官/IT担当大臣	衆議院	内閣委員会	2
11	2000/10/31	法案審議	民主(山元)、自由(塩田)、自民(大野)、公明(斉藤)	衆議院	内閣委員会	3
12	2000/11/2	法案審議	民主(島、荒井、中田)、自由(塩田)、共産(矢島)、社民(植田)、自民(平井)	衆議院	内閣委員会	4
13	2000/11/6	商工委員会、通信委員会との連合審査会開催		衆議院	内閣委員会	5
14	2000/11/6	法案審議	民主(大谷、山田、中村、田並)、自由(達増、佐藤)、共産(吉井)、社民(大島)、自民(平井)	衆議院	内閣委員会、商工連合委員会、通信委員会連合審査会	1
15	2000/11/7	参考人質疑 法案審議	自民(阪上)、民主(生方)、公明(若松)、自由(塩田)、共産(松本)、社民(原) 【参考人】出井(企業)、村井(学識)、国領(学識)、園部(市民)、福富(NPO) 民主(山元)、自由(佐藤)、共産(矢島)、社民(植田)	衆議院	内閣委員会	6
16	2000/11/7	審議:IT国家戦略の早期策定の必要性に関する		参議院	交通・情報通信委員会	2
17	2000/11/9	法案審議 内閣総理大臣への質疑 法案修正要求(1) 法案修正要求(2) 反対討論 法案裁決 付帯決議	民主(荒井)、自由(塩田)、共産(松本)、社民(植田) 民主(荒井)、自由(塩田)、共産(松本)、社民(植田) 民主(山元):自民、民主、公明などを代表して、第9条の追加 共産(松本) 自由(塩田) 原案+修正要求(1) 可決。 修正要求(2) 否決 民主、民主、公明、自由などから7項目→可決	衆議院	内閣委員会	7
18	2000/11/9	法案の緊急上程決定		衆議院	議院運営委員会	15
19	2000/11/9	法案裁決	修正案可決 → 参議院送付 委員会報告:内閣委員会委員長、反対討論:自由(黄川田)、共産(矢島)、社民(植田)	衆議院	本会議	11
20	2000/11/10	本会議での趣旨説明・質疑の上程裁決		参議院	議院運営委員会	9
21	2000/11/10	法案の趣旨説明 質疑	堺屋経済企画庁長官/IT担当大臣 民主(高嶋)	参議院	本会議	8
22	2000/11/10	法案趣旨説明	堺屋経済企画庁長官/IT担当大臣	参議院	交通・情報通信委員会	3
23	2000/11/14	国務大臣に対する質疑	民主(福井)、共産(佐々木)、社民(橋光)	衆議院	本会議	13
24	2000/11/16	法案審議	自民(世耕)、民主(内藤)、公明(福本)、共産(宮本)、社民(渕上)、無所属(岩本)	参議院	交通・情報通信委員会	4
25	2000/11/21	参考人質疑	自民・保守(世耕)、民主(山下)、公明(森本)、共産(宮本)、社民(渕上)、無所属(岩本) 【参考人】西垣(企業)、梶原(地方行政)、清原(学識)、岡村	参議院	交通・情報通信委員会	5
26	2000/11/22	経済・産業委員会との連合審査会開催決定		参議院	交通・情報通信委員会	6
27	2000/11/27	法案審議	自民(畑)、民主(本田)、公明(山下(栄))、共産(山下(芳))、社民(梶原)、無所属(水野)、自由(戸田)	参議院	交通・情報通信委員会、経済・産業委員会連合審査会	1
28	2000/11/28	法案審議 内閣総理大臣への質疑 法案修正要求 反対討論 法案裁決 付帯決議	自由(山内)、民主(寺崎)、公明(森本)、共産(宮本)、社民(渕上)、無所属(岩本) 自民(中島)、民主(齋藤)、公明(森本)、共産(宮本)、社民(渕上)、無所属(岩本) 共産(宮本) 共産(宮本) 原案 可決。 修正要求 否決。 民主(寺崎):自民・保守、民主、公明、無所属から10項目→可	参議院	交通・情報通信委員会	7
29	2000/11/29	本会議での委員会報告および採決の決定		参議院	議院運営委員会	15
30	2000/11/29	法案裁決	原案 可決 → 法案成立 委員会報告:交通・情報通信委員会委員長、反対討論:自由(黄川田)、共産(矢島)、社民(植田)	参議院	本会議	14

〔出所〕衆議院、参議院会議録などから筆者作成。

8. 小括―IT 基本法と IT 国家戦略の形成システム―

(1) IT 基本法制定後の国家戦略の推進

　2000 年 11 月 29 日に制定された IT 基本法に基づいて、IT 推進戦略本部が 2001 年 1 月 6 日、中央省庁再編と同時に発足した。その構成は、すべての閣僚 20 名と有識者 8 名で、人数比では IT 戦略本部・IT 戦略会議ではなく、経済戦略会議に類似した、少数精鋭の民間・学識経験者が参加する形をとった。2003 年末までの 3 年間で合計 22 回の会合を開き、21 世紀の IT 国家戦略の審議・形成を行ってきた。

　IT 推進戦略本部の初めての成果は、2001 年 1 月 22 日に発表された「e-Japan 戦略」であった。これは IT 戦略会議・IT 戦略本部の策定した IT 基本戦略に基づいて、新本部の基本方針をまとめたものである。続いて、IT 基本法に定められた重点計画「e-Japan 重点計画」を 3 月 22 日に、6 月 26 日にはさらに具体的な「e-Japan2002 プログラム」を策定・発表している。その後も、重点計画は 2002、2003 と更新され、基本計画も 2003 年 7 月に「e-Japan 戦略Ⅱ」を策定している。

　それまで、国家としての IT 戦略を策定する仕組みが十分でなかった日本において、IT 基本法の制定は一定の成果をもたらしていると考えられる。

(2) 日本における IT 国家戦略の形成システム

　これまで見てきたように、1990 年代半ばまでは日本の IT 国家戦略は空白期間であり、2000 年の IT 基本法によって初めて日本の IT 国家戦略を形成するシステムが確立された。それは経済戦略会議が契機となって、IT 戦略会議・IT 戦略本部に引き継がれ、IT 推進戦略本部へと発展・結実したものであった。そこには、省庁調整型の情報通信推進本部の枠組みを超えて、民間・学識経験者が実際の企業経営や社会・生活・文化の視点から必要とされる政策をみずから提案し、実現に向けた主体的な取り組みを行うことで、これまでとは違った政策形成システムを生み出したのである。その過程では一方的な批判や追認だけではない、情報共有や意見交換、相互作用などを通じた戦略形成のスタイルが見られた。そのような既

存のアプローチとは異なった政策立案の仕組みがIT分野において確立されたことは、政策的にも産業的にも意義のあることであると考えられる。

　しかし、一連のIT基本法につながる過程で、新しい政策プロセスを創出することができたことは大きな成果であるとしても、そこには限界と新たな課題がある。それはアメリカと比較して数年間の後れを取ったことと、その制度が実質的に機能するかが同本部のマネジメント（運営）による点である。

　ムーアの法則に代表されるように、情報通信産業における技術革新とその産業発展は他の産業に比べて急速であり、IT政策における数年間の停滞は大きな損失につながると考えられる。1980年代、90年代を通じて、日本がITに関する国家レベルの戦略を立案・推進することができなかったことは、米国や他のアジア諸国との国際的な競争優位の観点からも重大な問題であると思われる。特にIT社会への変革という非連続的な発展段階において、迅速にその変化を見通した総合的な政策を検討・提示していくための仕組みが必要とされる。

　また、IT推進戦略本部が法的、制度的位置づけがなされているとしても、そこで官僚、政治家、企業家、研究者、市民などの相互に触発し合うサイクルをつくり出していくことが戦略的課題となる。さらに、IT基本法の審議過程で見られたように、国会・立法府との関係では十分な相互連携の仕組みがないことも、今後のIT国家戦略の推進における課題のひとつである。さらに、IT戦略推進本部に参加する立案者の選択に関わって、その開放性と公平性の問題も看過できない。ユーザー・サイドの意見を代表する企業経営者や民間人が、情報通信産業全体を視野に入れた意見表明ではなく、所属の企業や団体などに偏った見解・政策誘導を図りかねないというリスクは否定できない。マス・メディアを通じた社会的な検証・議論やインターネットなどを通じた正確で完全な情報の公開・流通などを組み合わせることで、それらの問題を改善していくことが今後の重要な課題となる。

　これまでは、日本における情報通信産業に関する戦略形成について見てきた。次は、同分野において世界をリードしてきた米国に視点を移して分析を行っていきたい。

第 3 章

Society5.0 に向けた日米の IT 国家戦略の比較分析
― 2000 年から 2020 年まで―

1.　はじめに

　本章は、2000 年から 2020 年までの日米の IT 国家戦略の比較分析を行うことを目的とする。5G をベースとした Society5.0 の実現に向けた、日本と米国の IT 戦略の内容を分析する。1990 年代までは Society4.0 社会の実現に向けて、情報通信技危機の開発やネットワーク通信技術の開発、スマートフォンなどのモバイル端末の普及などが進められてきた。しかし、2000 年以降は 4G の通信環境が整備され、動画や画像、サブスクリプション、アプリなどの開発・浸透が進む中で、2010 年代後半には Society5.0 の実現に向けて、新しい社会システムや生活様式の実現に向けた取り組みが、先進諸国において積極的に推進されてきた。その中で、グーグル、アマゾン、フェイスブック、アップルなどの世界的な IT 企業が生まれ、急速な発展を遂げたのが米国であり、Society5.0 をリードする役割を担っている。一方、日本においては、光ファイバー網などの整備により、早期に Society5.0 のハード面の基盤整備が実現できたにもかかわらず、その基盤を活用した新しいサービス・産業の創出の面では、他国と比較しても十分な成果・効果を得られていないと考えられる。

　2000 年以降、IT 革命 [1]、ニューエコノミーなどの研究・分析を通じて、IT による他の産業に対する生産性の向上を通じた、経済・産業の成長への寄

---

(1) 船橋洋一・竹中平蔵編『IT革命―新世紀への挑戦』朝日新聞社、2000年。

　与が明らかとなり、社会・経済の共通インフラとしてのIT産業の成長・発展が国の産業・競争力の重要な要素となってきた。同時に、ITネットワークの発達に伴って、社会・生活などの利便性の向上とともに、そのあり方も変化することから、特定の産業に対する政策から、国全体のあり方を規定する国家戦略としてのIT戦略の重要性が高まってきた。特に、Society4.0からSociety5.0への転換点となる2020年において、産業・経済にとどまらず、社会・生活のデジタル化などを通じた変革（DX）の推進とSDGsに代表される持続可能な社会・経済発展を目指していくことが求められる。そのような大きな転換を円滑に実現していくためには、時代環境に適合したIT国家戦略の策定と推進が必要不可欠であると考えられる。

　具体的に、2000年から2020年までの間に策定された、日米両国のIT国家戦略の内容を調査し、その比較を通じて、日本におけるIT基本法に基づくIT国家戦略と、米国の大統領のリーダーシップに基づくIT国家戦略の相違点を明らかにするとともに、今後のSociety5.0の推進に向けたIT国家戦略のあり方について検討する。

2. 日本の IT 国家戦略の体制整備・政策策定 （2000 年代前半）

　日本の IT 国家戦略は、2000 年に制定された IT 基本法による IT 基本法制により策定・推進されてきた。具体的には、IT 基本法に基づいて IT 本部が組織され、本部における議論を通じて日本の IT 国家戦略が計画・立案・決定されている。戦略策定に必要な事務を処理するために、内閣官房に情報通信技術（IT）総合戦略室が設置されている。

　2020 年においては、Society5.0 への変革（DX）に向けて、新戦略の策定にあたる専門調査会を組織し、検討を行っている。以下が IT 本部および専門調査会の構成員の一覧である。本部は内閣総理大臣を本部長とし、情報通信技術（IT）政策担当大臣、内閣官房長官、総務大臣、経済産業大臣を副本部長、その他の国務大臣と内閣情報通信政策監（政府 CIO）および有識者を本部員として構成されている。専門調査会は内閣情報通信政策監を会長とし、本部員である有識者に加えて、数名の有識者・研究者を加えた構成となっている（図 3-1）。

　2000 年に IT 本部が設立されて以降、毎年のように新しい戦略・計画などが打ち出されている。戦略に関しては、2001 年 1 月の e-Japan 戦略、2003 年 7 月の e-Japan 戦略Ⅱ、2004 年 2 月の e-Japan 戦略Ⅱ加速化パッケージ、2005 年 2 月の IT 政策パッケージ、2006 年 1 月の IT 新改革戦略、2007 年 4 月の IT 新改革戦略政策パッケージという流れで、次々と改訂がなされてきた。それに合わせて、総務省では、2001 年 3 月に e-Japan 重点計画、2002 年 6 月に e-Japan 重点計画 2002、2004 年 6 月に e-Japan 重点計画 2004、2006 年 7 月に重点計画 -2006、2007 年 7 月に重点計画 -2007 などの政策、事業計画を策定してきた（図 3-2）。

　その中でも特に重要な戦略について取り上げて、簡潔に内容を述べておきたい。まず、2001 年 1 月の e-Japan 戦略である。これは IT 基本法が制定され、日本の IT 戦略がスタートした最初の戦略である（図 3-3）。

図 3-1　高度情報通信ネットワーク社会推進戦略本部および新戦略推進専門調査会の構成（2020 年 4 月時点）

高度情報通信ネットワーク社会推進戦略本部名簿

令和２年４月２２日現在

本部長	内閣総理大臣	
副本部長	情報通信技術（ＩＴ）政策担当大臣	
	内閣官房長官	
	総務大臣	
	経済産業大臣	
本部員	他の全ての国務大臣、内閣情報通信政策監及び有識者	
（有識者）	粟飯原　理咲	アイランド株式会社代表取締役社長
	遠藤　信博	一般社団法人日本経済団体連合会審議員会副議長兼サイバーセキュリティ委員長
		日本電気株式会社代表取締役会長
	坂村　健	東洋大学情報連携学部学部長
	澤田　純	日本電信電話株式会社代表取締役社長
	鈴木　英敬	三重県知事
	高橋　政代	国立研究開発法人理化学研究所　客員主管研究員
	西川　徹	株式会社 Preferred Networks 代表取締役社長最高経営責任者
	平野　未来	株式会社シナモン代表取締役社長 CEO
	三木谷　浩史	楽天株式会社代表取締役会長兼社長
	村井　純	慶應義塾大学　教授

新戦略推進専門調査会名簿

令和２年４月２２日現在

粟飯原　理咲	アイランド株式会社代表取締役社長
朝倉　康夫	東京工業大学環境・社会理工学院教授
遠藤　信博	一般社団法人日本経済団体連合会審議員会副議長兼サイバーセキュリティ委員長
	日本電気株式会社代表取締役会長
國領　二郎	慶應義塾大学常任理事
坂村　健	東洋大学情報連携学部学部長
高橋　政代	国立研究開発法人理化学研究所　客員主管研究員
田中　里沙	事業構想大学院大学学長・教授
西川　徹	株式会社 Preferred Networks 代表取締役社長最高経営責任者
平野　未来	株式会社シナモン代表取締役社長 CEO
松本　純夫	独立行政法人国立病院機構東京医療センター名誉院長
三木谷　浩史	楽天株式会社代表取締役会長兼社長
村井　純	慶應義塾大学　教授
森田　朗	津田塾大学総合政策学部教授
三輪　昭尚	内閣情報通信政策監（会長）

（出所）内閣官邸　IT 本部 HP　2020 年 9 月 1 日閲覧

図 3-2　2000 年代の IT 国家戦略の流れ

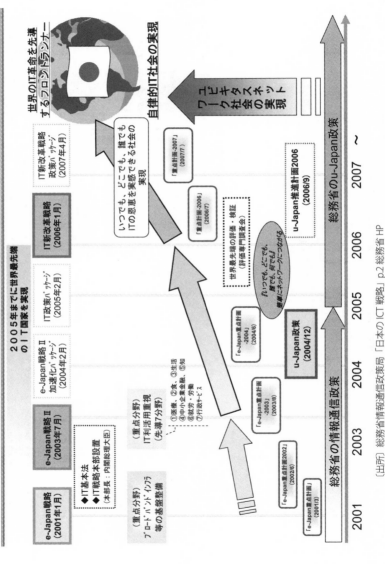

世界の IT 革命を先導
するフロントランナー

自律的 IT 社会の実現

2005 年までに世界最先端
の IT 国家を実現

e-Japan戦略
(2001年1月)

(重点分野)
ブロードバンド・インフラ
等の基盤整備

e-Japan戦略Ⅱ
(2003年7月)

◆IT基本法
◆IT戦略本部設置
(本部長：内閣総理大臣)

(重点分野)
IT利活用重視
(先導7分野)

e-Japan戦略Ⅱ 加速化パッケージ
(2004年2月)

(重点分野)
①医療、②食、③生活
④中小企業金融、⑤知
⑥就労・労働
⑦行政サービス

IT政策パッケージ
(2005年2月)

IT新改革戦略
(2006年1月)

IT新改革戦略
政策パッケージ
(2007年4月)

いつでも、どこでも、誰でも
ITの恩恵を実感できる社会の
実現

世界最先端の評価・検証
(評価専門調査会)

「いつでも、どこでも、
誰でも、何でも」
新型ネットワーク社会が

ユビキタスネット
社会の実現

「e-Japan重点計画」
(2001/3)

「e-Japan重点計画2002」
(2002/6)

「e-Japan重点計画
-2003」
(2003/8)

「e-Japan重点計画
-2004」
(2004/6)

「重点計画-2006」
(2006/7)

「重点計画-2007」
(2007/7)

u-Japan政策
(2004/12)

u-Japan推進計画2006
(2006/9)

総務省の情報通信政策 | 総務省の u-Japan 政策

2001　2003　2004　2005　2006　2007　〜

〔出所〕総務省情報通信政策局「日本の ICT 戦略」p.2 総務省 HP
https://www.soumu.go.jp/main_sosiki/joho_tsusin/policyreports/chousa/vigor/pdf/080212_2_si4.pdf
2020 年 8 月 31 日閲覧

　歴史的な意義やIT革命への取り組みの後れを踏まえた上で、2005年まで
に世界最先端のIT国家となることを目標として明示した。具体的には、イン
フラ、電子商取引、電子政府、人材の4つの柱を掲げ、それらに集中的な対
応を行っていくこととなった。例えば、インフラについては、超高速ネットワー
クの整備および競争政策の推進のために、2005年のインターネット環境の整
備目標として、高速通信環境を3,000万世帯に、超高速通信環境を1,000万世
帯に提供することなどを設定している。

図3-3　e-Japan戦略（2001年1月）の概要

〔出所〕総務省情報通信政策局「日本のICT戦略」p.3 総務省HP
https://www.soumu.go.jp/main_sosiki//joho_tsusin/policyreports/chousa/vigor/pdf/080212_2_si4.pdf
2020年8月31日閲覧

e-Japan戦略の策定から2年後、2003年7月には第2弾の戦略として
e-Japan戦略IIが公表された。第1期の戦略に掲げられた目標である、インター
ネット利用環境の整備や世界最安水準の月額利用料、電子商取引、電子政府
関連の制度整備などが達成されつつある中で、次なる目標を定めるものとなっ
ている。戦略の中で、医療、食、生活、中小企業金融、知、就労・労働、行
政サービスの7つの分野においてIT利活用を先導する取り組みの実施と、そ
の推進に必要な社会基盤の整備として、次世代情報通信基盤の整備や人材育
成、次世代の研究開発などの5つを挙げている（図3-4）。

図3-4　e-Japan戦略II（2003年7月）の概要

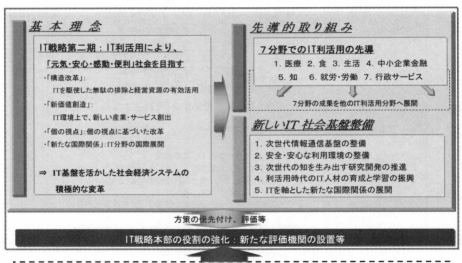

〔出所〕総務省情報通信政策局「日本のICT戦略」p.4 総務省HP
https://www.soumu.go.jp/main_sosiki/joho_tsusin/policyreports/chousa/vigor/pdf/080212_2_si4.pdf
2020年8月31日閲覧

3.　IT インフラの整備から利活用へ
　－ IT 国家戦略の展開（2000 年代後半）

　2000 年代の前半は、e-Japan 戦略、e-Japan 戦略Ⅱの策定を契機として、日本における IT 国家戦略が進められていった。その中で、高速情報通信網の整備による情報アクセスの向上が図られ、2005 年には世界最先端の IT 情報基盤の整備を実現することができた。

　2000 年代の後半では、それらの高速情報通信網をベースとして、それを活用した新しい産業、サービスの創出や新しい生活の実現に向けた取り組みが求められるようになった。そこで、2006 年 1 月に策定されたのが、IT 新改革戦略であり、2010 年を目標としていつでも、どこでも、誰でも IT の恩恵を実感できる社会の実現を目指すことが示された。

　新改革戦略は、名称に「改革」が含まれているとおり、既存の制度・事業などを IT によって改革することを通じて、日本社会の抱える課題解決につなげることが目標となっている。具体的には、医療改革や環境配慮型社会の実現、地上デジタルによる災害情報の提供、ITS を活用した安全な道路交通の実現、オンライン申請などによる電子政府の推進、IT 経営の確立による企業の競争力強化、e- ラーニングやテレワークを通じた生涯を通じた豊かな生活の実現などが、取り組みの分野として設定されている（図 3-5）。

　IT 新改革戦略で打ち出されたビジョンである、いつでもどこでも誰でも IT の恩恵を受けられる社会の実現という考え方は、2004 年から総務省を中心とした u-Japan 政策によって進められていった。

　e-Japan 戦略と u-Japan 戦略の違いは、それが対象とする範囲の相違によると考えられる（図 3-6）。2000 年に打ち出された e-Japan 戦略は、光ファイバーや ADSL などの高速固定回線によるインターネットの利活用を推進することを主たる目的としたものであったが、2004 年に打ち出された u-Japan 政策は、スマートフォンなどのモバイル端末を活用し、無線 LAN やワイヤレス接続により、固定回線やデスクトップの PC などに縛られず、生活のあらゆる場

図 3-5　IT 新改革戦略（2006 年 1 月）の概要

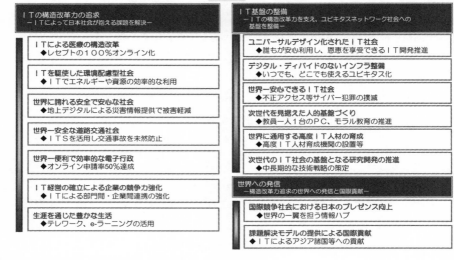

2010年　いつでも、どこでも、誰でも ＩＴの恩恵を実感できる社会の実現

ＩＴの構造改革力の追求
－ＩＴによって日本社会が抱える課題を解決－

- **ＩＴによる医療の構造改革**
  ◆レセプトの１００％オンライン化
- **ＩＴを駆使した環境配慮型社会**
  ◆ＩＴでエネルギーや資源の効率的な利用
- **世界に誇れる安全で安心な社会**
  ◆地上デジタルによる災害情報提供で被害軽減
- **世界一安全な道路交通社会**
  ◆ＩＴＳを活用し交通事故を未然防止
- **世界一便利で効率的な電子行政**
  ◆オンライン申請率50％達成
- **ＩＴ経営の確立による企業の競争力強化**
  ◆ＩＴによる部門間・企業間連携の強化
- **生涯を通じた豊かな生活**
  ◆テレワーク、e-ラーニングの活用

ＩＴ基盤の整備
－ＩＴの構造改革力を支え、ユビキタスネットワーク社会への基盤を整備－

- **ユニバーサルデザイン化されたＩＴ社会**
  ◆誰もが安心利用し、恩恵を享受できるＩＴ開発推進
- **デジタル・ディバイドのないインフラ整備**
  ◆いつでも、どこでも使えるユビキタス化
- **世界一安心できるＩＴ社会**
  ◆不正アクセス等サイバー犯罪の撲滅
- **次世代を見据えた人的基盤づくり**
  ◆教員一人１台のＰＣ、モラル教育の推進
- **世界に通用する高度ＩＴ人材の育成**
  ◆高度ＩＴ人材育成機関の設置等
- **次世代のＩＴ社会の基盤となる研究開発の推進**
  ◆中長期的な技術戦略の策定

世界への発信
－構造改革力追求の世界への発信と国際貢献－

- **国際競争社会における日本のプレゼンス向上**
  ◆世界の一翼を担う情報ハブ
- **課題解決モデルの提供による国際貢献**
  ◆ＩＴによるアジア諸国等への貢献

〔出所〕総務省情報通信政策局「日本の ICT 戦略」pp.5 総務省 HP
https://www.soumu.go.jp/main_sosiki//joho_tsusin/policyreports/chousa/vigor/pdf/080212_2_si4.pdf
2020 年 8 月 31 日閲覧

面で IT を利活用できるようにすることを目指すものであった。また、2005
年を目標とする e-Japan 戦略は、米国によるブロードバンド通信網の整備に
後れを取った日本が、それをキャッチアップするためのものであったのに対
し、2010 年を目標とする u-Japan 政策は、世界最先端のモバイル通信を含め
た先導的な IT 産業、サービス、事業のモデルをフロントランナーとして切り
開いていくためのものであった。別の視点からみると、e-Japan 戦略は、米国
などが実現してきた電子商取引や電子政府を手本としながら、その実現を目
指してハード整備とソフト支援を通じて改善していく取り組みであったのに
対し、u-Japan 政策では世界のフロントランナーとして、モバイル通信や端末、

サービスを組み合わせて新しいモデルを生み出し、実際に直面する社会課題を解決することを目指す取り組みであった。

図 3-6　e-Japan と u-Japan の相違点

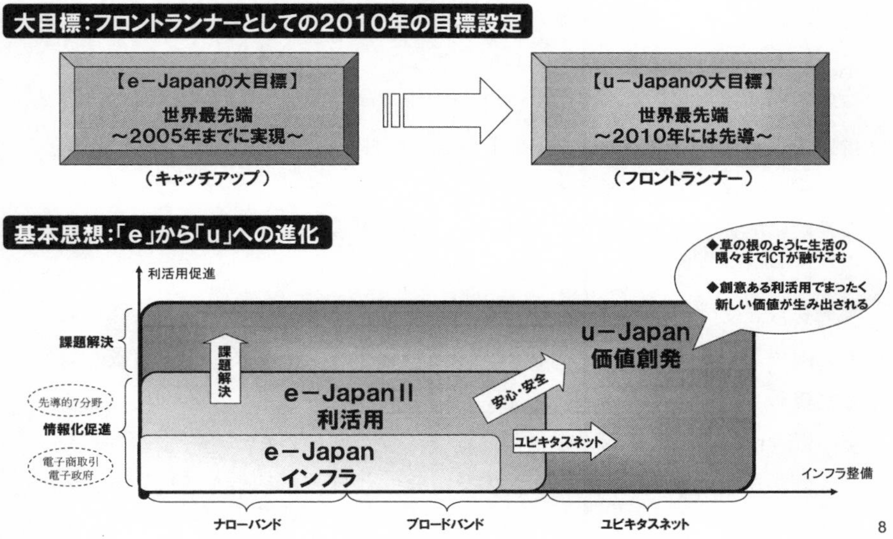

〔出所〕総務省情報通信政策局「日本の ICT 戦略」p.8 総務省 HP
https://www.soumu.go.jp/main_sosiki//joho_tsusin/policyreports/chousa/vigor/pdf/080212_2_si4.pdf
2020 年 8 月 31 日閲覧

4. 民主党政権による「新たな情報通信技術戦略」の策定（2010 年前後）

　2009 年に誕生した民主党政権においても、IT 基本法に基づく IT 戦略の策定・継続的な推進がなされることとなった。政権交代を踏まえ、2010 年 5 月に「新たな情報通信技術戦略」が策定された。

　新しい情報通信技術戦略では、「国民本位の電子政府の実現」、「地域の絆の再生」、「新市場の創出と国際展開」の 3 つの柱を掲げた。

　まず、国民本位の電子政府の実現では、2020 年までにすべての国民が主要な行政に関連する手続きをワンストップで行えるようにすることや、2013 年までにコンビニエンスストアなどの行政キオスク端末で、国民の 50％以上がサービスを受けられるとともに、2020 年までに 50％以上の地方自治体において、国民が行政を監視し、自己に関する情報をコントロールできる電子政府を実現し、2013 年までに個人情報の保護に配慮した上で、二次利用可能な形での行政情報の公開を行うことを定めている。

　次に、地域の絆の再生では、2020 年までに情報通信技術を活用することによりすべての国民が質の高い医療サービスを受けることができるようにすること、また高齢者などが在宅医療・介護・見守りなどを利用できるようにすること、2020 年までに学校教育・生涯学習の情報通信環境の整備により情報技術をすべての国民が自在に活用できるようにすること、2015 年をめどにすべての世帯におけるブロードバンドサービスの利用を実現する「光の道」を完成させることにより、医療・教育・行政などの飛躍的な向上と地域の活性化を目指すことが明記されている。

　最後に、新市場の創出と国際展開では、環境・エネルギー・医療・福祉・観光・地域活性化などの分野において、クラウドコンピューティングなどの新しい情報通信技術の導入などを推進することにより、アジア市場の取り込みを視野に入れながら、2020 年までに約 70 兆円の市場を創出すること、2020 年までにスマートグリッドを一般化すること、高度道路交通システム（ITS）

などを用いて 2010 年比較で 50% の渋滞を減少させることを目指しながら、自動車からの二酸化炭素の排出量の削減を加速すること、2013 年までに、新世代・光ネットワーク、次世代ワイヤレス、クラウドコンピューティング、スマートグリッド、次世代半導体・ディスプレイなどの革新的なデバイス、組み込みシステム、ソフトウェアエンジニアリングなどの戦略分野での産学官連携による集中的な研究開発を進めること、それらを通じて、日本の IT 産業が主要海外市場において知的財産権や国際標準の戦略的な獲得、国際展開が可能となることが記されている。

　2010 年前後の IT 国家戦略については、2011 年に発生した東日本大震災などにより、災害時の IT 活用などに対する取り組みが意識されるようになったが、基本的な IT 戦略の骨格、構成、内容、手法については、2000 年代の IT 戦略などを踏襲したものであったと考えられる。

5. 新しいIT国家戦略の再設定（2010年代前半）

　民主党政権から自民党政権へ変わった2013年以降、日本は新たなIT国家戦略を設定して、取り組みを再構築した。その端緒となったのが、2013年に策定された日本再興戦略である。その中で、世界最高水準のIT社会の実現を「3つのアクションプラン」のひとつとして位置づけた（図3-7）。

　具体的な内容としては、ITが「あたりまえ」の時代にふさわしい規制・制度改革や公共データの民間開放と革新的電子行政サービスの構築、安全・便利な生活環境の実現、世界最高レベルの通信インフラの整備、サイバーセキュリティ対策の推進、産業競争力の源泉となるハイレベルなIT人材の育成確保を挙げている。

　日本経済の再興・復活に向けた国家戦略として位置づけられている点で、従前の新たな情報通信技術戦略とは異なる特徴を有するものとなっている。規制改革やオープンデータ、インフラ整備、セキュリティ、IT人材の育成・確保など、幅広い内容を網羅した内容となっている点に留意する必要がある。

図3-7　日本再興戦略（2013年）のポイント

4．世界最高水準のIT社会の実現

ITを活用した民間主導のイノベーションの活性化に向けて、世界最高水準の事業環境を実現するため、今般策定される新たなIT戦略（本年6月14日閣議決定）を精力的に推進し、規制・制度改革の徹底並びに情報通信、セキュリティ及び人材面での基盤整備を進める。

①ITが「あたりまえ」の時代にふさわしい規制・制度改革

ITやデータを活用したイノベーションにおいて、我が国企業が他国に劣後しないよう、徹底した規制・制度改革を進める。この取組の中で、IT利活用を推進するための法的措置（IT利活用を推進するための「基本法」）

の必要性についても検討する。

○規制制度改革集中アクションプランの策定

○世界最高水準のオープンデータやビッグデータ利活用の推進

②公共データの民間開放と革新的電子行政サービスの構築

政府 CIO の法定化を踏まえ、「IT 総合戦略本部」を中心に、国民・利用者を中心とした電子行政サービスの構築を推進する。これにより、公共データの民間開放について、2015 年度中に世界最高水準の公開内容（データセット 1 万以上）を実現するとともに、政府情報システムのクラウド化等により、今後 5 年間で政府情報システムの数を現在の約 1,500 から半減、8 年間で運用コストの 3 割圧縮（特別な検討を要するものを除く。）を目指す。

○公共データの民間開放

○政府における業務改革・IT ガバナンスの強化

○利便性の高い電子行政サービスの提供等

③IT を利用した安全・便利な生活環境実現

ビッグデータ等を活用して、安全・便利な生活が可能となる社会を実現するため、関係各府省が連携し、重点課題について、IT を活用した分野複合的な解決に取り組む。

○IT 活用による分野複合的な課題解決

④世界最高レベルの通信インフラの整備

圧倒的に速く、限りなく安く、多様なサービスを提供可能でオープンな通信インフラを有線・無線の両面で我が国に整備することで、そのインフラを利用するあらゆる産業の競争力強化を図る。このため、情報通信分野における競争政策の更なる推進等により、OECD 加盟国のブロードバンド料金比較（単位速度当たり料金）で、現在の 1 位を引き続き維持

することを目指す。
○世界最高レベルの通信インフラの実用化
○料金低廉化・サービス多様化のための競争政策の見直し

⑤サイバーセキュリティ対策の推進

世界最高水準のIT社会にふさわしい、強靭で活力あるサイバー空間を構築するため、「サイバーセキュリティ戦略」を踏まえ、政府機関や重要インフラにおけるセキュリティ水準及び対処態勢の充実強化や国際戦略の推進等、サイバーセキュリティ対策を強力に展開する。
○重要インフラ分野におけるインシデント対策の強化
○サイバーセキュリティに関する国際戦略の策定

⑥産業競争力の源泉となるハイレベルなIT人材の育成・確保

ITやデータを活用して新たなイノベーションを生み出すことのできるハイレベルなIT人材の育成・確保を推進する。
○ITを活用した21世紀型スキルの修得
○人材のスキルレベルの明確化と活用

〔出所〕https://www.kantei.go.jp/jp/singi/keizaisaisei/pdf/saikou_jpn.pdf
2020年9月1日閲覧

　2013年の日本再興戦略に基づいて、総務省がICT成長戦略会議を設置し、日本のIT戦略の具体的な取り組み、内容について、ITを日本経済復活の切り札として活用する方策などの議論を行い、省庁の壁にとらわれず、他省庁の協力を得ながら、具体的・実践的なアウトプットを作成した。ICT成長戦略会議には、総務省の政務三役に加え、IT分野における研究者やIT関連の企業経営者などが加わり、公民連携のメンバーによる多角的な議論が行われた（図3-8）。

図 3-8　総務省 ICT 成長戦略会議の委員構成

ＩＣＴ成長戦略会議 構成員

(敬称略、政務三役以外50音順、全16名)

新藤 義孝	総務大臣
柴山 昌彦	総務副大臣
橘 慶一郎	総務大臣政務官
岡 素之	住友商事（株）相談役
小野寺 正	ＫＤＤＩ（株）代表取締役会長
小尾 敏夫	早稲田大学電子政府・自治体研究所所長・教授
小宮山 宏	（株）三菱総合研究所理事長
鈴木 陽一	東北大学情報シナジー機構長・電気通信研究所教授
須藤 修	東京大学大学院情報学環長・学際情報学府長
谷川 史郎	（株）野村総合研究所取締役専務執行役員未来創発センター長
徳田 英幸	慶應義塾大学大学院政策・メディア研究科委員長・環境情報学部教授
藤沢 久美	シンクタンク・ソフィアバンク代表
三友 仁志	早稲田大学大学院アジア太平洋研究科教授
村井 純	慶應義塾大学環境情報学部長・教授
山口 英	奈良先端科学技術大学院大学教授
山下 徹	（株）ＮＴＴデータ取締役相談役

〔出所〕https://www.soumu.go.jp/main_content/000211813.pdf
2020 年 8 月 31 日閲覧

　ICT 成長戦略会議には、社会実験戦略を検討するために、超高齢社会構想会議、街づくり推進会議、生活資源対策会議が、研究開発戦略に関しては情報通信審議会イノベーション創出委員会が、新産業創出戦略については、放送サービスの高度化に関する検討会、放送コンテンツ流通の促進方策に関する検討会、情報セキュリティアドバイザリーボード、ICT コトづくり検討会議が置かれ、各分野の集中的な議論・検討が行われた。内閣官房が日本政府の IT 戦略の方向性を定めた日本再興戦略を具体化するために、総務省における専門・分化した会議により検討がなされた（図 3-9）。

　ICT 成長推進会議の議論を踏まえ、2014 年に策定されたのが「スマート・ジャパン ICT 戦略」である。日本再興戦略を受けて、IT 分野における戦略を具体化したものである。ミッションとして、「世界で最もアクティブな国になる」こと、すなわち、IT のイノベーションを通じて経済成長を実現し、国際的な貢献・役割を果たしていくことを掲げている。また、ビジョンとして、①2020 年までに知識情報立国の実現、② ICT による三位一体解決、③グローバルな視点での「スピード」と「実践」を明示している。そのミッションとビジョ

図3-9　ICT成長戦略会議の検討体制

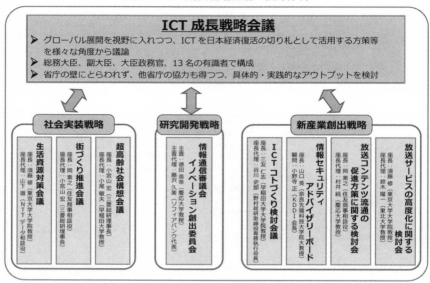

〔出所〕https://www.soumu.go.jp/menu_seisaku/ictseisaku/ict_seichou/index.html
2020年8月31日閲覧

ンを実現するためのアクションとして、国内戦略（ICT成長戦略およびICT
成長戦略Ⅱ）と国際戦略を連携させるとともに、2020年東京オリンピックで
の世界最先端ICT環境の実現を挙げた（図3-10）。

図 3-10　スマート・ジャパン ICT 戦略の全体像

Mission　ミッション

「世界で最もアクティブな国になる」－ICTによるイノベーションで経済成長と国際貢献－

Vision　ビジョン

①2020年までに「知識情報立国」を実現
世界をリードする、リアルとバーチャルが融合した、「知識・情報」のフローとストックを戦略的に活用する社会の実現

②ICTによる「三位一体」解決
地球的課題、我が国の課題、相手国の課題をICTで「三位一体」解決

③グローバルな視点で、「スピード」と「実践」
「ヒト、モノ、カネ」から「ヒト、モノ、カネ」＋「情報」へ

Action　アクション

①国内戦略と国際戦略の連携
国内戦略：「ICT成長戦略Ⅱ」の推進－ICTを活用して様々なモノ、サービスを繋げることにより、新たなイノベーションを創出－
国際戦略：「ICT国際競争力強化・国際展開イニシアティブ」の実現－ICTの国際競争力強化、国際展開を通じた国際貢献－

②2020年東京オリンピック・パラリンピックでの世界最先端ICT環境の実現

〔出所〕https://www.soumu.go.jp/main_content/000297688.pdf
2020 年 8 月 31 日閲覧

6. Society5.0 に向けた IT 国家戦略の展開 （2010 年代後半）

　2010 年代後半に入ると、政府主導による IT 国家戦略のさらなる推進・強化が図られた。2016 年（平成 28 年）9 月から、政府の予算編成の方針を検討するために未来投資会議が設置され、ICT 戦略を含む日本経済の成長戦略や政策・制度のあり方に関する議論が行われた。その中で、第 4 次産業革命をはじめとする将来の成長に資する分野における大胆な投資を官民連携して進め、「未来への投資」の拡大に向けた成長戦略の策定に向けた具体的な議論を行っている。

　2019 年（令和元年）6 月には、「成長戦略実行計画」などを閣議決定し、ICT 分野については、デジタル市場のルール整備、スマート公共サービスなどの取組を進めていくこととしている。具体的には、5G、Society5.0 の実現に向けて、デジタル市場のルール整備やフィンテック／金融分野、モビリティ、コーポレート・ガバナンス、スマート公共サービスなどについて、日本経済・産業全体の成長に向けた戦略を打ち出した（図 3-11）。

図 3-11　成長戦略実行計画（2019 年）の要旨

1．デジタル市場のルール整備
世界で流通するデータの量は、近年、急増している。デジタル・プラットフォーム企業は、中小・小規模事業者、ベンチャーや個人の利用者にとって、国際市場等へのアクセスの可能性を飛躍的に高めている。
一方で、利用者からは、個別交渉が困難、規約が一方的に変更される、利用料が高い、といった声も聞かれる。このため、取引慣行の透明性や公正性確保に向けた、法制、ガイドラインの整備を図る必要がある。
また、デジタル市場においては、データの独占による競争阻害が生じるおそれがあり、これについても同様の対応が求められる。

同時に、デジタル市場の競争政策の調整等を行うためには、高い専門的知見が求められるとともに、加速度的な変化を遂げつつある中で、スピーディな対応が可能となるよう、縦割り省庁的な発想を脱することが求められる。このため、新しい体制の整備を進める。

２．フィンテック／金融分野

現在の銀行、サービス提供者といった業態別の法体系が、新規参入者等による柔軟なサービス提供の障害となっている。決済をはじめとする分野で、早期に規制体系を再編成する。

３．モビリティ

地方を中心に、交通手段の自動車依存が高い中で、ドライバーの人手不足が深刻化している。

モビリティは Society5.0 の内で重要な柱であり、自家用車を用いて提供する有償での旅客の運送については、利用者の視点に立ち、現在の制度を利用しやすくするための見直しが必要である。

タクシー事業者と連携を図ることは、自治体にとって負担の軽減となり、利用者にとっても安全・安心なサービスが受けられるため、双方にメリットがある。

このため、タクシー事業者が委託を受ける、あるいは、実施主体に参画する場合について、手続を容易化する法制度の整備を図る。この運送は、地域住民だけでなく、外国人観光客 4,000 万人時代も見据え、観光客も対象とする。

また、タクシー事業については、IT の活用も含めて、相乗りの導入は、利用者が低廉な料金で移動することを可能とする。

ドローンについても、目視外での飛行の拡大に向けて取り組む。

4．コーポレート・ガバナンス

安倍政権において、コーポレート・ガバナンス改革を進め、東証一部の上場企業の91％が2名以上の独立社外取締役を選任するなどコーポレート・ガバナンス改革の成果が着実に進展するに至り、国際的にも投資家から高く評価されている。

他方、日本企業の競争力、信頼性を一層グレードアップさせるために、グローバルスタンダードに沿って、コーポレート・ガバナンスの更なる強化が求められている。特に、支配的な親会社が存在する上場子会社のガバナンスについては、投資家から見て、手つかずのまま残されているとの批判があり、日本市場の信頼性が損なわれるおそれがある。

このため、新たに指針を策定し、親会社に説明責任を求めるとともに、子会社側には、支配株主から独立性がある社外取締役の比率を高めるといった対応を促す。また、東証の基準等についても見直しを図る。

5．スマート公共サービス

（1）マイナンバーカードを活用した新たな国民生活・経済政策インフラの構築

Society5.0 社会の国民共有の基盤として、個人情報保護を徹底しつつ、マイナンバーカードの利活用を一層深化させる観点から、行政サービスと民間サービスの共同利用型キャッシュレス決済基盤の構築を目指すこととし、マイナンバーカードの本人確認機能を活用したクラウドサービスを発展的に利活用する。

具体的には、厳格な本人確認を行った利用者 ID を格納するマイキープラットフォームと自治体ポイント管理クラウドを官民で活用する。民間の活力を最大限活用し、住民が自治体ポイントをキャッシュレスで購入できるようにするほか、将来的には、民間の各種ポイントとの交換も検討する。こうした取組により、例えば、地域における移動支援や買い物支援、介護サポート等に自治体ポイントを使うことを可能とするととも

に、地域商店街の活性化にも資する政策展開を図る。

あわせて、国や地方公共団体が実施する子育て支援金など各種の現金給付をポイントで行うことも視野に入れ、関係府省や地方公共団体と検討を進め、真に必要な国民に対して、きめ細かい対応を可能にするとともに、不正受給の防止、事務コストの削減など、効果的な政策遂行にもつなげることを目指す。

消費税率引上げの際の消費平準化対策として、マイナンバーカードを活用した自治体ポイントの発行準備を進めた上で、上記のような視点に立ち、対策実施後の将来的な拡張性や互換性も担保したナショナルシステムとしての基盤を目指し、官民でのタスクフォースを立ち上げるなど、対策の進捗を踏まえて、具体的な在り方について検討を行う。

また、マイナンバーカードの健康保険証利用を進めるため、診療時における確実な本人確認と保険資格確認を可能とし、医療保険事務の効率化や患者の利便性の向上等を図り、2021年3月から本格運用する。これに、全国の医療機関等ができる限り早期かつ円滑に対応できるよう、2022年度中におおむね全ての医療機関等での導入を目指し、医療機関等の読み取り端末、システム等の早期整備を十分に支援する。さらに、保険者ごとに被保険者の具体的なマイナンバーカード取得促進策を速やかに策定するとともに、国家公務員や地方公務員等による本年度中のマイナンバーカードの取得を推進する。

安全・安心で利便性の高いデジタル社会をできる限り早期に実現する観点から、2022年度中にほとんどの住民がマイナンバーカードを保有していることを想定し、国は市町村ごとのマイナンバーカードの交付円滑化計画の策定の推進と定期的なフォローアップを行うとともに必要な支援を行うなど、マイナンバーカードの普及を強力に推進する。あわせて、マイナンバーカードの利便性向上・利活用シーンの拡大を更に推進するとともに、社会保障の公平性の実現、行政の利便性向上・運用効率化等に向け、マイナンバーの利活用を図る。

（2）個人・法人による手続の自動化

予防接種や児童手当など、妊娠から就学前までの子育て関連手続をボタン一つで申請できるサービスにつき、来年度から一部の地方公共団体において開始し、2023 年度からの全国展開を目指す。あわせて、年末調整手続に関して、来年度から、マイナポータルを活用したデータ連携により、必要書類の一括取得、各種申告書への入力・添付の自動化を開始する。

（3）学校の ICT 環境の整備

小学校、中学校、高等学校等における必要な ICT 環境について、目標の設定とロードマップ策定を本年度中に行う。

6．次世代インフラ

（1）インフラ維持管理業務の高度化・効率化

点検・維持補修等のデータを一元管理して地方公共団体のインフラ維持管理業務を高度化・効率化する ICT データベースの全国導入を加速する。あわせて、橋梁点検などの現場でドローンなどの新技術の実装を加速する。これらの取組に併せて、5 年間に限定して、地方公共団体が行う取組に、地方財政措置を講ずる。加えて、BIM（Building Information Modeling）を、国・地方公共団体が発注する建築工事で率先して利用し、民間工事へ横展開させる。

（2）PPP/PFI 手法の導入加速

内閣府は、国内での取組が具体化しつつある医療・健康、介護、再犯防止の 3 分野を成果連動型民間委託契約方式の普及を進める重点分野として、2022 年度までの具体的なアクションプランを本年度中に策定する。関係府省は、アクションプランに基づき重点 3 分野で成果連動型民間委託契約方式の普及を促進する。その成果は更に重点 3 分野以外へ横展開させる。

〔出所〕https://www.kantei.go.jp/jp/singi/keizaisaisei/pdf/saikou_jpn.pdf
2020 年 9 月 1 日閲覧

　2020年（令和2年）7月には、2019年11月以降に発生した新型コロナウイルスの世界的な大流行を踏まえ、「成長戦略実行計画」を改定した。IT分野では、5Gの早期全国展開やポスト5Gの推進（いわゆる6G（ビヨンド5G））の推進を加え、新しい生活様式や社会経済システムの構築に向けたIT新戦略を打ち出した。同時に、世界最先端デジタル国家創造宣言・官民データ活用推進基本計画の全面的な見直しを行い、国民が安全で安心して暮らせ、豊かさを実感できる強靭なデジタル社会の実現の考え方を明示した。新型コロナ対策を通じて見えてきた新しい課題や今後の生活様式、テレワーク、リモートワークの普及・定着などを踏まえ、それに対応したこれからの社会・経済の制度の改革やネットワーク・インフラの整備、人材育成、格差対策などを掲げた（図3-12）。

　これまで見てきたように、2000年から2020年の日本のIT国家戦略は、IT基本法に基づく戦略の始動・展開から、政権交代による戦略の見直しを経て、新型コロナ対策を踏まえた新しい生活様式に基づく社会・経済への移行に向けた戦略へと変化してきた。

　専門・分化による戦略の具体化・精緻化が進む一方、5GをベースとしたSociety5.0社会の実現という大きな社会変化への対応を迫られる中、新型コロナウイルス対策を契機としたIT国家戦略の再構築が図られたと考えられる。

図 3-12 IT 新戦略・データ活用計画の全面刷新（2020 年 7 月）

デジタル強靱化社会において暮らし、豊かさを実感できる強靱なデジタル社会の実現

基本的考え方 国民が安全で安心して暮らし、豊かさを実感できる強靱なデジタル社会の実現

▶ Society 5.0時代にふさわしいデジタル化

- 国民の利便性を飛躍的に向上させ、国・地方・民間の効率化を徹底
- データを新たな資源として活用し、全ての国民がデジタル化の恩恵を享受

デジタル強靱化で社会を先導する、社会実装

- 5Gと次世代信号や、自動運転による「先駆的な社会インフラ網」の整備
- スマートドローンの構築等による食関連事業の安定的・持続可能な発展
- 民事裁判手続、刑事訴訟手続、商事手続のデジタル化

- 全国民のQOL向上のための「健康・医療・福祉分野のデータ活用」
- 港湾の生産性革命を実現する「サイバーポート」
- 「運転免許システムの合理化」高度化による国民負担の軽減等

コロナ対策で見えてきた萌芽と課題
▶「デジタル化・オンライン化」、「Work Life の近接化」、「データの積極活用」、「グローバル経済の再構築」
 ＜社会の仕組みの変化＞・＜ライフスタイルの変化＞・＜ITの変化＞

コロナ後のニューノーマルの視点
▶「対面・高密度から開かれた疎」へ、「一極集中から分散へ」、「迅速に危機対応できるしなやかな社会へ」

デジタル強靱化に向けた、社会基盤の整備／規制のリデザイン

国民の生命安全と経済を再生するための、データ利活用

- デジタル社会構築TFを受けた分野間データ連携等のルール整備、データ・ガバナンスに関する戦略
- 学習履歴や健康・医療関連データの活用
- 情報銀行やトラストサービスのルール整備、データ取引市場の活性化、個人情報保護法制の一元化
- 国際標準やデータ流通環境の構築、データ流通環境の大幅な拡充
  ＜地方と密接連携を要する取組＞
  災害対応におけるAIチャットボットやシェアリングエコノミー等の活用

社会機能を減らさせ利便性を向上させるための、デジタル・ガバメント

- デジタル社会の基盤としてのマイナンバー制度
- 政府ネットワーク環境の整備・再構築に向けた実証を進めるなど、「デジタル・ガバメント実行計画等」に基づく取組の加速化
  ＜地方と密接連携を要する取組＞
  全ての市町村において、マイナンバーカードによるサービスを活用、業務プロセス・システムの標準化、クラウド化、AIの活用

5G等 インフラ再構築	基盤技術	働き方改革 /らし改革	スタートアップ 経済活動・企業活動	人材育成・ 学び改革	デジタル 格差対策
Beyond 5G推進戦略の策定・実行 国家公務員のテレワーク環境の大幅な拡充	AI、セキュリティ対策 AI、セキュリティ対策の実行	防災×テクノロジー 遠隔に対応した書面・押印・対面主義の見直し	自動運転×MaaS 自動運転、自動運転主義の見直し	GIGAスクール構想（1人1台端末）の加速 デジタル活用支援員の制度化	

[出所] https://www.kantei.go.jp/jp/singi/it2/kettei/pdf/20200715/siryou8.pdf
2020 年 8 月 31 日閲覧

7. 米国のブッシュ政権の21世紀のIT国家計画の推進 （2000年代）

　2000年代の米国のIT国家戦略として打ち出されたものが、21世紀に向けたIT ネットワーク計画である。2000年の予算において、NSFに146百万ドル、DoDに 100百万ドルなど、合計6つの機関に対して、総額366百万ドルのIT投資を行った（図3-13）。

図3-13　21世紀に向けたITネットワーク計画の投資額

Agency	Fundamental Information Technology Research and Development	Advanced Computing for Science, Engineering, and the Nation	Social, Economic, and Workforce Implications of Information Technology	Total
DoD	$100M	—	—	$100M
DOE	$ 6M	$62M	$ 2M	$ 70M
NASA	$18M	$19M	$ 1M	$ 38M
NIH	$ 2M	$ 2M	$ 2M	$ 6M
NOAA	$ 2M	$ 4M	—	$ 6M
NSF	$100M	$36M	$10M	$146M
Total	$228M	$123M	$ 15M	$366M

〔出所〕https://www.nitrd.gov/historical/it2/it2-ip.pdf
2020年8月31日閲覧

　21世紀に向けた米国のIT国家戦略として、2000年予算から2004年予算までの5 か年をかけて、どのような取り組みを行っていくのかを提示した。具体的には、2000 年には各種のソフトウェア開発などを開始し、2001年には10テラフロップの情報処 理に関する研究開発、2002年には2000年からの研究開発の成果に基づくプロトタイ プの制作と試行、2004年には80テラフロップの情報処理に関する研究開発や高解 像度の3Dシミュレーション技術などの開発を行うことが打ち出された（図3-14）。
　IT国家戦略としてのネットワーク推進に関する計画実施と合わせて、1991年高 性能コンピュータ法に基づいて設置された、大統領技術諮問委員会（PITAC）が 2000年代のIT国家戦略の重要な報告を発表している。大統領技術諮問委員会は、 米国大統領のITに関する補佐機関として、IT分野の大学教授や、専門家、企業

経営者などによって構成された組織である。2003年から2005年の構成は、図
3-15のとおりであり、会長にセールスフォース社のベンロフ氏とワシントン大学の
ラゾフスカ氏が就任している。

図 3-14　21 世紀に向けた IT ネットワーク計画の推進計画

Deliverables	First Achieved
Research and development in software, including high confidence systems, human computer interaction, large scale networking and scalable infrastructures, and high end computing, begins in response to open competitive solicitations	FY 2000
Teams for pursuing mission agency problems sets begin work	FY 2000
Combined 10 teraflops computing power available to the science and engineering research community for both open competitive research and mission-directed research	FY 2001
Prototypes and demonstrations of software, including high confidence systems, human computer interaction, large scale networking and scalable infrastructures, and high end computing, begins in response to open competitive solicitations	FY 2002
Combined 80 teraflops computing power available to the science and engineering research community for both open competitive research and mission-directed research	FY 2004*
High-resolution three-dimensional simulations of five or more different complete complex systems (such as an airplane's flight, combustion devices, and the human body) for agency mission applications and general science and engineering are demonstrated	FY 2004

〔出所〕同所　2020 年 8 月 31 日閲覧

図 3-15　PITAC の構成員（2003 年 ~2005 年）

Co-Chairs

Marc R. Benioff	Salesforce.com, Inc.
Edward D. Lazowska, Ph.D.	University of Washington

Members

Ruzena Bajcsy, Ph.D.	University of California, Berkeley
J. Carter Beese, Jr.	Riggs Capital Partners
Pedro Celis, Ph.D.	Microsoft Corporation
Patricia Thomas Evans	Global Systems Consulting Corporation
Manuel A. Fernandez	SI Ventures/Gartner
Luis E. Fiallo	Fiallo and Associates, LLC
José-Marie Griffiths, Ph.D.	University of North Carolina at Chapel Hill
William J. Hannigan	AT&T

Jonathan C. Javitt, MD, MPH	The Potomac Institute for Policy Studies
Judith L. Klavans, Ph.D.	University of Maryland
F. Thomson Leighton, Ph.D.	Akamai Technologies and Massachusetts Institute of Technology
Harold Mortazavian, Ph.D.	Advanced Scientific Research, Inc.
Randall D. Mott	Dell Computer Corporation
Peter M. Neupert	Consultant
Eli M. Noam, Ph.D.	Columbia University
David A. Patterson, Ph.D.	University of California, Berkeley
Alice G. Quintanilla	Information Assets Management, Inc.
Daniel A. Reed, Ph.D.	University of North Carolina at Chapel Hill
Eugene H. Spafford, Ph.D.	Purdue University
David H. Staelin, Ph.D.	Massachusetts Institute of Technology
Peter S. Tippett, MD, Ph.D.	TruSecure Corporation
Geoffrey Yang	Redpoint Ventures

〔出所〕https://www.nitrd.gov/Pitac/PITAC_Members_（2003-2005）.pdf
2020年9月1日閲覧

　大統領技術諮問委員会は、2000年代のIT国家戦略に関連して、3つの報告書を大統領宛てに発出した。2004年にITを活用したヘルスケア改革、2005年にサイバーセキュリティ、および米国競争力のための計算科学である。3つの報告書は、いずれもITを活用した改革・対策の重要性を示したものであり、ITネットワーク計画により整備・充実が進められるIT環境を通じて、新しい社会の実現に向けた基本的な考え方を提示している。

　1990年代までのクリントン政権による1991年高性能コンピュータ法や1998年の次世代インターネット法の制定やそれに基づく21世紀に向けたITネットワーク計画の推進計画の実施などと比較すると、2000年代に入ってからのブッシュ政権によるIT国家戦略には大きな変化・進展は見られなかった。

8. オバマ政権による国家ブロードバンド計画 （2010年代前半）

　2010年代に入って、オバマ政権の誕生により、米国のIT国家戦略はさらなる強化・推進が図られた。ブロードバンド政策からオープンインターネットの構築、ネットワークの利活用、研究開発、セキュリティ・プライバシー対策、コンテンツ・メディア規制など、幅広い分野における施策が展開された。具体的には、すべての学校、図書館、世帯、病院を世界で最も進んだ通信インフラに接続することを確保するため、国家的なブロードバンド戦略を（特に郊外地域などにおいて）実施することを打ち出し、そのために、ユニバーサルサービス基金制度をブロードバンドも対象に含めたものへ見直した。さらに、ブロードバンドがないコミュニティへのブロードバンド導入のための官民パートナーシップを支援すること、さらには、電子政府を推進するため、連邦政府全体のチーフ・テクノロジー・オフィサー（CTO）を設置することを規定した。様々な分野において、インターネットの中立性を確保するためのルール設定や地域コミュニティにおけるプロジェクトの推進など、IT活用による新しい社会・経済の仕組みづくりに向けた取り組みを推進していくことを目指した（図3-16）。

図 3-16　オバマ大統領の IT 関連施策の概要

技術・イノベーション戦略の目標

1. オープンなインターネットと多様な媒体を通じ、米国民は完全かつ自由に情報を交換できるようにすること。
2. 透明かつ（政府と国民が）結びつけられた民主主義の創生
3. 近代的な通信インフラの整備促進
4. 医療制度改革、新しいクリーンエネルギー資源の開発、公共セキュリティの改善などの国としての喫緊の課題 の解決への技術・イノベーションの活用
5. 米国の競争力の向上

具体的施策

1. ブロードバンド政策

- すべての学校、図書館、世帯、病院を世界で最も進んだ通信インフラに接続することを確保するため、国家的なブロードバンド戦略を（特にルーラル地域等において）実施する（税制や融資制度の活用も視野）。
- ユニバーサルサービス基金制度を、ブロードバンドも対象に含めたものに見直す。
- ルーラル地域でブロードバンドを導入するために、周波数の利用状況を検証し、政府周波数の有効活用、商用周波数への新基準の導入を図る。
- ブロードバンドが無いコミュニティへのブロードバンド導入のための官民パートナーシップを支援。
- 周波数免許に対する権限を通じて、公共安全機関が優先的に利用できる次世代ネットワークを構築するための官民パートナーシップを構築する。
- 電子政府を推進するため、連邦政府全体のチーフ・テクノロジー・オフィサー（CTO）を設置する。

2. オープンインターネットの確保

- インターネット上のオープンな競争を保持するため、「ネット中立性」の原則を強く支持。
- 利用者はコンテンツに自由にアクセスでき、アプリケーションを自由に利用でき、選択した機器に自由にアクセスできるべき。
- ネットワークプロバイダーは、特定のサイトのコンテンツ、アプリケーションを優遇するための料金設定をしてはならない（ネットワークプロバイダーと特別の関係にあるサイトのみ速度の速いアクセスを認めることは、インターネットの二層化を招く）。

3. ネットワークの利活用

- 政府情報のオンラインでの利活用、透明性確保のための手続きの電子化等を推進する。
- 情報技術を活用して医療システムのコスト削減を推進する。

4. 研究開発

- 昨年成立した「America COMPETES Act」（注）を推進する。
  - （注）America COMPETES ACTは、グローバル経済における米国の競争力強化のためにイノベーションや教育への投資を推進する法律。基礎研究に関連する機関や教育機関への予算の増額、イノベーションを促進するための施策展開のレビューなどを行う「大統領イノベーション・競争力委員会」の設置などが盛り込まれている。
- 基礎研究に対する連邦政府の投資の倍増、研究開発への恒久的な税制優遇措置等を実現する。
- システムを強化するとともに、科学技術を「不可欠な投資」として位置づけ、経済的リーダーシップ、健康と福祉、国家安全保障の強化を図る。

5. セキュリティ・プライバシー対策

- デジタル時代におけるプライバシー保護を強化する。
- 個人情報の利用目的の制限、それがどのように使われたかを証明する技術的保護手段の導入を支持する。
- 子供を標的としてインターネットを悪用する行為の取締りを強化する。

6. コンテンツ・メディア規制等

- 自主的なレーティング制度の見直しを奨励する。
- 子供に対しネット上の好ましくない情報を制限し、個人情報の流出を防ぐための保護者管理ソフトという選択肢が必要。
- メディア所有の多様性を確保するための規制を設けるべき（放送事業者による地域情報提供の拡大を促進）。
- 資本主義を消費者に正しく機能させるため、反トラスト法の運用を見直す。

【出典】オバマ候補政策 Technology and Innovation (2007年11月14日)

〔出所〕
https://www.soumu.go.jp/main_sosiki/joho_tsusin/policyreports/chousa/ict_vision/ict_vision_wg/pdf/090122_2_sa2.pdf　2020年09月01日閲覧

　　共和党政権においては、大統領のIT戦略のアドバイザーとしてPITACが設置され、戦略的・技術的な助言を行っていたが、民主党政権になった2010年代に入って、その体制が再編成された。オバマ政権では、大統領府における科学技術イノベーションの助言の質を高めるために、OSTP局長に大統領補佐官の地域を与えるとともに、環境、安全保障分野を担当する部局と、CTO（チーフ・テクノロジー・オフィサー）、CIO（チーフ・インフォメーション・オフィサー）、CDS（チーフ・データ・サイエンティスト）のポストを新設した。あわせて、PCAST（大統領科学技術諮問委員会）の活動にも力を入れ、多くの調査報告書などを発表し、米国のIT国家戦略のデザインを推進した。

2016 年 に 発 表 さ れ た「IMPACT REPORT: 100 Examples of President Obama's Leadership in Science, Technology, and Innovation」においては、IT 関連分野も含めた科学技術開発に対する政権の成果がまとめられている。図 3-17 は、100 の成果の中から IT 関連部分を抜粋したものである。ブロードバンドのインフラ整備から、データの利活用の推進、高性能コンピュータの研究開発、スマートシティや AI などの Society5.0 につながる取り組みまで、広範な社会・経済のあり方を改革していくための取り組みが実施されたと考えられる。

図 3-17　オバマ政権の科学技術イノベーション成果（IT 関連）

73. モバイル・ブロードバンド・アクセスの拡大
- 家庭でのインタネット接続スピードはこの 4 年間で 3 倍に。国民の 98% は 4G/LTE のモバイル・ブロードバンド環境にある
- 連邦通信委員会 (FCC) の適切な規制・監督政策で 5G への移行をリード

74. 低所得層のデジタルニーズへの取り組みを加速化
- 15 年 7 月、住宅都市開発省 (HUD) が主導しコネクトホーム・イニシアティブを発表、低所得層のネットアクセス環境改善を支援

75. ネットワーク中立性を擁護
- ネットワーク中立性と表現の自由、経済成長を守るため FCC による強力なルール策定を促進

76. 地域コミュニティと警察の関係強化のためデータを活用
- 15 年 5 月に立ち上げられた警察データ・イニシアティブを通じて、4000 万人以 上の全国の治安当局者が、警察活動データの公開という考えに賛同

77. 電力ユーザーに使用情報を提供
- グリーン・ボタン運動により、150 以上の電力供給者が総計 1 億人のユーザーに電力使用情報を提供

78. 家族や地域が必要とする情報資源へのアクセス拡大
- The Opportunity Project を通じて、交通・住宅・公園・学校など、家族や地域コミュニティが必要としている連邦・州政府所有のデータやツールを公開

79. 高性能コンピューティング (HPC) 開発を促進
- 15 年 7 月の大統領令により国家戦略コンピューティング・イニシアティブを立ち上げ、HPC における多省庁連携を促し連邦政府の投資戦略を策定

80. ビッグ・データ利活用のための省庁間プログラムを創設
- 12 年にビッグデータ研究イニシアティブを立ち上げ。ビッグデータをバイオメ ディカル研究に活用する NIH の取り組みや、50 州・250 組織をカバーする NSF のビッグデータ地域イノベーションハブ、研究開発戦略計画策定などに結実

81. 「スマートシティ」のネットワークを創出
- スマートシティ・イニシアティブのもと、地方自治体は行政サービスの向上に新 世代のセンサー、データを活用。60 以上の新しいスマートシティプロジェクトが 進行中

82. 人工知能 (AI) に関する国民対話の実施
- 16 年 5 月、人工知能に関する公衆関与の取り組みとして連続ワークショップを 開催。AI や機械学習技術がもたらす社会的含意などについて国民対話を実 施

83. 改良された原子時計を開発
- 携帯電話や GPS、電力系統など先進技術は高精度な原子時計に依存
- 14 年 4 月にデビューした国立標準技術研究所 (NIST) のセシウム原子時計 NIST-F2 は 3 億年に 1 秒の誤差で、08 年よりも 3 倍の正確さを実現

〔出所〕JST ワシントン 事務所・研究開発戦略センター
https://www.jst.go.jp/crds/pdf/2016/FU/US20161006.pdf　2020 年 9 月 1 日閲覧

2010 年代の米国 IT 国家戦略の中でも重要なものが、米国再生・再投資法（ARRA）に基づく国家ブロードバンド計画の策定およびそれに基づくインフラ整備・利活用促進政策である。米国再生・再投資法は、2008 年 9 月に発生したリーマンショックなどによる経済環境の悪化に対して、IT を通じた「21 世紀型社会」の新しい経済、社会の仕組みづくりによって、雇用創出を実現することを目指すものであった。同法は、2009 年 2 月に連邦議会において議決・成立し、総額 7,870 億ドル規模の対策が実施された。その範囲は幅広く、IT 国家戦略の中心となる IT インフラ整備や科学技術政策だけでなく、減税や州・地方財政支援、弱者保護、ヘルスケア、教育・訓練、エネルギー関連なども含むものであった。対策全体の 1 割にあたる 800 億ドルを投資して、国家ブロードバンド計画を含む、スマートグリッドの整備・推進を行った（図 3-18）。

図 3-18　オバマ政権における 2010 年代の経済・財政政策の概要

○　オバマ大統領は、「2010年度予算教書」（2009年2月）で、経済危機から脱し、「21世紀型社会」へ転換する必要があるとして、今後取り組むべき政策項目を列挙。

これまでの主な取組

①米国再生・再投資法（ARRA）
・2009年2月に成立した総額7,870億ドル規模の景気刺激策。減税措置、州・地方財政支援、インフラ・科学技術、弱者保護、ヘルスケア、教育・訓練、エネルギー関連等の包括的な対策。オバマ大統領は、これにより2年間で350万人の雇用を維持・創出すると発表。
・約800億ドルを再生可能エネルギーなどのクリーンエネルギー技術の拡大、高速鉄道などの環境に配慮したインフラ支援、スマートグリッド等に投資。

②減税、失業保険延長及び雇用創出法
・2010年12月、いわゆるブッシュ減税に関して全米国民に対する2年間延長を含む減税法が成立。
・CBOの試算によれば、財政規模は8,578億ドル。

③連邦準備制度理事会（FRB）の金融政策
・2008年12月以降、政策金利を0〜0.25％に設定（米国史上初のゼロ金利政策）。
・2012年1月、物価目標を前年比2％に設定。
・2008年9月のリーマン・ショック以降、3回の量的緩和政策（QE）を実施。
・2015年12月、政策金利を2006年6月以来、9年半ぶりに利上げ（0〜0.25％⇒0.25〜0.50％）

④通商政策
・2015年10月のアトランタ閣僚会合で、米国を含む合計12か国における環太平洋パートナーシップ（TPP）協定について大筋合意、2016年2月4日署名。

（出所）財務省「海外調査報告（アメリカ（参考資料））2016 年 4 月 7 日
https://www.mof.go.jp/about_mof/councils/fiscal_system_council/sub-of_fiscal_system/proceedings/material/zaiseia280407/07-2.pdf 2020 年 9 月 1 日閲覧

　米国の国家ブロードバンド計画は、「Connecting America: The National Broadband Plan」というタイトルで、2010年3月に連邦通信委員会（FCC）により発表された。

　本計画は17章からなり、第2章では長期目標を、第3章では米国のITネットワークの現状を分析している。また、第4章から第17章までで、ブロードバンドの整備・推進の具体的な諸分野の取り組みを3つの部に分けて述べている。特に、IT国家戦略として重要なIT戦略のあり方（第4章）、電波政策（第5章）、ITインフラ政策（第6章）、IT研究開発（第7章）において、2010年代における米国IT国家戦略の方向性が示された。

　本計画の位置づけについて、報告書では以下の4点を挙げている。第1は、競争環境を確保し、消費者の利益やイノベーション、投資を最大化するための政策をデザインすること、第2は、ITネットワークの更新と競争的な参入促進のために、電波政策などを含めた効率的・効果的な管理・運用を確保すること、第3は、低所得者なども含めた国民のブロードバンドへのアクセスを確保するために、現在のユニバーサルサービスのあり方を改革すること、第4は、政府の役割の大きい公教育、医医療保健、行政運営などにおいて、ブロードバンドのメリットを最大化するために法律、制度、インセンティブの仕組みなどを改革すること、である。

　2020年までの10か年の長期目標として、6つの目標を設定している。第1の目標は、少なくとも1億世帯以上で、実行速度として100Mbps（ダウンロード）、50Mbps（アップロード）のアクセスが可能となること、第2の目標は、世界最先端のワイヤレス・ネットワークの環境を整備し、モバイル・イノベーション分野で世界をリードすること、第3の目標は、すべての米国国民が安価で安定したブロードバンドサービスにアクセスすることができ、基本的な技術と選択できる機会を持つこと、第4の目標は、学校や病院、政府機関において、少なくとも1Gbpsのブロードバンドサービスのアクセス権を持つこと、第5の目標は、すべての米国国民の安全を確保するために、その責任を有する者は全国規模で無線、相互運用のアクセスを確立すること、第6の目

標は、クリーン・エネルギー分野において世界をリードしていくために、リアルタイムでエネルギー消費を追跡・管理できるようにすべきであること、となっている。

　国家 IT ブロードバンド計画の内容として、まず、既存の電波政策や関連制度などを改革していくことやブロードバンド社会における新しい競争のルールづくりなどの検討を進めることを挙げている。10 年以内に 500MHz の電波を新たに利用可能とすることやブロードバンド通信のために 5 年以内に 300MHz の電波を活用できるようにすることを明示した。また、国家ブロードバンド計画のインフラ整備を進めるために必要な、新しい施設整備の手法を促進するとともに、連邦通信委員会に国家ブロードバンド計画を推進するための基金 (2) を設置し、それを活用した低所得者や多様な分野へのブロードバンドアクセスの環境整備を進めることを定めた。そのほか、医療保健分野や教育分野、安全保障分野などにおいても、ブロードバンドの整備・活用を通じた改革の必要性を示した。

　ブロードバンドをベースとした新しい経済・社会への移行・発展を目指した、IT 国家戦略である国家ブロードバンド計画が 2010 年代の初頭に提示されることによって、スマートフォンなどを用いた新しい IT 産業・事業のインフラ整備が促進されたと考えられる。

---

(2) 「国家ブロードバンド計画」では、「ユニバーサル・サービス基金（Universal Service Fund）」の改革、ブロードバンド未提供地域などを支援する「コネクトアメリカ基金（Connect American Fund）」の創設、すべての州で一定水準以上の3G（またはそれ以上の）サービスを利用可能とする「モビリティ基金（Mobility Fund）」の創設が挙げられている。

9.　トランプ政権による将来に対する周波数戦略（2010 年代後半）

　2016 年に誕生した共和党政権における IT 国家戦略は、5G をベースとした新しい経済・社会のシステム構築を目指していると捉えられる。2010 年代前半に国家ブロードバンド計画に基づくインフラ整備や制度改革が進められた成果を踏まえ、それらを最大限に活用した新しい社会・経済づくりに向けた政策を推進してきた。

　その端緒となったのが、2018 年に署名された大統領覚書の「アメリカの未来のための持続可能な周波数戦略の開発」[3] である。それまでの 4G をベースとした社会から、5G を基盤とした超スマート化社会に向けた米国の姿勢が示された。

　覚書の中で、将来の持続的な周波数戦略を構築していくために、今後さらなる利活用が図られることが期待される、自動運転や航空宇宙開発、IoT の普及などにおいて世界一位の立場を占めることにより、社会・経済のイノベーションおよび持続的な発展を実現することが重要であるとされた。そのために、覚書署名後 180 日以内に、NTIA や OSTP などに周波数戦略に関する政策を検討し、大統領へ報告することを義務づけるとともに、270 日以内に、OBM、NTIA、OSTP などと連携し、周波数の有効活用やアクセスの向上、セキュリティを考慮したインセンティブなどのメカニズム、周波数関連技術開発の促進などについての政策の検討を指示した。さらに、周波数戦略タスクフォースを設置し、関係機関と連携しながら、戦略の推進・調整などを行っていくことを定めた。

　5G に向けた周波数戦略の再構築の基点となった大統領覚書の署名・公表を受けて、IT 国家戦略としての 5G の普及・発展に対する取り組みが進められ、2019 年 4 月には、米国が 5G の世界的な競争で勝利するための行動計画[4] が発表された。

　行動計画の冒頭で米国が 5G の分野で世界のリーダーとしての地位を占めてい

（3）Presidential Memorandum on Developing a Sustainable Spectrum Strategy for America' s Future（October 25, 2018）https://www.whitehouse.gov/presidential-actions/presidential-memorandum-developing-sustainable-spectrum-strategy-americas-future/　2020年8月31日閲覧。
（4）President Donald J. Trump Is Taking Action to Ensure that America Wins the Race to 5G（April 12, 2019）https://www.whitehouse.gov/briefings-statements/president-donald-j-trump-taking-action-ensure-america-wins-race-5g/　2020年8月31日閲覧。

ることを宣言するとともに、複数の都市における5Gの実証実験を通じた高い信頼性の実現や様々な帯域における商用利用やアプリ―ケーションの開発を通じて、5Gの優位性を増大させていくことが掲げられた。5G産業の強化・支援政策を通じて、アメリカ経済の強化と、雇用の創出が実現されることを目指し、トランプ大統領が実施してきた歴史的な減税と規制緩和措置が、5Gへの技術開発に向けた投資・インセンティブを生み出したと述べている。具体的には、米国全体で5Gのネットワークに対して2,750億ドルを投資し、300万人の新しい雇用を創出し、経済に5,000億ドルの成長をもたらすことが期待され、加えて、連邦通信委員会による1,550Mhzや3,400MHzの周波数オークションなどを通じて5Gのプロバイダーなどに対する市場環境を提供するとともに、規制上の障壁を少なくすることを通じて、民間主導の5Gへのさらなる投資の呼び込みを計画されている。また、農村部の世帯や中小企業などが高速ブロードバンドに取り残されないように、204億ドルの基金を通じてインフラ整備を進めるとともに、国際的にはサプライチェーン開発の促進などにも寄与する信頼性の高い5Gネットワークの通信セキュリティのルールづくりなどにも取り組むことが定められた。

トランプ大統領の行動計画を受けて、連邦通信委員会は「5Gファースト計画」[5]を発表した。同計画では、5Gに向けたさらなる周波数の開放、インフラ政策の刷新、時代変化に対応した規制改革の3つを軸とした施策が打ち出された。まず、周波数の開放については、ハイバンド、ミドルバンド、ローバンドのそれぞれにおいて、5Gの促進に向けた積極的な周波数オークションの実施などを進めていくこととした。また、インフラ整備については5Gの促進に向けた設備更新の支援を進めることやネットワーク接続の管理ルールを改革することにより、さらなる民間投資を呼び込むための取り組みを進め、サプライチェーンの安全性確保やデータサービスの投資拡大を進めていくことが明示された。

このように2010年代後半の米国のIT国家戦略は、周波数オークションなどを通じて、民間主導の投資を積極的に呼び込むことによって、5Gをベースとした新しい経済・産業・事業の創出を推進することに重点を置いたものであったと考えられる。

---

(5) 連邦通信委員会による5Gファースト計画　https://docs.fcc.gov/public/attachments/DOC-354326A1.pdf　2020年8月31日閲覧。

10.　小括

　2000 年から 2020 年までの日米両国の IT 国家戦略の動向について、日米両国の政策展開を検証した。この時期は、日本では東日本大震災などのはじめとした大規模自然災害、米国ではリーマンショックなどによる経済停滞などの課題に直面しながら、それらの社会課題を IT も活用しながら克服し、持続的な経済成長へとつなげる時代であり、国家戦略としての方向づけが大きな意味を持つと考えられる。

　日本は、2000 年の IT 国家戦略の体制構築がなされた後、専門・分化した計画づくりに注力していき、その成果はハード面における情報通信インフラの整備で当初の目標を前倒しで達成するなど、一定の効果があったと考えられる。しかし、光ファイバー網によって整備された IT ネットワークを活用して、Society5.0 につながる新しい社会・経済の再構築に速やかに着手することはできなかった。ようやく 2010 年代後半において Society5.0 の実現を目指す IT 国家戦略が再構築され、2020 年の新型コロナウィルス対策の中での社会・経済の変革の中で、その戦略が強力に推進されることとなった。

　米国は、2000 年代前半の共和党政権下では、1990 年代の IT 国家戦略を継承することにとどまっていたが、2010 年に入って民主党政権では新しい IT 産業の育成・発展を支える広範な IT 国家戦略が提示・推進された。国家ブロードバンド計画の策定をはじめ、2010 年代後半には、新しい大統領のリーダーシップの下で 5G の推進を国家戦略として掲げ、積極的な民間投資を呼び込むことによる経済成長とイノベーションを推進した。

　2020 年以降、日米両国において 5G をベースとした Society5.0 社会の到来と新しい生活様式・経済・産業の創出による持続的な経済運営が求められる。2000 年から 2020 年までの 20 年間における日米の IT 国家戦略の比較において、日本は米国の戦略に数年の後れを取ったと捉えられる。5G などの分野で世界をリードする米国の国家戦略に学びながら、これからの 6G（いわゆるビヨンド 5G）に向けた新しい IT 国家戦略の提示と新しい政策推進の体制づくりを進めていく必要がある。

第2部

米国における
IT国家戦略・政策の
実証分析

第4章

日本のキャッチアップと政府・産業の連携戦略の誕生
― 1980 年代のセマテック―

1. はじめに

　アメリカにおいても日本と同様、1970 年代以降情報通信産業は先端技術産業のひとつであるだけでなく、情報化の社会的共通基盤を担う産業として、国家的な重要性を持つようになった。それは、経済・産業においては工業における生産・工程管理や流通産業における効率化などを実現するための「産業のコメ」であったばかりでなく、社会・文化などの面において幅広く活用される可能性を持つ共通のインフラストラクチャーへ発展していったのである。

　本章では、米国情報通信産業の中で、1980 年代に競争力を失いつつあった半導体産業を中心として、その再生をはかるために実施された共同研究開発プロジェクトであるセマテックについて分析する。セマテックは、米国の主要半導体関連企業が一致団結して結成された国をあげてのプロジェクトであった。

　セマテックを取り上げる価値は、次の 2 点にある。まず、本プロジェクトが 1990 年代以降につながる同国の政府・産業の連携モデルのスタートであったことである。そして、1970 年代後半に日本が同分野に対して企画した「超 LSI 研究組合」プロジェクトに対応して、それに追いつき、追い越すことをめざして立案・実施された米国の国家戦略であった点にある。

　簡単にその対応関係についてふれておくと、1970年代の日本の超LSI研究組合はその当時先行していた米国半導体産業との競争力を高めるために、国内の主要企業8社が参加して政府と参加企業が研究組合を結成し、その費用を拠出しあって実施され研究開発プロジェクトであった。セマテックは後に詳しく紹介するように、1980年代に高い国際競争力を持つようになった日本およびアジアの諸国の半導体産業に対して、国内14社が参加してコンソーシアムを結成し、連邦政府および地方政府、参加企業が資金を提供して推進した共同研究開発活動であった。

　セマテックは、それまで市場に対する信頼を前提として、反トラスト法を中心とした自由競争を基調とする米国の経済政策に一石を投じるものとなった。ある社会・経済状況における重要産業に対して、国として政府と産業が共同して国家戦略をとることは、情報通信産業政策の転換点であるばかりでなく、同国の産業政策における歴史においても重要な転換となったと考えられる。

　しかし、その重要性に比べて、日本におけるセマテックに関する研究は十分に掘り下げられてはいないと思われる。特に、同プロジェクトがどのような初期戦略を持ち、いかなる戦略修正を行いながら実施されたのか、という過程にまでふみこんだ分析には、ほとんど手をつけられていない。先端技術産業である情報通信産業に対する政策分析という視点から、社会・経済的な背景の認識とそれに対応した目標設定、さらにそれの変化に適応した戦略変更などの分析が、現在そして今後の研究とその応用において重要であると考えられる。

　そのプロセスを明らかにするために、連邦議会における連邦議会予算局[1]（Congressional Budget Office、以下CBOとする）作成の報告書を詳細に分析する。セマテックをはじめとした政府予算の支出を伴う政策の実施にあたっては、議会における予算・決算の議決が必要となるが、その判断材料として重大な影響を与えるのが、委員会および本会議に提出される報告書である。

---

[1] 連邦議会予算局は、議会における法案・予算・活動などを支援する調査研究を担う。http://www.cbo.gov/（2004年1月15日閲覧）

これらは専門スタッフによって作成され、限られた議会の審議・議決のプロセスの中で、貴重な判断材料となっている。今回はセマテックに関連して議会に提出された報告書を取り上げ、米国議会および政府の政策主体における諸要素に対する認識や判断の動きを明らかにする。

　さて、これまで米国情報通信産業に関しては、優れた先行研究がなされてきている。そして、その中で重要な戦略的プロジェクトのひとつであるセマテックについても、多くの調査・分析が行われてきた。

　レスターは米国の半導体産業分析の中で、同産業の復活要因のひとつとしてセマテックを取り上げている。1980年代の同産業の競争力回復に貢献したプロジェクトとして評価している [2]。また、大西は米国における通商政策と国際競争力競争政策の一環として行われた産業政策のひとつとして、セマテックを「政府が参画した半官半民の半導体の開発機関」と言及している [3]。黒川は同国の安全保障との関連で、「極めて異例の官民共同プロジェクトによる次世代半導体開発」を行うセマテックについて紹介している [4]。さらに、山田は国家プロジェクトによるイノベーション政策のひとつとして、セマテックを「半導体技術の官民コンソーシアム」として分析を行っている。最後に、宮田は米国の共同研究開発の一事例としてセマテックを取り上げて、分析を行っている [5]。これらの研究においては、産業、通商、国防、イノベーションの諸政策において同プロジェクトの重要性を指摘している点で、貴重な知見を提供している。しかし、その分析の根拠となる米国の政策主体における認識や判断について、必ずしも十分な裏づけがなされていないように思われる。本章においては、米国議会における資料を詳しく分析することで、これまでははっきりとしていなかった、米国情報通信産業に対する戦略のなかみについて、その根拠となる状況認識や政策判断までふくめた実証分析を

(2) Lester, Richard K. *The Productive Edge*, W.W.Norton & Company, 1998.（同訳書　リチャード・K・レスター著、田辺孝二・西村隆夫・藤末健三訳『競争力−「Made in America」10年の検証と新たな課題』生産性出版、2000年、129-135、144-161ページ。
(3) 大西勝明『日本半導体産業論―日米再逆転の構図―』森山書店、1994年、58ページ。
(4) 黒川修司『ハイテク覇権の攻防―日米技術紛争―』東信堂、2001年、55-60ページ。
(5) 宮田由紀夫『共同研究開発と産業政策』勁草書房、1997年、164-172ページ。

試みる。

　さて、詳細な分析に先立って、本章で得られる結論について述べておきたい。

　まず、セマテックが政府と産業の連携戦略として米国の政策に位置づけられるとともに、その後の情報通信産業に関連する国家戦略の起点になったと考えられる。次に、情報通信産業の競争力強化のために、日本に対抗するプロジェクトとして実施されたものであり、それを達成するために産業の特徴や市場の状況の認識にもとづいた戦略適応がなされていることも明らかになる。最後に、同プロジェクトの成果が多様な政府機関と民間企業の相互関係によって機能し、その成果は技術的な研究開発にとどまらず、産業と政府の双方にとって重要な成果となったことが示される。

　それでは、次にセマテックの設立の背景からみていくことにする。

2. セマテックの設立の背景

　議会報告書『セマテックに対する連邦政府助成の便益とリスク』[6] には、米国におけるセマテックの設立の背景となる半導体関連産業について詳しく述べられている。

(1) 米国半導体産業の状況
　1970年代初期から急速な発展を遂げた米国の半導体産業は、セマテックがスタートした1980年代後半まで継続的な成長傾向を保ちつづけた（図4-1）。それとともに、不断の技術進歩による生産性と競争力の強化によって、製品価格の低下も維持された。これらを支えたのは、他の製造業を大きく上まわる同産業の設備投資と研究開発投資であった。特に日本企業のアメリカ市場への進出がはじまった1983年頃にはそれをさらに強化したが、日本企業に遅れをとることになった。1979年には日本がアメリカの3分の1に過ぎなかったものが、1987年には逆転してしまったのである（図4-2）。

　さて、1980年代後半における米国半導体産業を構成する企業についてみてみると、その特徴から3つのグループにわけて捉えることができる。第1のグループは内製のみを行う内製メーカー（Captive Producer [7]）、第2のグループは市場で製品を販売する総合メーカー（Merchant Producer [8]）、第3のグループは限られた専門的な部品・技術で事業を行うニッチ・メーカー（Niche Producer [9]）の3つである。当時では、最有力企業であるIBMをはじめ、AT&TやHewlett-Packardなどが内製メーカー、GE-RCA、Motorola、Texas Instrumentsなどが総合メーカーという位置づけであった。それまで企業間関係には垂直統合的な性格はあまりみられなかったが、1980年代後半になってその関係が変化しはじめていた。最初に総合メーカーが半導体製造と電子製品の間で提携する動きをみせたが、その背景には

(6) Congressional Budget Office, The Benefits and Risks of Federal Funding for SEMATECH (September 1987)
(7) *ibid.* pp.12-13.
(8) loc. cit.
(9) loc. cit.

1970年代までは独立した高度専門技術を持つ企業に競争優位があったものが、1980年代後半になって企業の規模や事業の多様性が市場競争で生き残るための重要な要素となっていたことがあげられる。

図4-1　米国半導体産業の推移

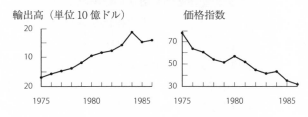

〔出所〕議会予算局（労働省、労働統計局、商務省、センサス局、半導体産業協会、全米科学財団のデータを使用）

a. 半導体は、標準産業分類3674の定義による。データには米国内における日本企業の半導体製造施設も含まれるが、それらは相対的に少数である。

b. 価格はMOS型集積回路のものである。

c.1985年、86年の半導体のデータは速報値。半導体産業における研究開発投資のデータは、半導体産業協会の提供による。ビジネス・ウィーク誌調べの研究開発に関する調査に比べると、半導体産業協会の数値のほうが高い結果となっている。（全産業平均のおよそ3倍に近い数値）詳細は、全米科学財団『産業における研究開発1984年版』（ワシントンD.C.　1987年発行）を参照。

図4-2　日米欧の半導体産業の資本的支出の推移

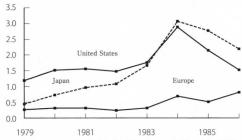

〔出所〕Integrated Circuit Engineering社（アリゾナ州・スコットデール）注記：資本的支出の区分は、企業の立地する国もしくは地域による。

(2) 日本企業との国際競争

　1980年代後半、米国半導体産業は世界市場において主要な地位を占めていたが、その優位性は急速に失われつつあった。1975年にはアメリカ企業が全世界の4分の3にあたるICを製造していたが、1970年代後半に入ると日本からの輸出が急速に拡大し、記憶装置の外販向け製品における市場シェアを奪いはじめた。1986年に米国企業の市場占有率は55％にまで縮小し、日本企業は40％に到達する状況であった（図4-3）。この日本メーカーの急速な成長は、自由市場においてアメリカの総合メーカーのシェア減少によってもたらされたものであった（10）。超LSIプロジェクトのターゲットとなったDRAM市場シェアに関してみるとその変化はさらに著しく、1970年代半ばに4分の3であったシェアは10年間で4分の1にまで落ち込んでしまったのである。

　時期を同じくして1980年代半ばには世界的な半導体需要の落ち込みがあり、1984年から1985年に世界半導体生産は13.2％減少していた。それにもかかわらず、日本企業の躍進が著しかったため、米国国内では日本企業の輸出膨張に批判の矛先をむけるアナリストもいたが、実際は市場全体の縮小によるものが3分の2、日本企業の成長は3分の1にすぎなかった。また、日本の半導体製造企業の多くが、垂直統合的な総合電気メーカーであったため、半導体製造分野は企業全体の中ではごく一部であって、民生電気製品などからの収益をあてているのではないかという議論までなされた。

　製品分野毎に米国の半導体産業をみてみると、最も日本企業が競争力を発揮したのが半導体記憶装置であった。大量生産による規模の経済性を追求していた当時の日系メーカーは、DRAMにおいて高い生産性を持ったのである。それとは対照的に、マイクロプロセッサーにおいては、アメリカ・メーカーが依然として優位を保っていた。それは、多数の演算装置などを制御するソフトウェアにおいて、容易には追いつかれない技術的優位性を保持していたことによると考えられる。

　また、ASICs（特定用途集積回路）においては、回路設計技術と集積技術

---

(10) Department of Defense, Defense Science Board, Report of the Defense Science Board Task Force on Defense Semiconductor Dependency（February 1987）, p.5.

5

の両面で急速な高度化が進み、多くのメーカーが同分野に参入した。回路設計・デザインにおいて優位な米国企業に対して、日本企業は長期間にわたって築いてきた民生品や電子システムむけの仕様対応によって成果をおさめていった。これは最終消費財の領域における日本企業の競争力の高さに裏うちされたものであり、（表4-1）ユーザー・サービスが重要な ASICs についてはその特徴が優位に作用する可能性があるとされた。

図 4-3　日米の集積回路の市場シェアの推移

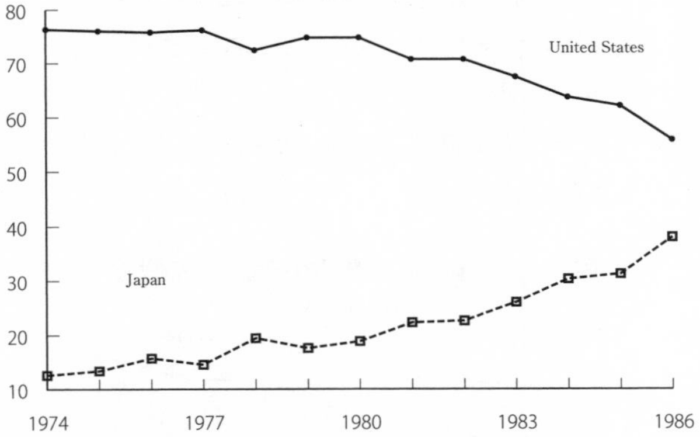

〔出所〕データクエスト社・Integrated Circuit Engineering 社
注記：米国には内製および総合メーカーの両方が含まれている。

表 4-1　地域別の集積回路の利用目的別のシェア

	All Regions	U.S.	Japan	Europe	Other
Military	7	15	0	5	0
Industrial	13	12	10	18	13
Telephone	19	18	18	27	14
Consumer	29	15	39	30	53
Computer	32	40	33	20	20
Total	100	100	100	100	100

〔出所〕'集積回路（IC）はどこへいく？'「集積回路（IC）エンジニアリング・ニュース」1987 年 3 月号
注記：民生需要には、自動車での利用を含む。コンピュータにはデータ通信が含まれる

最後に精密電子機器についてみてみたい。1980年代、アメリカの同分野における市場は、海外メーカーに奪われていった。コンピュータや通信機器など、米国からの輸出額がそれほど増加しない一方、輸入額はほぼ一貫した上昇をつづけた。同時期の成長鈍化には、技術的な要因に比べて、米国の予算不足や貨幣価値の低下などの環境的要素のほうが影響をあたえたと考えられる。しかし、米国企業の市場シェア回復を容易には許さないために、外国メーカーはさらなる市場参入をはかり、半導体製造技術への投資を増やすことで、垂直統合によって得られる収益の確保をはかったのである。実際、1980年代後半までの世界市場における米国メーカーのシェア下落は、電子機器のサプライヤーとしての停滞と同じ傾向を示していた。それに対して日本や韓国、その他の企業は、さらなる電子機器の製造・供給を強化し、自社の製造装置・製品に活用したのである（図4-4）。

図4-4　米国の電気機器の輸出入額の推移

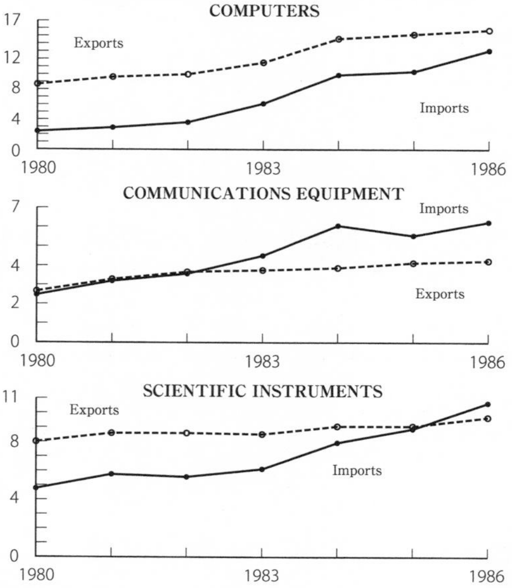

〔出所〕商務省・センサス局
注記：コンピュータには標準産業分類（SIC）357の事業所およびコンピュータ制御機器のすべてが含まれる。通信機器には、SIC分類366の通信機器が含まれる。科学的機器には、SIC38の機器や関連製品が含まれる。

(3) 半導体製造装置（SME）産業の弱点

　セマテックにおいて特に重要な位置をしめる半導体製造装置産業（Semi-conductor Manufacturing Equipment Industry）について、最後にふれておきたい。米国の SME も、他の分野と同様、日本企業によって市場シェアを奪われていた。また、アメリカ市場における日本企業の売り上げと日本市場におけるアメリカ企業の売り上げは不均衡がつづいていた。

　米国の SME は、その市場規模が大きいために、それぞれの企業が専門化していた。そのため、多くの企業が高度な技術によるある特定の機能を持つ装置を製造しており、半導体そのものを製造する企業数の少なさとは対照的に、SME 企業はおよそ 700 社を数えた。そのため市場参入が容易で、大企業からベンチャー企業に移る技術者が多く、それによって変化の激しい半導体産業におけるイノベーションの素地がつくられていた。日本においてもほぼ同じような企業構造がみられた。技術的な水準についての判定は難しいところがあるが、National Research Council の専門家委員会は、1980 年代後半において米国が先行しているけれども、今度は日本企業の技術向上がありうることを示唆している [11]。

　半導体産業においては、製造装置の活用方法が産出量に大きな影響をあたえる。そこで日本企業は製品の歩留まりに注意をはらい、DRAM 分野などではアメリカ企業よりも高い生産性とコスト削減を達成していた。このように日本企業にとって、半導体製造装置の優劣よりも製造技術の方を重要視していたのである。また、半導体を製造するための材料の生産においても、日本企業は高い技術力と生産量を誇っていた。

　これまでみてきたように、米国の半導体産業は技術的にも市場支配力においても厳しい状況におかれていた。それは、一部には日本をはじめとした外国企業との競争によるものであったが、より本質的には国内的な弱さにその原因が求められる。この時点で DRAM においては日本企業が成功をおさめたものの、それは大きな半導体産業という視点からみれば致命的なものでは

---

(11) CBO, *op. cit.* p.23.

なかったと考えられる。

　しかし、米国の半導体産業に予測される課題が2つあった。それは外国企業による市場侵食の深刻化と、半導体製造装置および製造技術の分野における脆弱性であった。特に後者は重要で、NRC や DSB（Defense Science Board、国防科学審議会）のタスクフォースは、米国の製造技術の水準を引きあげなければ、今後の半導体産業の競争力を維持しつづけることは難しいという指摘を行っている。[12]

　このような米国半導体産業における市場構造、国際競争関係、技術的課題から、セマテックなどの協働研究開発プロジェクトが求められることになったのである。それではつぎに、セマテックの発足にむけた米国における先行的な産業支援の事例についてふれてみたい。

---

(12) *ibid*. pp.25-26.

3.　連邦政府による支援戦略

(1) 1984年国家共同研究法（National Cooperative Research Act of 1984）による共同研究体制

　米国においては、自由市場による公正な競争原理を尊重する考え方から、反トラスト法による独占禁止政策を基調とした経済政策運営がなされてきた。それは、アメリカ国内のみならず、国際的な通商政策などにおいても、その基盤となっていたと考えられる。

　1984年国家共同研究法（以下、1984年NCR法とする）は、その反トラスト規制を緩和することで、共同研究開発を促すことを目的とした法律であった。特に同法の制定を求めた電子産業は、(1)IBMのような半導体とコンピュータの双方を製造する企業が少なかったこと、(2) 研究開発費が個別企業にとって高額になったこと、(3) 優秀な技術者の獲得が困難であったこと、(4) 日本企業との熾烈な競争にさらされ、日本の共同研究プロジェクトに産業発展の要因をみていたことなどから、SIA（Semiconductor Industry Association、半導体産業協会）を通じて議会への働きかけを行った。そして、1983年から1984年にかけて開催された第98議会において、議会審議が行われ同法が成立した[13]。

　1984年NCR法は、以下のルールを設定することでよって、共同研究開発に特別なメリットをあたえた。第1に、反トラスト法違反かどうかの判断基準として、共同研究開発プロジェクトについては、社会的経済厚生に及ぼす効果をケース・バイ・ケースで判断する「合理の原則」を用いることが定められた。第2に、共同研究開発の契約締結後90日以内に、司法省と連邦取引委員会に届出を行ったものは、訴訟を提起された場合の損害賠償額を実際の損害額にとどめる（通常は3倍の金額を請求されうる）とされた。第3に、共同研究開発に対する訴訟が、悪意によって無意味に提起されたものであると判断される場合には、勝訴した被告が原告に対して裁判費用を請求できる

---

(13) 宮田、前掲書、41-51ページ。

ようになったのである。

　この法律によってアメリカにおける共同研究開発への法的、制度的な仕組みがつくられ、その枠組みによって、アメリカの半導体産業に関わる企業がセマテックプロジェクトをスタートさせたのである。

(2) 連邦政府による研究開発に関する支援施策

　独占禁止法との関係では 1984 年 NCR 法によって適用除外のルールがつくられたが、連邦政府からの資金的な協力についてはどうなっていたのかをみておきたい。

　1987 年予算において、連邦政府から半導体の研究開発に対しておよそ 4 億から 5 億ドルの費用を投じる予定であった。この中には、半導体製造技術開発とは異なる軍事目的の研究や産業・商業目的ではない技術開発などもふくまれてが、連邦政府全体としては多数の政府機関を通じて、同産業の研究開発に関する取り組みを進めていることがわかる（表 4-2)。

　具体的にみてみると、最も多くの研究開発費を費やしているのが DoD（Department of Defense、国防総省）である。OSD（Office of the Secretary of Defense）と軍事部門（Armed Services）にわかれており、前者が 2 億 2,900 万ドル、後者が 1 億 1,300 万ドルを支出しており、合計で 3 億 4,200 万ドルの研究開発投資を行っており、連邦政府全体の 64.7% をしめている。この中には、VHSIC（the Very-High-Speed Integrated Circuit Program、超高速集積回路プログラム）や DARPA（Defense Advanced Research Projects Agency、国防総省先端研究プロジェクト局）など、情報産業にとって重要な研究機関がふくまれている。その他、DoE（Department of Energy, エネルギー省）が、複数の国立研究所などでの半導体研究費用として 7,600 億ドルを、NSF（National Science Foundation, 全米科学財団）は 3,000 億ドル、NBS（National Bureau of Standards）は 400 万ドルを投じている。また、直接的な研究開発費ではないが、研究開発に関する税制措置などを通じた 7,500 億ドルもくわえたものが、連邦政府全体としての半導体関連の研究開発のすべてである。

表 4-2　連邦政府の半導体研究開発費（1987 年）

Agency	Outlays	
Department of Defense		
Office of the Secretary of Defense		
Very-High-Speed Integrated Circuits	122	
Strategic Defense Initiative Organization	60	
Defense Advanced Research Projects Agency	16	
Manufacturing Technology	14	
Microwave and Millimeter-Wave		
Monolithic Integrated Circuits	10	
Defense Nuclear Agency	7	
Armed Services		
U.S. Air Force	60	
U.S. Navy	28	
U.S. Army	25	
Independent Research and Development	a/	
Department of Energy		
National Laboratories		
Sandia	55	b/
Lawrence Berkeley	4	
Brookhaven	2	
Other	2	c/
Photovoltaic Research	15	
National Science Foundation	30	
National Bureau of Standards	4	
Subtotal	454	
Incremental R&D Tax Credit	75	d/
Total	529	

〔出所〕議会予算局
注記：
a. 集計不能（本文参照）　b. 集計から Sandia は除外し、国防省によるものは組み戻し　c. オークリッジ、ローレンスリバモア、アメス、アルゴンを含む　d.50 ～ 100 の平均。（詳細は本文参照）

　これらの制度的、財政的な基盤に支えられて、共同研究開発プロジェクトであるセマテックの発足と、政府からの財政支援が行われていく。それではつぎに、セマテック発足とその初期戦略についてみていくことにする。

4. セマテック発足と初期戦略

(1) プロジェクトのスタート・アップ

　セマテックは、1980年代の米国情報通信産業における重要な競争製品であった半導体産業の製造技術に関して、その国際的な競争力を確立するために結成された共同研究開発プロジェクトであった。そのセマテックの発足の過程について、詳しくみていきたい。

　まずセマテックの実現にむけて中心的な役割を担ったのが、連邦政府側ではDSB、産業側はSIAであった[14]。DSBは国防総省における科学技術政策を担当する部局で、軍事的な側面から先端技術分野の競争力低下を懸念し、民間企業と国防総省の共同出資によって半導体製造技術のコンソーシアムを設立することを提案した。SIAはアメリカの半導体産業の業界団体として、共同研究開発を可能にする1984年NCR法の制定という土台づくりからセマテックにむけた取り組みをつづけてきた。DSBの提案を受けて、1987年3月にセマテックの設立を発表し、5月には具体的な計画が明らかにした[15]。その他、MCCなどもセマテックの設立に関与した[16]。

　セマテックの発足にあたって、3つの目的が掲げられた。第1に、米国の国家安全保障に対する貢献である。アメリカの強大な軍事力を支える兵器や情報システムには、最先端の情報技術と半導体装置が組みこまれており、その重要性は将来にむかって高まっていくと考えられる。国防上の安全を確保するためには、自国の企業が最先端の技術と製品を供給できる能力を備えていることが必要不可欠であり、その基盤となる経済市場における民間企業の適正な発展が求められる。その産業的、技術的な基盤を強化するための政策として、セマテックの必要性を認めている。

　第2の目的は、セマテックによる製造技術に関する研究開発が、SME企業のみならず、半導体産業全体に及ぶことである。米国の半導体産業（特に半

---

(14) CBO, *op. cit.*, p.39.
(15) 山田、前掲書、182-185ページ。
(16) http://www.sematech.org/corporate/history.htm（2004年1月15日閲覧）

導体製造装置産業）は、小規模の専門的・技術的メーカーによって構成されているために、日本のメーカーのように長期的な研究開発投資が困難な経営環境におかれている。また、革新的な技術開発に資源を配分する傾向があるために、製造技術や一般的な技術開発に対する投資が十分に行われにくい。製造技術の向上は、SMEメーカーの効率性を高めるばかりでなく、生産コストの削減を通じて半導体産業全体の収益改善に貢献することができる。また、製造技術には外部性がはたらくために、プロジェクト参加企業以外にもその成果が浸透していくことが予想され、技術伝播の視点からも産業全体への効果があると考えられる。

　第3の目的は、米国経済全体への波及効果である。私企業における研究開発投資に比べて、社会的な研究開発は、その効果がはるかに大きいとされている。また、半導体製造技術の技術革新は、半導体部品、コンピュータなどの情報機器、その他の電気製品など、多様な製品やサービスを通じて、経済・社会全体に波及する。さらに、セマテックのような共同研究プロジェクトを通じて、米国における情報通信分野の高度な専門的な研究開発能力の基盤づくりにも役立つことができると考えられる。

(2)　初期戦略
米国におけるはじめての共同研究開発プロジェクトであったセマテックの初期戦略について、いくつかの点に絞ってみてみたい。

1)　予算計画
　セマテックは、参加企業14社からの拠出金と連邦政府からの補助金、州政府からの支援金の3つの財源で運営されることになった（表4-3）。その予算規模は、毎年およそ2億5,000万ドルで6年間、合計15億ドルという研究開発プロジェクトとなった。連邦政府から毎年1億ドル、残りを参加企業と本拠地をおいたテキサス州（オースティン）などが分担することになった。全体の予算計画をみると年間予算はほぼ一定であるが、その内訳をみてみると、

1988年と1989年の2年間は主に設備投資や施設整備に重点をおき、1990年から1993年の4年間で人件費（Labor Cost）・管理費（Operating Cost）・外部委託費（Contract）を拡充して、研究開発活動を発展させていくという戦略がみてとれる。

表4-3　セマテックに対する連邦予算要求額

	1988	1989	1990	1991	1992	1993
Labor Costs	23.1	50.0	60.7	67.2	71.0	74.6
Operating Expenses	18.0	33.8	41.1	45.2	46.6	46.9
Contracts	34.4	39.3	42.8	49.5	50.8	51.4
Capital Expenses	112.4	59.4	69.3	76.7	72.2	71.9
Facility Acquisition	40.0	44.2	0.0	0.0	0.0	0.0
Facility Upgrade	16.6	9.1	9.1	9.1	9.1	9.1
Total	244.4	235.8	223.0	247.7	249.7	253.9

〔出所〕Semiconductor Research 社（ノースキャロライナ、トライアングルパーク）

2）プロジェクトの達成目標

　セマテックの6年間のプロジェクトの中で、達成すべき目標が3つ掲げられた。1つ目は、本プロジェクトの名称にもなっているとおり、最先端の半導体製造技術に関する研究開発を先導することであった。この活動は直接には SRC（Semiconductor Research Corporation）と SIA の半導体研究開発グループにゆだねられることになった。研究対象は露光技術からエッチングまで、あらゆる段階の技術で、SRC が研究開発プログラムのコーディネーションを担当することになった。2つ目は、プロジェクトで開発された技術を実際の生産ラインにおいてテスト、デモンストレーションすることであった。3つ目が、実証された開発技術を、多様な精密電子機器分野に応用するための方法を分析することであった。これらの目標達成のために、セマテックのス

タッフと外部委託契約を結んだ機関が共同してプロジェクトを展開したのである。

　技術的には3つのターゲットが設定された。短期のターゲットは、新しい素材や技術を導入するのではなく、現在使われている技術を改良・改善することとされ、そのために材料はシリコン、露光は光学技術を中心に研究を行った。この第1フェーズの達成期限は、1990年前半に設定され、0.8ミクロンの集積回路の製造と、製造技術の開発に焦点が絞られた。第2フェーズは、前フェーズが終了してから1990年の終わりまで、0.5ミクロンの加工技術を開発が課題とされた。第3フェーズは、プロジェクト開始から他の研究と同時に進めて、1994年の前半までに、0.35ミクロン・レベルの製造技術を確立することが課題とされた。

3）リスク・マネジメント

　セマテックは、発足の段階で予算、目標、技術ターゲットなどの計画とともに、このプロジェクトの抱えるリスクについても予防的な検討を行っている。

　まず、セマテックの成果が米国の競争優位につながらない可能性があった。セマテックでは開発に携わった研究者・スタッフを技術導入の際に派遣する制度を設けることや、企業間の人材交流を通じた成果の波及によって対応する方法が考えられた。また、セマテックを利用した企業共謀をどのように防ぐのかも重要な課題であった。そこで、一定期間が経過した後であれば、対価を支払うことで同プロジェクトの成果を外部の企業も活用することができるようにすることで、参加企業同士で共謀することのメリットを制限することにしたのである。さらに、研究テーマの多様性が失われてしまうリスクに対しては、1984年NCR法制定後の59事例やMCC、SRCの分析、研究テーマの柔軟性・自由度の拡張、優秀な人材の確保などの対応を検討し、また外部性の強い半導体製造技術に研究資金を重点配分することで、参加企業の応用研究・製品化などの多様性を阻害しないようにした。最後に、セマテック

がはじめて行った同一産業内における共同研究の仕組みや民間主体・政府支援型のプロジェクトが機能するかどうか大きな問題であっが、当初から政府の役割をコンサルタント的なものと規定するなどの予防措置を講じていた。

4) 政策課題

　セマテックを推進していくために、成果普及と収益の関係とプロジェクトの管理方法が政策課題となった。成果を普及させることと、それを特許使用料などによって収益にすることは、同時に達成することは難しい。たとえば、国内企業と外国企業に格差をつけたライセンス料を設定するなど、価格による普及のコントロールと収益の確保を考えても、GATT や国際的な自由貿易などの観点から慎重な議論が求められる。将来的には、連邦政府と共同研究開発プロジェクトに関する一般的なとりきめなどを策定する必要があると考えられる。また、プロジェクトの管理方法と連邦政府の関与の方法も困難な課題であった。それまで国防総省などで行われてきた多数のプロジェクトとセマテックは、その目的や手法などが大きく異なっていた。そこで、DoD が中心になって DoE と国立研究所、DoC（Department of Commerce、商務省）、NSF が省庁横断型の委員会をつくり、外部の企業経営者や科学者、軍事関係者などで構成されるアドバイザリー組織の監督のもとで、セマテックと関わるといった選択肢も検討された [17]。

　これまでみてきたように、セマテックはそれまでとは違った共同研究開発プロジェクトのモデルを構築すべく、いろいろな課題・リスクを考慮しながら戦略を立案しスタートした。それではつぎに、この初期戦略・政策がプロジェクト開始後にどのように変化したのかを検証してみる。

---

(17) *ibid.* pp.52-56.

5.　セマテックの戦略適応

　これまでみてきたような初期戦略にもとづいて推進されたセマテックも、社会・経済・産業の状況に適応した戦略変更を行いながら、最大の政策効果をおさめることをめざした。それは同プロジェクトが、その進行状況とメンバー属性、新出の課題などに適応しながら、その戦略を修正していく過程と捉えられる。セマテックではその戦略適応がどのように行われたのか、詳しく紹介したい。

(1)　研究開発の焦点のシフト

　セマテックのCEOに就任したロバート・ノイスは、同プロジェクトの研究開発の焦点を、技術に関する研究から、実際の装置・機械に関する研究へとシフトさせた [18]。それは、半導体製造装置産業の経営環境が発足時に比べて悪化し、参加企業にとってより切望されている領域に研究資源を移行しなければならないという認識からであった。1985年から1987年までの期間において、米国の半導体製造企業の大多数が半導体製造装置メーカーの機械を使用していたが、1988年から1990年の期間においては、それら企業の多くがアメリカ・メーカーの機械購入を減少させる傾向がみられたのである。その背景には、日本企業が積極的に研究開発や設備投資を行い、戦略的技術の開発とその高度化を達成することによって、結果として先端的な製造技術の分野における米国の優位をおびやかすようになったからであった。

　このような変化は、セマテックの研究開発活動が、それぞれの製造装置企業の抱える問題解決のみならず、メンバー同士の関係づくりにとっても望ましい効果をもたらすものであったと考えられる。一般的な技術ではなく、具体的な製造装置の改善という目標にむかうという共通の土台ができ、参加企業の固有技術を発揮しながら共同研究を推進しやすくなったのである。

---

(18) CBO, Using R&D Consortia for Commercial Innovation : SEMATECH, X-ray Lithography, and High-Resolution Systems, (July 1990), pp.27-30.

(2) プロジェクト・リスト

　研究テーマの中心が技術から装置へと変化する中で、セマテックの開発プロジェクトも多様な分野に展開された（図4-5）。

大きく2つの分野にわかれており、ひとつは共同研究開発プロジェクト（Joint Development Projects（JDPs））であり、もうひとつが製造装置改良プログラム（Equipment Improvement Programs（EIPs））であった[19]。

　まず、共同研究開発プロジェクトについてみてみると、21の半導体製造技術に関して24企業・組織とともに、新素材や新製品の開発、将来に向けた研究支援などを行った。エッチング技術、露光技術、ウェハー技術、試験技術などの研究課題に、それぞれの参加企業の技術・特徴にあわせて共同研究開発を進めた。つぎに、製造装置改良プログラムは、7社の半導体製造装置メーカーと実際の装置の改良や修正に取り組み、現在そして将来の顧客ニーズに対応した製品に仕上げるものであった。このプログラムのねらいは、機能と信頼性を高めることを通じて、修理時間や製造コストを削減し、装置の製造を容易にすることにおかれた。そのため、製造装置改良プログラムはセマテックの研究拠点だけでなく、協働した製造装置メーカーの事業所などにおいても実施されることとなった。

　このプロジェクト・リストからも、セマテックの研究開発の方向性に変化がみられること、さらに半導体製造装置メーカーとの関係性が重視されていることがわかる。

(3) 研究課題の選択とリスク

　米国半導体産業の多数が参加し、政府資金が導入されたセマテックは、企業経営や研究開発などの視点からも大きな注目を集めた。そのため、同分野における研究開発の方向性や対象について、セマテックの影響によって本来であれば発揮された多様性を損なうのではないか、という懸念が広がっていた。

---

(19) *ibid.* pp.24-25.

図 4-5　セマテックにおける製造装置の研究開発プロジェクト

Joint Development Projects (JDPs). SEMATECH works with U.S. suppliers on JDPs to develop new equipment, materials, and processes that support manufacturing requirements for future generations of technology. Contracts for JDPs as of June 1990 include:

Supplier	Project
Advantage Production Technology (Sunnyvale, CA)	Wafer cleaning system
AMRAY, Inc. (Bedford, MA)	High-resolution defect imaging and review tool
Applied Science and Technology, Inc (Woburn, MA)	Advanced plasma-etch technology tool
ATEQ Corporation (Beaverton, OR)	Advanced, submicron reticle, and mask exposure system
AT&T (Murray Hills, NJ)	Deep ultraviolet resist technology
Drytek (Wilmington, MA)	Low-temperature plasma etching
Eaton Semiconductor Equipment Division (Beverly, MA)	Advanced metal deposition system
Gas Supplier Team: Union Carbide Industrial Gases, Inc (Danbury, CT) Semi-Gas Systems (San Jose, CA) Wilson Oxygen and Supply (Austin, TX)	Total systems approach to gas-related requirements
GCA--Subsidiary of General Signal Corporation (Andover, MA)	Optical wafer stepper
Hampshire Instruments (Marlborough, MA)	X-ray optics
Hewlett-Packard (Cupertino, CA)	Test chips and other devices for manufacturing demonstration
KLA Instruments (Santa Clara, CA)	System to detect wafer defects
Lam Research (Fremont, CA)	Technology for chemical vapor deposition
NCR Corporation (Dayton, OH)	Isolation process technology
National Institute of Standards and Technology (Gaithersburg, MD)	Development of a metrology standard
ORASIS Corporation (Sunnyvale, CA)	System to detect wafer defects
Orchid One (Palos Hills, IL)	Advanced electron beam microscope
Silicon Valley Group (San Jose, CA)	Advanced lithography processing systems
Silicon Valley Group Lithography Systems (San Jose, CA)	Advanced lithography systems
University of Cincinnati (Cincinnati, OH)	Research on advanced plasma-etch technology
Westech Systems, Inc. (Phoenix, AZ)	Planarization equipment and processes

Equipment Improvement Programs (EIPs). SEMATECH attempts to upgrade or modify existing U.S. equipment to meet its manufacturing requirements for current and future needs. EIPs focus on improving the function and reliability of equipment in order to decrease repair time and process costs and to increase the ease of manufacturing the equipment. Programs are conducted at SEMATECH or at the site of a member firm. EIPs initiated to date include:

Supplier	Project
AMRAY, Inc. (Bedford, MA)	AMRAY 1830 scanning electron microscope
Angstrom Measurements, Inc (Sunnyvale, CA)	Scanline II scanning electron microscope CD measurement tool
Applied Materials (Santa Clara, CA)	Precision 5000 chemical vapor deposition system
GCA--Subsidiary of General Signal Corporation (Andover, MA)	ALS 200 optical I-line stepper
Genus Incorporated (Mountain View, CA)	Genus 8720 chemical vapor deposition system for blanket and selective tungsten films
Lam Research (Fremont, CA)	Rainbow 4600 plasma metal etch system
Silicon Valley Group (San Jose, CA)	Vertical furnace technology

〔出所〕セマテック

SOURCE   SEMATECH

137

これに対して、セマテックは、限定された研究開発テーマばかりでなく、サプライヤー企業の基盤づくりもふくめた基準を採用することによって、過度の研究テーマの収斂を回避した。また、研究テーマの決定にあたっては、専門家による技術分析や改善が必要な要素技術がどこにあるのかを議論するワークショップを行っていた。さらに、他の政府研究開発助成政策が、技術的にはすぐれているものの、事業化するには難しいテーマを採用するのとは対照的に、セマテックでは米国の半導体産業における弱点を克服することに重点をおいたのである。

　そのような措置によっても研究テーマの選択には、一定のリスクが伴うため、ある分野に対する技術を複数設定することによって、それらの間での競争や選択が可能となるようにしていた。参加企業にとっては、選択された技術とその開発という特定の部分に限らず、メンバー同士の関係づくりやそこから得られるメーカーとサプライヤーのそれぞれのニーズ、情報を入手することができることで、自社の研究開発課題の範囲を広げることができたのである。また、セマテックの効果は、新規の研究・技術開発に加えて、既存技術の改良や優れた技術の普及・支援などにも及んだ。

(4) 企業と政府の役割認識の変化

　セマテックの初期戦略において、企業と政府の役割については必ずしも明確な考えが定まっていたわけではなかった。プロジェクトが展開していく中で、共同研究開発における企業と政府の役割が認識された。

　まず、米国半導体産業における数少ない垂直統合型の企業である、IBM とAT&T の貢献である。前例のない共同研究開発において、最初の組織づくりから初期の人的、技術的な資源の提供など、戦略的な課題の解決にあたって両社は主要な役割を果たした。さらに、技術開発の推進に関しても、IBM は最新の DRAM 技術を、AT&T は最新世代の SRAM 技術を提供したのである。IBM や AT&T のように半導体製造メーカーとそれを使用した製品メーカーの両方のビジネスを行う企業の参画によって、セマテックは安定したプロジェ

クト運営が可能となった。

　つぎに、連邦政府については、DoD の DARPA がどのような役割を担うの
か、明確になっていなかった。プロジェクトの発足時には、IBM などと同様、
セマテックの設立、組織づくりに重要な役割を果たした。具体的なプロジェ
クト計画づくりや期限を定めた研究開発ターゲットの設定、外部研究委託の
仕組みなど、セマテックの初期戦略の主要部分については、DARPA のアド
バイスがあった。しかし、プロジェクトがスタートして基本となる戦略と制
度が構築された後は、DARPA 担当者の業務状況や予算措置との関係で、セ
マテックの自主的な運営に重点を移した。また、DoC の責任者においても同
様であり、政府による財政的支援にもとづいた民間企業による主体的なプロ
ジェクト推進が行われるようになった。

　このような戦略適応によって、セマテックは共同研究開発プロジェクトを
進めていった。それでは最後に、同プロジェクトの成果とその意義について
分析を行う。

6. セマテックの成果分析

(1) セマテックの成果

米国におけるはじめての半導体産業の共同研究開発プロジェクトであった
セマテックを、技術的、産業的、政策的な側面から検証してみたい。

まず技術開発についてであるが、すでに述べたとおり、セマテックには特
定の課題に達成期限を設けてプロジェクトを進め、初期の目標を達成した。
半導体分野における技術指標として用いられる集積回路の幅でみてみると、
まず第1段階である0.8ミクロンの微細加工技術は1988年末に達成した。つ
ぎの段階である0.5ミクロンの半導体製造技術は1992年に、最後の0.35ミク
ロンの回路技術は1993年1月に開発成功の発表を行った[20]。開発された技
術によって、1990年代には256MBのDRAMを製造が可能となり、半導体機
器における世界市場では1991年には日本を超えて46.7%のシェアを獲得する
ことができた。

つぎに、半導体産業における効果としては、先端技術分野における共同研
究開発の実績を残したことと、半導体産業におけるメーカーとサプライヤー
とのネットワークが形成されたことであった。SIAによって企画された共同
研究開発プロジェクトを行うために、1984年NCR法からセマテックの設立
まで、民間企業を中心とした取り組みによって推進されたことは、歴史的な
成果であった。そのプロジェクトの進め方、目標の設定と修正、メンバー間
のコーディネーションなどは、情報通信産業における共同研究開発の重要な
情報となったと考えられる。また、水平分業的な経営戦略を採用してきた米
国半導体産業において、垂直的な企業間協力の経験はその後の事業展開に影
響を及ぼした[21]。外国企業との国際競争に対抗するために産業全体としてコ
ンソーシアムを形成したことで、それまで十分に意識されなかった川上産業・
川下産業との相互関係を意識し、そこから得られる情報を個別企業の経営に

---

(20) 黒川、前掲書、58-59ページ。
(21) 山田、前掲書、194-198ページ。

活用することの意義を知ることができたのであった。

　最後に、政策的な視点からみてみると、コンソーシアム形式の共同研究開発プロジェクトへの資金提供という政策手法の確立と、情報通信産業分野における政府と民間の連携戦略の構築があげられる。それまでの連邦政府の技術開発支援策では、国立研究所や大学、NSF、民間企業などが協力して行う共同研究は実施されてきたが、特定の産業全体が結集するコンソーシアムへの資金提供という政策手法は、セマテックによって確立され、その後の政策手法のひとつとして確立した。また、それまで連邦政府による支援と指導・監督のもとで行われてきた多数の研究開発プロジェクトとは異なり、民間企業の主体性、ニーズ、市場動向に対応したプロジェクトを成功させたことは、政府にとってこれまでにない産業や民間企業との連携戦略を習得する機会となった。急速な変化と高度な専門性を有する情報通信産業に対する政府の支援方法として、産業・企業との連携戦略を活用することの優位性が示された意義は大きいと思われる。

(2) 情報通信産業に対する政策的・戦略的意義

　最後に、セマテックから導かれる米国情報通信産業に対する政策的・戦略的意義について述べたい。

　まず、反トラスト法を中心とした自由競争が政策の基調とされる米国において、コンソーシアム形式による民間ベースの共同研究開発が1980年代後半に実施されたことは、1990年代以降の情報通信産業などの重要分野における戦略形成を考える契機となった。特に情報通信産業の特徴である、ユーザー・サイドのニーズや変化に迅速に対応することが求められる同分野において、メーカーとユーザーの相互作用（インタラクション）の重要性を示す事例のひとつとなったと考えられる。

　また、政府の産業に対する政策のあり方についても、民間の自主性とアイデアを尊重しながら、政府による戦略的産業への支援戦略として、コンソーシアム形式の共同研究開発への資金提供の有効性が示されたことの意義は大

きい。急速な変化と外部性が作用する情報通信分野における国家的な戦略の実施は、国際的な市場競争が展開される同産業において重要であるばかりでなく、他の諸産業にとっての活動基盤を担うものとして社会的なインフラとしても期待されている。その要請に対する有効な方法として、セマテックによって確立された政府と民間の連携戦略の手法は、その重要なもののひとつとして位置づけられると考えられる。

　さらに、セマテックによって成功した民間主導の研究開発手法や同プロジェクトの企画・推進の成果には、情報通信産業における政策・戦略のあり方の重要な要素が多くふくまれていると思われる。たとえば、1980年代の米国半導体産業の危機意識の共有をベースとして、セマテックの戦略形成とその責任ある実行を民間企業が主体的に取り組んだことは、産業内だけでなく産業と政府との相互関係を構築しながら、新しい政策・戦略の仕組みをうみだしたモデルとして捉えることができる。それまでの政府によって一元的に行われていた政策立案・遂行のシステムを、情報通信産業の特徴とそれに対する適応の必要性から、実質的にその一部を修正した手法と考えられる。

7.　小括

　これまでみてきたように、1980年代に実施された米国でのセマテックは、新しい情報通信産業分野における政府と産業との連携戦略の起点であったことが明らかになった。それは、日本に対抗するための戦略的プロジェクトであり、それを成功させるためには既存の政策手法を超えた明確な戦略の形成とその柔軟な修正が必要とされた。セマテックにおいては、参加対象の半導体産業の内部ばかりでなく、産業と政府における相互作用を引きだすことで、民間企業の持つアイデアと推進力、政府の持つ制度設計と資金提供を適切に組みあわせることができたと考えられる。

　最後に、セマテックの残した課題を指摘したい。第1は、セマテックの民営化とその評価である。1994年7月、セマテックの理事会において政府からの資金提供を辞退し、International Sematech（インターナショナル・セマテック）として民営化した。この変化の過程分析と同分野における戦略的な評価が必要である。第2は、半導体産業以外の通信産業、ソフトウェア産業などへの応用可能性の検証である。情報通信産業におけるインフラ、サービス分野に対する政府の連携戦略のあり方と成果の検証が求められる。第3は、国家の枠組みを超えたEU（ヨーロッパ連合）、UN（国連）などの国際レベルにおける産業との連携戦略の可能性についての分析である。Linuxやグリッド・コンピューティングなどの国の枠組みを超えた研究開発が重要性を増す中で、国や国際機関と産業がどのように連携していくのか、相互作用の中で優れた戦略を形成していけるのか、考察しなければならない課題である[22]。

　それでは次に、1980年代に日本に追いついた米国が1990年代前半にインターネット社会への移行を世界的にリードすることにつながった国家戦略とその形成過程をみていくことにする。

---

(22) IT政策の主体・範囲として、これまで伝統的であった国境を想定することについては、様々な議論がある。

第5章

世界をリードした米国のIT国家戦略の形成過程分析
─1991年高性能コンピュータ法─

1. はじめに

　本章の目的は、1990年代の米国情報通信産業に対する成長戦略を明らかにすることである。同時期、「失われた十年」という不況に見舞われた日本とは対照的に、長期的な成長を続けた米国にはITを積極的に活用するための国家戦略を持ち、世界をリードしていったと考えられる。その起点となった1991年高性能コンピュータ法（High-Performance Computing Act of 1991. 以下、高性能コンピュータ法とする）を取り上げ、連邦議会における議論を詳細に分析してみたい。

　一般的にアメリカでは、日本に見られるような特定業種のための産業政策は行われなかったと考えられてきた[1]。また、自由市場を基調とする経済・産業関係者と、それに政策を通じて関与する政府との関係は対立的であり、国家的な戦略が企画・推進されることについてはこれまでほとんど考察されたことがなかった。そのため、日本でも大きな関心を集めたクリントン・ゴア政権の全米情報インフラストラクチャー（1993年、以下NIIとする）構想や電気通信法の改正（1996年）も、産業政策として位置づけている研究はほとんど見られない。むしろ、大統領による情報化政策や通信産業の規制改革策として捉えているものが多いと思われる。

---

(1) 日本経済政策学会編『経済政策から見た「IT戦略」（日本経済政策学会年報L）』勁草書房、2002年、17-18ページ。

　しかし、議会での審議の内容を詳しく見てみると、高性能コンピュータ法から始まった1990年代のアメリカのIT戦略は、立法、行政、産業が一体になって考え実施された、IT産業を中心とした米国連邦レベルの国家的な戦略であったと考えられる。それは、1990年代から本格化したITネットワークを基盤とした産業、社会への変革を促進する全米規模のネットワーク整備を含めた総合的な政策であった。

　ところで、情報通信産業は、コンピュータに代表されるような情報産業（Information Industry）と、電信電話が中心である通信産業（Telecommunication Industry）の2つが組み合わさった「融合型産業」（以下、この意味でIT産業という言葉を使う）である。また、同産業の成長には基礎的な研究開発や高速大容量ネットワークの整備などの公共政策が重要な役割を果たす。そのため、政府が明確な情報と通信の融合に向けたヴィジョンと戦略を持つことが、必要であると考えられる。実際、1984年に分割されたAT&Tが情報事業へ参入し、IBMもMCIを買収して通信分野に事業を拡大したが、1990年代までは必ずしも大きな成果を上げることはできなかった。これは、個別企業の経営戦略だけではIT産業の成長が難しいことの表れであると思われる。

　このようなアメリカのIT戦略の形成過程における特徴は、連邦議会の公聴会に集約される。そこでは、政策を実施する行政諸機関、事業を行う民間企業、専門的な研究開発を担う学界から、多くの証人が呼ばれて資料や意見を発表し、議員たちと議論することで、それらが法律に反映されていくのである。これによって政策に関係する人たちの合意形成が図られ、政策の実行性も高まっていく。具体的には、IBMやAT&Tベル研究所など情報と通信の両分野からのアイデアやデータが、高性能コンピュータ法のなかみに組み込まれており、それが政策の実施とその成果に役立っていると考えられる。

　それらを証明するために、同法が審議された委員会の資料を詳しく調べる。主に、連邦議会下院の科学・航空宇宙・技術委員会（以下、科学委員会とする）と同上院の商業・科学・運輸委員会（以下、商業委員会とする）の審議記録

や公聴会速記録、報告書、法案などを分析する[2]。

それらの資料から、IT戦略に関係する内容を見つけ出し、データベースをつくっていろいろな角度から考察する。1990年以前のデータの一部は原本から筆者がデジタル化し、それ以降のものはすでにあるデータを集めて、今回使うための政策情報データベースとして完成させた[3]。

ところで、本章の意義を示すために、これまでに行われてきた研究について簡潔にまとめておきたい。

まず、経済政策論においては、IT戦略に焦点を当てた研究が行われてきている。日本経済政策学会では2002年の共通論題としてこれを取り上げ、林教授[4]、谷口教授[5]、松原教授[6]から報告が行われた。アメリカのIT政策に関しても幅広い視点から政策動向が検証されており、全体像を理解するために有意義であると思われる。しかし、政策のつくられ方や政治と産業との関係、融合型産業の特性はあまり重視されておらず、したがってそれらを産業政策として捉えきれていないと考えられる。

次に、石黒教授[7]と芝野教授[8]、宮内教授[9]は、アメリカのIT産業について高性能コンピュータ法がその後の政策の基本となったことを指摘している。具体的には、同法が1993年のNII構想や1995年の世界情報基盤（Global Information Infrastructure、以下、GIIとする）構想の元になっていることを明らかにしている。しかし、石黒教授も米国のIT戦略の変化を「産業政策重視の視点から増大せしめつつ、他方、競争原理にもそれなりに期待する」ようになったと述べるにとどまっている[10]。さらにいえば、産業政策について言及されては

---

(2) 本会議議事録（Congressional Record）や委員会審議（Congressional Debate）、公聴会速記録（Hearings）、報告書（Report）、法案（Bill）は、CISによってこれまで年鑑（Index, Abstract, Public Lawの3種類）やマイクロフィッシュ（Microfiche）でまとめられてきている。1990年代に入ってからは、それらのデータベースが米国議会図書館によってつくられ、インターネットでアクセス（http://thomas.loc.gov/）することができるようになっている。
(3) クリントン政権の情報化政策のひとつとして政府機関の電子化が進められた。本章の調査を支える基盤として、ITの役割は今後ますます重要になっていくと思われる。
(4) 林紘一郎「アメリカのIT戦略の虚と実」日本経済政策学会、前掲書、17-25ページ。
(5) 谷口洋志「IT革命のための社会・経済基盤整備」日本経済政策学会、前掲書、26-35ページ。
(6) 松原聡「IT革命と官民の役割分担」日本経済政策学会、前掲書、36-44ページ。
(7) 石黒一憲『世界情報通信基盤の構築：国家・暗号・電子マネー』NTT出版、1997年、12-29ページ。
(8) 芝野治郎『情報スーパーハイウェイの成功戦略』中央経済社、1995年、8-11ページ。
(9) 浦山重郎編著、向殿政男・阪田史郎・菰田文男・宮内充・石川哲夫著『情報・通信ビッグバン』東洋経済新報社、1998年、59-90ページ。
(10) 石黒一憲『超高速通信ネットワーク－その構築への夢と戦略』NTT出版、1994年、49ページ。

いるものの、その資料的な裏付けは必ずしも重視されていないように思われる。

　また、アメリカの議会については、草野教授が優れた研究を行っている。「ア
メリカの政治過程で最も実質的な政策決定の場であるアメリカ議会、その中でも
中心的な役割は、委員会および小委員会が折に触れ開催する公聴会（ヒアリング）
が果たしている」と指摘している (11)。また、土屋教授は日米関係に関する公聴
会について、Congressional Quarterly Almanac からデータベースをつくってい
る(12)。また、佐藤教授も米国議会の対日立法活動を審議過程に着目して分析を行っ
ている (13)。これらはアメリカ議会の政策決定のプロセスの重要性を指摘し、その
分析方法のフレームワークを提示した点で高く評価できる。しかし、それぞれの
公聴会の証人、証言内容、提出資料まで深く調査されておらず、分析に不可欠
と思われる立法、行政、産業の相互関係を明らかにしていない (14)。

　最後に、電気通信分野の研究として、城所教授 (15) や郵政研究所 (16)、浅井教
授 (17) の研究が発表されている。主に 1996 年に改正された電気通信法を分析し
ており、これが NII 構想におけるユニバーサル・サービス問題の影響によること
を指摘している。しかし、通信産業と情報産業の融合という視点はあまり見られ
ず、アメリカの IT 産業政策に関してもあまりふれられていない。同じように、
松永教授の情報通信に関わる政策の国際比較においても、IT 戦略のつくられ方
にまでは十分に言及されていないのである (18)。

　このように、先行研究であまりふれられていない 1990 年代の米国 IT 戦略の
起点について、産業政策というアプローチから特徴を明らかにし、それをつくり
出す方法とその実態を分析したい。

---

(11) 草野厚『アメリカ議会と日米関係』中央公論社、1991年、8ページ。
(12) 土屋教授の研究については、以下のサイトを参照。http://www.glocom.ac.jp/users/taiyo/index-j.html
(13) 佐藤learning『米国議会の対日立法活動：1980 ～ 90年代対日政策の検証』コモンズ、2004年、16-21ページ。
(14) 政策についての情報を分析する際に、その方法自体の問題には、これまで必ずしも力点が置かれてこなかった。
　　本章のように、ITを使って情報を集め、それらをデータベースなどで整理し、そこに仮説や分析の視点を入れて
　　証明していくようなやり方は、政策研究や情報政策の分野でもほとんど行われていない。オペレーションズ・リサー
　　チのように数値とモデルにあてはめて、その情報をコンピュータが解析するのではなく、人の考えやねらいに沿っ
　　て、コンピュータを活用して詳しく政策に関する情報を分析するという、政策情報論からのアプローチが重要で
　　あると考える。
(15) 城所岩生『米国通信法解説』木鐸社、2001年、228-30ページ。
(16) 郵政省郵政研究所編『1996年米国電気通信法の解説』商事法務研究会、1997年、18ページ。
(17) 浅井澄子『情報通信の政策評価』日本評論社、2001年、11-32ページ。
(18) 松永利文『情報通信政策の国際比較』学術図書出版社、2000年、29-44ページ。

詳細は本論に譲るとして、ここでは考察の結果について簡潔に紹介しておこう。

　第1に、1990年代のアメリカのIT戦略が、政府と産業界との連携によってつくられた総合的な政策であったことが明らかになった。高性能コンピュータ法では情報産業、その中でも特にIBMの影響が強かったことがわかった。同時期の米国IT戦略の基本計画は、情報産業の展望に基づいてつくられたと考えられる。

　第2に、IT技術の開発に関しては、軍事部門と学界が大きな役割を果たした。インターネットの基礎となったコンピュータ・ネットワークには軍事予算による研究開発の成果が使われ、同法のメイン・プログラムとなった全米研究教育ネットワーク（NREN）[19]には学界からのサポートがあったと考えられる。

　第3に、大統領が複雑で多岐にわたる政策や組織間の調整をまとめて実施していたことが重要である。大統領のリーダーシップとアメリカの政策システムの特徴によって、いくつかの分野にまたがるIT戦略を同時に進めることができた。すなわち、日本の経済産業省（旧通商産業省）と総務省（旧郵政省）の縦割り行政のような、情報と通信とを分けて政策を行うといったことを避けることができたのであった[20]。

　第4に、国家レベルのIT戦略が、連邦議会の公聴会における産業と政府の連携によって形成されたということである。立法府の公開された場（Arena）で話し合うことによって、多くの関係者に政策と情報が共有されることになる。さらに、政策研究者や国民の理解を得る機会ともなるので、そのようにしてつくられた政策の実施を効果的に進めることができたと思われる。

　それでは次に、世界のIT産業のリーダーとして発展を遂げた同産業に対し、米国がどのような国家戦略を持ち、いかなるシステムによってそれを企画・立案して行ったのか、具体的な流れを見ていくことにする。

---

(19) National Research and Education Network、全米の大学や研究機関、図書館などから高性能コンピュータにアクセスできるようなコンピュータ・ネットワークで、同法の主要なプログラムのひとつである。

(20) 日本におけるIT政策に関する縦割り行政の問題点については、拙稿「情報機器産業育成政策の政策評価－1970年代の「超LSI研究組合」プロジェクトを中心に－」千葉商大論叢 第40巻 第2号、2002年9月、73-100ページ。

2.　米国情報通信産業に対する戦略形成システム

　まず、アメリカのIT戦略がつくられる仕組みを整理してみたい。高性能コンピュータ法に関わる以下の3点、(1) 高性能コンピュータ法の制定された背景、(2) IT産業に対する複数の政策主体、(3) IT戦略をつくり出す議会のシステムについて完結な解説を行っておこう。

(1)　高性能コンピュータ法の背景

　1991年に同法がつくられた背景は、国際的なものと国内的なものの2つに分けられる。ひとつは、1980年代から半導体産業などのハイテク分野の一部で国際競争力を失い、相対的なIT産業の地位が低下していたという対外的な要因である。もうひとつは、情報と通信が融合して生まれるIT産業への展望を持ちながらも、それぞれの業界を乗り越えるようなブレークスルーができなかったという国内の状況であった。

　それぞれ詳しく見てみると、まず、同時期のアメリカ産業の国際的な経済環境は、IBMやAT&Tなどの圧倒的な大企業がありながら、半導体分野などには部分的な衰えが見られ始めていた。対照的に、日本はバブル景気につながる急速な成長によって、DRAM製造などに代表されるハイテク分野も急速な発展を遂げ、アメリカと比べても優位に立つ業界も現れた。

　米国議会ではこのような競争力低下に危機感を持ち、それを克服するための戦略を練っていた。1986年の日米半導体協議なども、その表れであったと考えられる。また1991年にNTTが発表したVI&Pは [21]、日本よりもアメリカのIT政策に影響を与え [22]、その対策として幅広い産業でイノベーションや成長を促す政策の必要性について議論が行われた [23]。このような

---

(21) VI&P（Visual, Intelligent and Personal Communications Service）計画は、2015年までに日本全国を広帯域ISDN（総合サービスデジタル網）で結ぶという計画であった。

(22) 石黒、前掲書、25-27ページ。

(23) 米国議会の委員会・公聴会においても、アメリカの産業競争力の強化に向けた審議が、数多く行われている。1988年下院科学委員会・公聴会「産業競争力強化における技術の役割（ROLE OF TECHNOLOGY IN PROMOTING INDUSTRIAL COMPETITIVENESS.）」などが開かれている。

対外的な状況が、高性能コンピュータ法の背景のひとつとなっていたと考えられる。

　次に、国内に目を移してみると、アメリカのIT産業は情報産業と通信産業、それに関連するソフトウェア・サービス産業からなっていた。代表的な企業は、情報分野ではコンピュータ・メーカーのIBM、クレイ（Cray）など、通信産業ではAT&TやMCIなどであった。

　それぞれの産業について簡単にふれてみたい。まず通信産業では、電話を中心に社会のインフラストラクチャーとして、公共性や公平性、安定性を重視した規制が行われてきた。そのため、新しい情報技術との融合はスムーズに進まなかったと考えられる。1984年、AT&Tは分割されて長距離と国際通信に業務を限定された代わりに、情報事業への参入が認められた[24]。しかしこれは必ずしも成功せず、通信産業においてITが広く認識されるまでには至らなかった。その後、様々な分野でIT化が進み、デジタル化やネットワーク化に対応してケーブルテレビや放送メディアについての規制改革が行われたものの、情報産業との融合という課題は解決されないままであった[25]。ようやく1996年になって電気通信法が改正され、その中で通信産業におけるITの位置づけが明らかにされたのであった。

　一方、情報産業では、急速な技術革新が続いて、コンピュータの性能が飛躍的に高まっていった。1980年代の中心的なマシンであったメインフレームが用途を広げていくとともに、パーソナル・コンピュータのような小型化（ダウンサイジング）が進んで利用者も増えていった。そのような中で、コンピュータを通信で結びつけて利用する方法が考えられ、情報産業の新たな事業分野として注目された。そして、IBMは通信会社のMCIと提携して同分野に参入したが、あまり大きな成果を収めることはできなかった[26]。

　このようにアメリカ国内ではIT産業の成長を期待して、情報と通信の両産業から個別企業の参入がなされたものの、どちらも当初想定したほどの成果

(24) 国際通信経済研究所『主要欧米諸国の情報通信の動向』（研究報告書）国際通信経済研究所、1986年、12-13ページ。
(25) 郵政省郵政研究所、前掲書、49-80ページ。
(26) 菅谷実・高橋浩夫・岡本秀之編著『情報通信の国際提携戦略』中央経済社、1999年、200-202ページ。

を収めることはできなかったのであった。1990年代に入ってからインターネットを中心としてIT産業が発展するためには、個別の経営革新をベースとしつつも、国レベルでアメリカの国際競争力の強化とその中心となる情報通信産業の発展を目指した政策が必要であったと考えられる[27]。その出発点として、アメリカ全域をネットワークで結び、高度な情報活用や技術開発を促進する情報インフラを整備するとともに、IT産業に対する長期ヴィジョンについて連邦議会で議論され始めたのであった[28]。

(2) IT産業政策に関わる主体とその関係

　次に、アメリカのIT産業政策に関わる主体は、立法、行政、産業、学会などがある[29]。ここではそれらの特徴と関係について、簡潔に述べてみたい。

1) 立法

　米国憲法は連邦議会を唯一の立法機関として、国の法律や政策を決定している[30]。そこでは、IT産業に関わる法律の制定や予算の審議、人事承認などによって、同産業の戦略の骨格を定めている。また、大統領に助言や承認を与えることで通商政策に責任を有しており、IT産業のような国際的な競争が行われる分野に対する影響は小さくない。

　具体的な関わり方は、①産業立法の制定、②産業政策予算の承認、③政府機関の人事審査などがある。①産業立法の制定とは、本章で検討する高性能コンピュータ法や1996年電気通信法改正などによって、IT産業に関わるシステムや規制を決定し、産業構造や競争条件に影響を与えることである。②産業政策予算の承認とは、産業立法や行政政策の予算が議会で認められないと執行されないため、その審査を行い、予算金額や用途、目的、手法などを

---

(27) Wilson Dizard, Jr., *Digital Diplomacy : U.S. Foreign Policy in the Information Age*, Praeger, 2001., pp.1-17.
(28) 芝野、前掲書、8-9ページ。
(29) Peter Hernon, Charles R. McClure, Harold C. Relyea, ed., *Federal Information Policies in the 1990s: Views and Perspectives*, Ablex Publishing Corporation, 1996., pp.19-102.
(30) アメリカ合衆国憲法第1条第1節には、「本憲法に付与されるすべての立法権は、合衆国連邦議会に付与される。連邦議会は、上院および下院をもって構成される。」と定められている。本章において言及する合衆国憲法の条文については、次の文献による。北脇敏一・山岡永知編訳『対訳・アメリカ合衆国憲法』国際書院、1989年。

チェックし、実施する政策の選択や修正を行うのである[31]。③専門機関の人事審査とは、連邦議会がIT産業に関わる政府専門機関の役職員を直接に審査して、就任を認めるかどうか決めることをいう。連邦通信委員会（FCC）[32]など政府の産業戦略を実施する専門機関の役割は、高度な研究開発や技術革新と関連するIT産業においては小さくないと考えられる。

このように、連邦議会の役割はアメリカのIT戦略の基本方針を決定することである。そのために、立法府の調査権限を活用しつつ、公聴会でのオープンな審議や専門委員会の議論が行われている。議会の仕組みについては、後ほど詳しく述べる。

2）行政

行政は法律に基づいて政策の執行を行う。大統領を頂点に多数の組織によって構成され、IT戦略に限っても多くの機関が関わっている。それらは、省庁および付属機関と独立政府機関の2つに大きく分けられる[33]。省庁および付属機関とは大統領府や各省庁、それらに付属する機関のことで、全体でアメリカ政府とみなされる。独立政府機関とは、それから独立して政策や規制を行う組織のことで、連邦通信委員会やNASA（アメリカ航空宇宙局）[34]などの機関がある。

具体的に見ていきたい。まず、省庁および付属機関のトップに位置するのが大統領と大統領府、例えば、科学技術政策局（OSTP）[35]、行政管理局（OMB）[36]であり、高性能コンピュータ法では科学技術政策局が政策の骨組みをつくった。

（31）IT政策に関連する機関（連邦通信委員会や全米科学財団など）の予算は、一定期間ごとに議会・委員会で審議されて承認（Authorization）される。

（32）連邦通信委員会（Federal Communication Commission）は、1934年通信法の制定に基づいて設置された機関。それ以降、電信、電話、放送、通信の規制を行う独立機関として活動してきた。通信産業に対する規制を通じて、同産業に強い影響力を持っている。

（33）Mary Burke Marshall, *Federal Regulatory Directory, 9th edition*, Congressional Quarterly, 1999., pp.1-28.

（34）NASA（National Aeronautics and Space Administration）は、アメリカの航空宇宙分野の専門研究機関。衛星の管理を行うことから、無線通信や放送などに関連を持っている。ロケットの打ち上げや軌道計算、宇宙調査のためにも高度な情報システムを活用している。

（35）科学技術政策局（Office of Science and Technology Policy）は科学技術政策の中心として、行政機関の間の研究開発の連携、調整を図っている。

（36）Marshall, op. cit., p.666. 行政管理予算局（Office of Management and Budget）は、各省庁と折衝して予算案をとりまとめる機関である。

クリントン・ゴア政権になってからは、大統領や副大統領みずからがITに関する政策について発言するケースもよく見られるようになってきた[37]。

次に省庁レベルでは、商務省（DOC）、国防総省（DOD）、エネルギー庁（DOE）、内務省（DOI）、農務省（DOA）、厚生省（DOH）、教育省（DOE）がある[38]。IT政策との関わりは、各省が業務や政策のための情報システムを持っており、コストを重視する民間企業に先駆けてITの用途を広げていく役割も担っている。

最後に、関連付属機関として、国防総省先端研究プロジェクト局（DARPA）[39]、国家標準技術機構（NIST）[40]、地理調査局（Geological Survey）[41]、ロス・アラモス国立研究所（Los Alamos National Laboratory）[42]、全米医学図書館（National Library of Medicine）などがある。これらは専門的で高度な調査や研究を担っており、IT政策を支える技術面や学術面からの支援を行っている。特に、国防総省先端研究プロジェクト局は、軍事関係の研究機関としてITの基礎的技術の開発を行い、インターネットの元を生み出した。これは、アメリカにおけるIT戦略の一部が、軍事技術の民生部門への転用（Dual Use）によるということを表す例であり、同機関のIT分野における役割は注目される[43]。

これらの政府とは離れて政策を実施するのが、独立行政機関である。具体的には、連邦通信委員会やNASA、各専門研究所で政府の行う政策を客観的

(37) これはクリントンとゴアの関心からだけではなく、IT政策が政治的にも重要な課題となってきたこと、シリコンバレー（カリフォルニア州）のIT企業や周辺住民へのアピールなどの目的もあるのではないかとも考えられる。
(38) 商務省（Department of Commerce）、国防総省（Department of Defense）、エネルギー庁（Department of Energy）、内務省（Department of the Interior）、農務省（Department of Agriculture）、厚生省（Department of Health and Human Services）、教育省（Department of Education）では、それぞれの分野における情報処理、行政管理などのために情報システムや関連政策を持っており、高性能コンピュータ法の中にもそれらが組み込まれた。
(39) 国防総省先端研究プロジェクト局（Defense Advanced Research Projects Agency）は、軍事関係の研究開発を行う機関で、インターネットの基礎をなす技術（例えばTCP/IPなど）の多くが開発された。インターネットのモデルとなった、コンピュータをネットワークでつなぐというアイデアやそれを実現するための方法（例えばパケット通信など）も同機関によって考案されたものであった。
(40) Marshall, op. cit., pp.440-445.
(41) ibid., p.525.
(42) 1950年代はじめのマンハッタンプロジェクトの時期から、原子力開発などのエネルギー分野の調査・研究にもコンピュータが利用されていた。1976年には、クレイ最初のスーパー・コンピュータが導入されるなど、コンピュータを積極的な活用を行ってきた。
(43) 内田盛也『テクノポリティックス─産業技術が政治を動かす』日刊工業新聞社、1991年、12-13ページ。

な立場からチェックする役割を担っている。連邦通信委員会は通信システム
の規制を行っており、前述の AT&T の分割や通信サービスの定義、区分など
の判断を下している。

　これらが全体としてアメリカの IT 戦略の実施にあたっている。これらの諸
機関は、大統領のリーダーシップの下調整が図られ、一体となった政策運営
が行われている点も評価される。

3) 産業

　産業も政策の実施にあたって重要な位置を占めている。これまで産業の役
割については、政策の対象として考えられてきたものの、その戦略をつくる
ことに関してはあまり重要視されてこなかったと思われる。しかし、後で詳
しく明らかにするように、高性能コンピュータ法の審議では情報産業、通信
産業から多数の証人が公聴会に呼ばれ、法律のなかみに影響を与えている。

　また、その政策の実施に関わる企業は、現実にその効果を収めていく実
行者（Actor）としても大きな役割を果たしている。さらに、IT 戦略に基
づいて実施されたプログラムに関わった個別の企業は、その実績を生かし
て事業展開するケースが見られる。これは産業を通じて政策の効果が、行
政にとどまらず民間部門に広がっていくという外部性を持つことが期待さ
れる。加えて、公聴会には業界団体からも同じように参加して、意見を述
べている [44]。

4) 学界（学術・研究機関）

　アメリカの IT 戦略には、大学の学者や研究所の研究員などの学界も関わっ
ている。IT 産業のような先端分野の政策については、学者の専門的な見解や
意見が必要とされる。IT に関わる基礎的な研究開発は、軍事だけではなく、
全米科学財団や大学、専門研究機関の学会によっても行われている。また、

---

(44) 同法では全米電子協会（American Electronics Association）や全米出版社協会（Association of American Publishers）などが証言している。

高性能コンピュータ法で打ち出されたプログラムのモデルは、全米科学財団（NSF）[45] のスーパー・コンピュータのネットワークであった。

　学界から行政に移って政策を担当するケースや産業界に人材を供給する、また政策を支える理論や応用できるモデルを示すなど、その役割は小さくないと考えられる。

5）その他

　最後に、政策形成プロセスには直接関わらないが、重要な役割を持つ主体として司法（裁判所）がある。アメリカは法律だけでなく判例によって法的なルールがつくられていくため、具体的な訴訟とその判決を通じて、政策のなかみが明らかになり、社会に浸透していくことになる。そのため、本章で分析する議会の審議には、ダイレクトにはつながっていないが、政策の実施にあたって司法の役割は重要である。

　これらの主体が関係し合いながら、アメリカのIT戦略はつくられて実施されている。それでは次に、議会の中で法律がどのように成立していくのか、その流れを詳しく見てみたい。

（3）連邦議会の法律制定のプロセス

　アメリカの連邦議会では、どのように法案が出され、審議されて、成立するのか、IT戦略を中心にその仕組みを紹介したい。

1）連邦議会の仕組み

　最初に、高性能コンピュータ法がつくられる連邦議会の仕組みについて簡潔にまとめてみたい。

　日本の国会にあたる米国連邦議会は上院と下院で構成されている[46]。上院

（45）全米科学財団（National Science Foundation）は、アメリカの学界関係の集まりで、大学や専門研究機関への研究補助金の配分などを通じて、科学技術政策を担っている。また、インターネットのベースになったネットワークは全米科学財団のものであったことからも、IT戦略における同財団の役割は大きいと思われる。
（46）アメリカの政治システムは連邦制である。連邦議会の下に50の州議会があり、一州を除きすべてが上院と下院の二院制をとっている。3000をこえる郡政府、約70,000ある市町村がそれぞれに議会、憲法、法律体系を持っている。

議員は 100 名で、アメリカ 50 州から 2 名ずつ選ばれて、任期は 6 年である。それに対して下院はそれぞれの州の人口に比例して議席が割り振られ、任期は 2 年で、435 名の議員からなっている[47]。また、選挙の方法は上院が大選挙区であるのに対して、下院は小選挙区制をとっている。そのため、上院は少人数で柔軟な運営がなされ、各議員もジェネラリスト化する傾向がある一方で、下院は大人数で細かなルールがあり、それぞれが専門分野を持ったスペシャリストになる傾向が見られる[48]。

　法律の制定について、両院はいくつかの点で違いがあるもののほぼ同じ権限を持っており、上院と下院では本会議の審議と投票によって法律をつくっている[49]。しかし、アメリカの議会は開催期間が 2 年に限られており、その間に多数の法律を処理しなければならない[50]。時間的な制約もあるため本会議は議決が中心となり、法案についての実質的な話し合いと修正は、両院それぞれにつくられる委員会で行われる。これはいつも設けられる常任委員会のほかに、緊急の問題やいくつかの領域にまたがる問題に対応するための特別委員会がある[51]。また、それぞれの委員会の中で、具体的なテーマごとに小委員会をつくることもある。公聴会や法案の修正といった作業は、小委員会が主体となって行うケースが多い。

　IT 戦略についていえば、下院の科学委員会と上院の商業委員会が中心的であり、本章で検討する高性能コンピュータ法では、上院エネルギー・天然資源委員会なども関連している。

(47) 米国憲法第1条第2節第1項から第3節第3項。
(48) Walter J. Oleszek, *Congressional Procedures And The Policy Process*, Congressional Quarterly Inc., 1978.（同訳書 W.J.オルセック著、青木榮一訳『米国議会の実際知識：法律はいかに制定されるか』日本経済新聞社、1982年。26-31ページ。）
(49) 両院の調整方法は様々なものがある。一方で可決された法案がもう一方で否決されたりするケースでは、両院協議会での合意点を見つけたり、すでに一方で可決された法案に通したい内容を組み込むように修正したりする。
(50) 連邦議会は各2年間行われ、最初の年が第1期（Session）、次の年が第2期となっている。議会に提出される法案は、20,000～30,000にのぼり、議会で可決されるものはそのうちの数パーセントしかない。
(51) 社会や経済の変化に合わせて名称や担当分野を変えたり、委員会を組み合わせたり、廃止したりしている。高性能コンピュータ法がつくられた当時、常任委員会は合計で38（上院16、下院22）、特別委員会は4（上院4、下院0）となっていた。各委員会の定員は決まっており、議員数と同じように上院では少なく、下院では多い。その中で共和党と民主党の割合は、議会全体の両党の議席と同じように配分される。

2）法律ができるまでの手順

次に、法律が議会でどのような手順で議決され、効力を持つようになるか をみてみたい。後で分析する議会記録の内容をわかりやすくするために、少 し細かなところまで説明する[52]。

i. 本会議へ法案の提出

上下両院の議員は、本会議に議案を提出する。ここで、すべての法案に確 認番号がつけられる[53]。

ii. 委員会への送付

本会議に提出された法案は、いずれかの委員会に付託される[54]。通常の法 案は議事規則と慣例によってどこに割り当てられるか決められる[55]。

iii. 公聴会の開催

法案のなかみを検討するために、議会の外部から情報や意見を聞く場が公 聴会である。まず法案の提出議員から趣旨説明が行われる[56]。ここで法案の 目的や背景、意義などについて、提案者から詳しく発表される。その後に、 行政や民間企業、学界などから呼ばれた多くの証人が、議会の調査権限に基 づいて資料の提出や意見の交換などを行う。

公聴会は、基本的に公開されるためマスコミなどを通じて国民の注目を集 めることになる。したがって、世論にアピールする機会として政治的に重要

---

(52) 米国連邦議会の委員会審議のルールは、以下の文献も参照のこと。T.R. Reid,, *Congressional Odyssey: The Saga of a Senate Bill*, W.H. Freeman and Company, 1980. 同訳書 T.R.リード著、草野厚訳『誰も知らないアメリカ 議会』東洋経済新報社、1987年。中村泰男『アメリカ連邦議会論』勁草書房、1992年。
(53) 下院では議場にある箱（Hopper）に書類を置くことで、上院では事務総長（the Secretary of the Senate）の 元に提出するか、本会議場で直接渡すか2つの方法による。確認番号は、上院のものには頭文字にS.が、下院では H.Rがつけられ、その後に重複のない数字がつけられる。
(54) 複数の委員会にまたがるような法案は、複数付託（Multiple referral）されるケースもある。
(55) 付託された委員会で法案が通れば本会議で可決される確率が上がるので、提案議員は有利な委員会へ持ってい こうとするかけひきが行われる。
(56) 法案を提出した人はSponsorと呼ばれ、単独と複数のケースがあり、審議中の増減もある。提案者によって法 案成立の可能性も影響される。

である⁽⁵⁷⁾。しかし、その役割は社会や経済との公式な接点としても大きなものである。このプロセスを通じて、証人と意見や情報をやりとりすることで、産業の現状や戦略が法案のなかみに組み込まれることになる。すなわち、高性能コンピュータ法を見ても、情報産業や通信産業の有力企業から経営戦略や資料がオープンにされることで、多様な意見や情報が国の政策に反映されていくシステムとして機能している。

iv. 委員会での修正と議決

　公聴会の結果を踏まえて、委員会で法案の修正が行われる⁽⁵⁸⁾。具体的には、それぞれの専門職員によってつくられた資料を基に、委員たちが話し合いながら合意を探り、委員会としての法案をまとめる。公聴会とは対照的に、この作業は議会の中で政治的なプロセスとして行われるものである。そして、委員会での合意形成ができあがったところで法案が議決される。

v. 委員会報告書の作成

　委員会で議決されると、それまで行われた一連の流れをまとめた報告書がつくられる。それが法案につけられて、本会議に上程されることになる。この報告書は、それぞれの議院でその法律が成立するかどうかを左右する重要な資料であるばかりでなく、法律が制定した場合には裁判や政策実施の参考資料にもされる。

vi. 本会議での修正

　委員会から本会議に法案が戻ってくると、最終的な修正が行われる⁽⁵⁹⁾。本会議では多数の法案を議決しなければならないので、委員会の調査や公聴会、

---

(57) 公聴会に出される資料は専門家の一部に知られているケースもあるが、そこで発表すると公式的な記録を残すことができる点も注目される。
(58) この修正作業をMarkupという。法案成立に向けた重要な作業である。この修正によって大幅に変更が加えられる場合は、更新法案（Clean Bill）として、新しい確認番号がつけられる。
(59) 上院と下院では本会議での修正仕方が異なる。しかし、細かなところを除けば、大きな流れは同じであると考えられるのでそこに注目する。

審議をベースに調整が図られる ⁽⁶⁰⁾。審議の順番が回ってくると、最初に委員会の報告書とともに法案のなかみが説明されて、関連する修正意見などを受け付け、その結果をまとめて法案を浄書するという手順を踏む ⁽⁶¹⁾。

vii. 本会議での議決

法案は最終的に両院の本会議で可決されて法律となる。委員会と同じように、修正の段階でそれぞれの利害、意見が調整された後、議決されることになる。

このような流れによって、議会における法律がつくられている。それでは、次に法律が有効になるために必要な大統領の権限について紹介する。

3) 大統領の署名と予算の確保

これまで詳しく述べてきたように、議会ではいくつもの手続きによって法律がつくられる。しかし、それだけでは法的な効力を持たない。なぜなら、大統領の署名によって、初めて法律が発効するからである。この権限が、大統領の議会に対するチェック機能の元になっている ⁽⁶²⁾。

大統領には3つの選択肢がある。ひとつはそのまま署名すること、もうひとつは拒否権を使って署名しないこと、最後は10日間なにもせずに法案を失効させてしまうことである。2番目の場合は議会がもう一度3分の2以上で議決することでそれをくつがえせるが、3番目では議会はなにも対抗することができない。

この大統領の権限は、実際に使われなくても議会に影響を与える。例えば、大統領の政策に反するような法案が委員会で審議されているときは、非公式に提案者や賛成派の議員に拒否権の発動をほのめかして提出をあきらめさせたり、逆に法案を通したいと思う議員は大統領が支持していることを伝え

---

(60) これは専門の委員会における議論を尊重するということの表れであると思われる。また、各議院はどこかの委員会に所属していることから、自分の委員会の法案を通過させるときのことを考えるといった政治的判断によるものとも捉えられる。
(61) 本会議での修正をすべて調整して法案のなかみを固めることを浄書（Engrossment）という。
(62) 米国憲法第1条第7節第2項。

ることで、委員会や議会に可決するようにプレッシャーを与えたりする。

　また、法律が政府の政策として実行されるためには、そのための予算が認められなければならない。この予算編成は、行政府の長である大統領とその補佐機関である行政管理局によって調整が図られる。この点でも大統領の権限が大きくなっている。さらに、数年にわたって行われる政策であれば、毎年予算を認めてもらわなければならないため、法律が成立した後でもその影響力は続くと思われる。

　このように、アメリカの議会審議は進められている。このようなシステムが、具体的な IT 戦略のつくられ方やなかみにどのような影響を与えているのか、次に詳しく述べてみたい。

3.　高性能コンピュータ法の審議過程

　それでは次に、高性能コンピュータ法がつくられるまでの流れを詳しく分析したい。そのために、(1) 審議の流れ、(2) 公聴会に呼ばれた証人の割合、(3) 行政機関による政策の全体像の提示、(4) 産業からの提案、(5) 軍事・学界からの技術的なサポート、(6) 大統領府のコーディネートとリーダーシップの6点について、政策情報データベースを基にいろいろな角度から検証する。

(1)　審議の流れ

　はじめに、同法の審議の流れを見渡しておきたい。すでに述べたように、法案の検討にはいくつかの手続きがある。そこで、法案の提出から大統領の署名まで、どのようにそれらが進められたのかを確認してみよう。

　表5-1 は、議会記録から必要なデータを選び出してつくったデータベースの一部である。おおづかみに見ると、はじめのうちに公聴会が集中して行われて、それを基に法案と報告書をまとめ、最後に本会議のディベートによって調整を図るということになっている。

　具体的なデータを追ってみよう。同法は、まず1988年10月19日に上院へ提案された。第1回の公聴会が、1989年6月20日に下院科学委員会で行われ、続いて第2回が翌21日に上院商業委員会で開かれた。最初の公聴会で、提案者のゴア（Albert Gore Jr.）が趣旨説明を行っている。ここでは、ゴアが政権についてからの諸政策の元となるようなコンセプトがはっきりと述べられている。高性能コンピュータがアメリカの産業競争力を高めるために必要不可欠な「エンジン」であり、それをネットワークで結びつけることによって、情報化社会におけるイノベーションや生産性向上を生み出すことができるとしている[63]。さらに、これによって実現される高速・大容量の情報通信ネットワークが、21世紀に向けた新しい社会基盤（インフラストラクチャー）であるという位置づけを明確に打ち出したのである。

---

(63) CIS89:H701-90 pp.4-21.　公聴会速記録は、CISから引用する。

表5-1　高性能コンピュータ法の審議の流れ

	開催日	議院	審議	委員会
1	1988／10／19	上院	法案の提出	
2	1989／6／20	下院	公聴会の開催	科学・航空宇宙・技術委員会
3	1989／6／21	上院	公聴会の開催	商業・科学・運輸委員会
4	1989／8／3	下院	法案の提出	
5	1989／10／3	下院	公聴会の開催	科学・航空宇宙・技術委員会
6	1990／3／6	上院	公聴会の開催	エネルギー・天然資源委員会
7	1990／3／14	下院	公聴会の開催	科学・航空宇宙・技術委員会
8	1990／7／19	上院	報告書の作成	エネルギー・天然資源委員会
9	1990／7／19	上院	法案の提出	
10	1990／7／23	上院	報告書の作成	商業・科学・運輸委員会
11	1990／10／24	上院	本会議の審議	
12	1990／10／25	上院	法案の提出	
13	1991／2／4	下院	文書の作成	歳出予算委員会
14	1991／3／5	上院	公聴会の開催	商業・科学・運輸委員会
15	1991／3／7	下院	公聴会の開催	科学・航空宇宙・技術委員会
16	1991／4／11	上院	公聴会の開催	エネルギー・天然資源委員会
17	1991／5／15	下院	報告書の作成	科学・航空宇宙・技術委員会
18	1991／5／16	上院	報告書の作成	商業・科学・運輸委員会
19	1991／5／22	下院	報告書の作成	教育・労働委員会
20	1991／5／23	上院	報告書の作成	エネルギー・天然資源委員会
21	1991／5／23	上院	法案の提出	
22	1991／7／11	下院	本会議の審議	
23	1991／9／11	下院	法案の提出	
24	1991／9／11	上院	本会議の審議	
25	1991／9／11	上院	法案の提出	
26	1991／9／11	上院	本会議の審議	
27	1991／11／20	下院	本会議の審議	
28	1991／11／22	上院	本会議の審議	
29	1991／12／9		大統領の署名	
30	1991／12／9		法律の発効	

〔出所〕CIS1989-1992 および米国議会図書館のウェッブサイト（http://thomas.loc.gov/）より筆者作成。

　続いて、8月3日に下院へ法案が出された。それを受けて公聴会が、10月3日に第3回（下院科学委員会）、1990年3月6日に4回目（上院エネルギー委員会）、3月14日に5回目（下院科学委員会）が開催された。それらを基に、

委員会で審議と報告書作成が行われ、10月25日に上院で法案がつくられた。1991年2月4日の1992会計年度 [64] の予算に、この法律の実施に必要な予算が組み込まれた。

　さらに、3月5日に第6回の公聴会（上院商業委員会）、翌々日の7日には第7回（下院科学委員会）、4月11日には8回目（上院エネルギー委員会）が行われた。5月から9月にかけて、これら3つの委員会でそれぞれの報告書と法案がつくられた。

　それらの修正が9月11日に上院で行われて可決、さらに11月20、22日に下院で調整が行われて、法律のなかみが固められた。

　そして、1991年12月9日にブッシュ大統領（George Bush）が署名をして法律となった。このとき、大統領から同法の意義について、声明が発表された [65]。その中で、高性能コンピュータ法がアメリカの産業競争力の回復戦略の一部であること、そのネットワークを使ってより高度な研究開発を加速させていけることに期待しており、高性能コンピュータに対する先端的な政策が未来への投資であり、持続可能な経済成長のための新しい仕事やチャンスにつながるという考え方の表れであるとした。また、政府と産業、学界が新しく重要な技術の開発にどうやって協働していくのか、を示す事例にもなるであろうと述べたのである。

(2) 証人の分野別割合

　それでは、公聴会に呼ばれた証人の分野別割合について、詳しく見ていきたい。公聴会には、様々な分野から証人が呼ばれて、高性能コンピュータ法について意見交換や資料提出が行われた。

　表5-2は、証人の数を分野別に分けて整理したものである。全体で87名が参加したのであるが、行政、産業、軍事、学界、その他の5つに分類してみると次のような傾向が明らかになる。

---

(64) アメリカの会計年度（Fiscal Year　略してFY）は、10月から翌年9月までとなっている。
(65) Presidential Statement , *Weekly Compilation of Presidential Documents*, vol.27, Dec. 9, 1991.

表5-2　公聴会の証人の出身分野別内訳

出　身　分　野	人数（人）	全体に占める割合
1．行政関係者	15	17.2%
2．産業関係者	39	44.8%
内訳　情報産業	28	32.2%
通信産業	11	12.6%
3．軍事関係者	3	3.4%
4．学界関係者	26	29.9%
5．その他	4	4.6%
合　　　計	87	100.0%

＊人数はのべ人数で算定。

〔出所〕CIS1989-1992より筆者作成。

　まず、産業関係者が39名と全体の44.8%を占めており、中心的な役割を担っていたことがわかる。次に、学界関係者が26名で29.9%と続いている。さらに、行政関係者が全体の17.2%の15名となっており、その他が4名で4.6%、軍事関係者が3人で3.4%を占めている。

　産業界を情報産業と通信産業に分けてみると、情報産業からは全体から見ると32.2%にあたる28名の証人が呼ばれており、通信産業からは12.6%に相当する11人が参加している。特に情報産業に関わる証人の数は他の分野と比べても一番多く、同産業からの影響の大きさを表していると思われる。
それぞれのグループでどのような人物が証言したのかについては、順番に述べていくことにするが、各分野の中で何回も出席して発言している主要組織がある。具体的に挙げてみると、行政では大統領府・科学技術政策局であり、産業ではIBM、クレイ、エデュコム（EDUCOM）、AT&Tベル研究所、ベル・アトランティック、ベル・コミュニケーション・リサーチであり、軍事では国防総省先端研究プロジェクト局、学界では全米科学財団などである。これら機関はそれぞれの分野の中で重要な組織であって、同法にも強いインパクトを持ったと考えられる。

　それでは、詳しくそれぞれの分野、証人が与えた同法への影響について見ていくことにする。

(3) 行政機関による政策像の提示

　行政機関から公聴会に呼ばれた証人は、表5-3のとおりである。目立つの
は大統領府・科学技術政策局から6回にわたって公聴会へ証人として呼ばれ
ていることである。行政機関の証人が15名であったことからも、その多さが
際立っている。

表5-3　行政分野からの証人一覧表

No	所　　　属	証　　　人	開催日	委　員　会
1	大統領府・科学技術政策局	Bromley, D. Allan	1989／10／3	〔下院　科学・航空宇宙・技術委員会〕
2	大統領府・科学技術政策局	Bromley, D. Allan	1990／3／6	〔上院　エネルギー・天然資源委員会〕
3	大統領府・科学技術政策局	Bromley, D. Allan	1990／3／14	〔下院　科学・航空宇宙・技術委員会〕
4	大統領府・科学技術政策局	Bromley, D. Allan	1991／3／5	〔上院　商業・科学・運輸委員会〕
5	大統領府・科学技術政策局	Bromley, D. Allan	1991／3／7	〔下院　科学・航空宇宙・技術委員会〕
6	大統領府・科学技術政策局	Wong, Eugene	1991／4／11	〔上院　エネルギー・天然資源委員会〕
7	エネルギー省	Nelson, David B	1989／10／3	〔下院　科学・航空宇宙・技術委員会〕
8	エネルギー省	Nelson, David B	1990／3／6	〔上院　エネルギー・天然資源委員会〕
9	エネルギー省	Nelson, David B	1991／4／11	〔上院　エネルギー・天然資源委員会〕
10	ロス・アラモス国立研究所	Hecker, Siegiried S.	1990／3／6	〔上院　エネルギー・天然資源委員会〕
11	ロス・アラモス国立研究所	Hecker, Siegiried S.	1991／4／11	〔上院　エネルギー・天然資源委員会〕
12	技術評価局	Weingarten, Frederick W.	1989／6／20	〔下院　科学・航空宇宙・技術委員会〕
13	技術評価局	Weingarten, Frederick W.	1990／3／14	〔下院　科学・航空宇宙・技術委員会〕
14	連邦地理調査所	Fischer, John N	1989／6／21	〔下院　商業・科学・運輸委員会〕
15	全米医学図書館	Masys, Daniel R.	1989／6／21	〔上院　商業・科学・運輸委員会〕

〔出所〕CIS1989-1992より筆者作成。

　行政からの証人の役割は、簡潔にいうと政策像の全体を資料に基づいて示
すことにある。同法の条文の中にも、科学技術政策局の報告書が戦略やプロ
グラムのたたき台とされたと書かれている(66)。また、複数の行政機関が持っ
ている高性能コンピュータやそれに関わる取り組みを統合して、アメリカの
国家戦略に組み込むためにも重要な役割を担っていた。

---

(66) PL 102-194. Sec.2.（6）. この科学技術政策局の報告書は「グランド・チャレンジ：高性能コンピュータとコミュ
ニケーション」(1991年) で、情報と通信を結びつけることによって高度な研究開発を進めていくための計画がま
とめられていた。

それぞれを詳しくみてみよう。科学技術政策局以外に、エネルギー省 (67)、ロス・アラモス国立研究所 (68)、技術評価局 (69)、地理調査所 (70) から証人が出席している。それらの機関はすでに高性能コンピュータを導入し、調査・研究のために利用してきており、特にエネルギー省付属のロス・アラモス研究所はクレイのスーパー・コンピュータを初めて導入した。政府機関においては古くからコンピュータが利用されており、国防や原子力開発、研究開発などの分野では、研究開発やシステム導入、技術支援などで影響を与えてきた (71)。すなわち、IT 産業の発展にはこのような政府機関とのつながりも土台にあったと考えられる。公聴会においても、それぞれの機関におけるコンピュータの利用方法と、高性能コンピュータ法による高速・大容量の情報ネットワークに対する期待などが述べられた。

　これらの政府諸機関をまとめる役割を持つ科学技術政策局は、公聴会や報告書を通じて、高性能コンピュータ法の具体的な内容について繰り返し説明を行った。それらが同法の重要なプログラムのひとつである、政府機関のネットワーク接続へとつながったのである。これによって政府のサービスや統計調査、研究開発の電子化、情報化に向けたインフラが整備されることになった。

(4) 産業界からの強いインパクト

　産業界からの公聴会への出席者について、表5-4 に情報産業からのものを、表5-5 に通信産業の分をまとめた。すでに述べたとおり、産業界からの証人がとても多く、その政策に与えるインパクトも大きかったと思われる。

---

(67) CIS90:H701-11 pp.53-68〔第1回〕, CIS90:S311-21 pp.55-73〔第2回〕, CIS91:S311-50 pp.32-9〔第3回〕.
(68) CIS90:S311-21 pp.106-29〔第1回〕, CIS91:S311-50 pp.42-53〔第2回〕.
(69) CIS89:H701-90 pp.32-55〔第1回〕, CIS90:H701-62 pp.4-18〔第2回〕.
(70) CIS90:S261-56 pp.308-30.
(71) CIS89:H701-90 pp.32-3.

表 5-4　情報産業からの証人一覧表

No	所　　属	証　　人	開催日	委　員　会
1	クレイ・リサーチ	Rollwagen, John A.	1989／6／20	〔下院　科学・航空宇宙・技術委員会〕
2	クレイ・リサーチ	Rollwagen, John A.	1989／6／21	〔上院　商業・科学・運輸委員会〕
3	クレイ・リサーチ	Rollwagen, John A.	1990／3／6	〔上院　エネルギー・天然資源委員会〕
4	IBM	Wladawsky-Berger, Irving	1989／6／21	〔上院　商業・科学・運輸委員会〕
5	IBM	Weis, Allan H.	1990／3／14	〔下院　科学・航空宇宙・技術委員会〕
6	エデュコム	King, Kenneth M.	1991／3／7	〔下院　科学・航空宇宙・技術委員会〕
7	エデュコム	King, Kenneth M.	1991／4／11	〔上院　エネルギー・天然資源委員会〕
8	シンキング・マシン	Handler, Sheryl L.	1989／6／20	〔下院　科学・航空宇宙・技術委員会〕
9	シンキング・マシン	Handler, Sheryl L.	1989／6／21	〔上院　商業・科学・運輸委員会〕
10	コンベックス・コンピュータ	Rock, Terrence C.	1989／6／20	〔下院　科学・航空宇宙・技術委員会〕
11	コンベックス・コンピュータ	Paluck, Robert J.	1990／3／6	〔上院　エネルギー・天然資源委員会〕
12	アップル・コンピュータ	Nagel, David C.	1989／6／21	〔上院　商業・科学・運輸委員会〕
13	アップル・コンピュータ	Nagel, David C.	1991／3／5	〔上院　商業・科学・運輸委員会〕
14	インテル	Rattner, Justin R.	1990／3／14	〔下院　科学・航空宇宙・技術委員会〕
15	コントロール・データ	Thorndyke, Lloyd M.	1989／6／20	〔下院　科学・航空宇宙・技術委員会〕
16	データマックス	Thorndyke, Lloyd M.	1991／4／11	〔上院　エネルギー・天然資源委員会〕
17	エバンズ・アンド・サザランド・コンピュータ	Rougelot, Rodney S.	1989／6／20	〔下院　科学・航空宇宙・技術委員会〕
18	シリコン・グラフィックス・コンピュータ・システム	Clark, James H.	1989／6／21	〔上院　商業・科学・運輸委員会〕
19	ステラー・コンピュータ	Poduska, J. William, Sr.	1989／6／21	〔上院　商業・科学・運輸委員会〕
20	オートデスク	Nelson, Theodor H.	1989／6／21	〔上院　商業・科学・運輸委員会〕
21	ボーイング・コンピュータ・サービス	Erisman, Albert M.	1990／3／14	〔下院　科学・航空宇宙・技術委員会〕
22	テラ・コンピュータ	Rottsolk, James E.	1991／3／7	〔下院　科学・航空宇宙・技術委員会〕
23	SURAネット	Ricart, Glenn	1991／3／7	〔下院　科学・航空宇宙・技術委員会〕
24	ゼロックス・パロ・アルト研究所	Brown, John S.	1989／6／21	〔上院　商業・科学・運輸委員会〕
25	ライリー・リサーチ研究所	Wold, John S.	1991／3／5	〔上院　商業・科学・運輸委員会〕
26	ユニバーシティ・マイクロフィルム	Wood, Richard T.	1989／6／21	〔上院　商業・科学・運輸委員会〕
27	ナショナル・リサーチ・イニシアティブ組合	Kahn, Robert E.	1989／6／21	〔上院　商業・科学・運輸委員会〕
28	ジョン・ウィリー・アンド・サンズ	King, Timothy B.	1990／3／14	〔下院　科学・航空宇宙・技術委員会〕

〔出所〕CIS1989-1992 より筆者作成。

表 5-5　通信産業からの証人一覧表

No	所　　属	証　　人	開催日	委　員　会
1	AT＆Tベル研究所	Lucky, Robert W.	1989／6／21	〔上院　商業・科学・運輸委員会〕
2	AT＆Tベル研究所	Lucky, Robert W.	1989／10／3	〔下院　科学・航空宇宙・技術委員会〕
3	ベル・アトランティック	Collins, A. Gray, Jr.	1989／6／21	〔上院　商業・科学・運輸委員会〕
4	ベル・アトランティック	Young, James R.	1991／3／7	〔下院　科学・航空宇宙・技術委員会〕
5	ベル・コミュニケーション・リサーチ	Chynoweth, Alan G.	1990／3／14	〔下院　科学・航空宇宙・技術委員会〕
6	ベル・コミュニケーション・リサーチ	Personick, Stewart D.	1991／3／7	〔下院　科学・航空宇宙・技術委員会〕
7	MCIテレコミュニケーションズ	Liebhaber, Richard T.	1989／6／21	〔上院　商業・科学・運輸委員会〕
8	U. S. スプリント・コミュニケーション	Gray, Tracey	1991／3／5	〔上院　商業・科学・運輸委員会〕
9	ユナイテッド・テレコミュニケーション	Munshi, Sushil	1989／10／3	〔下院　科学・航空宇宙・技術委員会〕
10	テレコムUSA	Gabbard, O. Gene.	1989／6／21	〔上院　商業・科学・運輸委員会〕
11	ノーザン・テレコム	Schwantes, Roger A.	1989／6／21	〔上院　商業・科学・運輸委員会〕

〔出所〕CIS1989-1992 より筆者作成。

　産業界から呼ばれた証人には、実際の経済の動向や事業の可能性などについて、現実の情報やデータを提供することが期待されている。議会は公聴会を通じて高性能コンピュータ法に関わる主要な企業から、コンピュータやネットワークについての細かな技術課題や解決策など、貴重な情報を手に入れることができる。

　主要な企業について詳細に見てみたい。情報産業においては、コンピュータ・メーカーであるIBM、クレイと情報ネットワーク・サービスを行うエデュコムが、通信産業ではAT&T ベル研究所、ベル・アトランティック、ベル・コミュニケーション・リサーチ、MCI テレコミュニケーションズなどが注目される。

　まず、IBM を中心とした企業群が深く関わっていることが明らかになった [72]。IBM は高性能コンピュータの製造業者としてだけでなく、行政機関

---

(72) CIS90:S261-56 pp.362-386〔第1回〕, CIS90:H701-62 pp.115-123〔第2回〕.

のコンピュータ・システムや全米科学財団のコンピュータ・センターにも関係を持っていた。さらに提携関係を持つエデュコム [73] や MCI テレコミュニケーションズ [74] を通じても、同法の推進、特に中心的なプログラムであった全米教育研究ネットワークに関わったと考えられる。これらの組織は相互に関係を持っており、全米科学財団のネットワークの管理・運用をエデュコムが受託していたり、IBM の通信分野への参入のために MCI の買収が行われたりしていた。そのことを考えると、IBM 関係の公聴会参加者は、他の企業や組織に比べてより大きなものであることがわかる。

　有力なスーパー・コンピュータ・メーカーであったクレイは、企業としては最多の3回、公聴会で意見を述べている [75]。しかし、その内容は日米半導体協定や日本の政府調達問題で表れたアメリカのスーパー・コンピュータ産業に対する政府支援や産業活性化策を求めるものが多く、情報通信戦略にはあまり関心が寄せられていなかったと考えられる。そのため同法の趣旨に沿った戦略の作成にあたっての役割はそれほど大きなものとはならなかった。

　また、通信産業の AT&T ベル研究所 [76]、ベル・アトランティック [77]、ベル・コミュニケーション・リサーチ [78] には、それぞれ2回ずつ証言の機会が与えられた。その証言では、通信インフラとして電話から情報へと時代が変化しており、同法の提案する情報通信インフラの必要性と政府の支援を認めているが、IBM のように総合的なプログラムへの参画といった姿勢は見られなかったのである。すなわち、これは通信産業が情報産業よりも高性能コンピュータのネットワーク事業に積極的ではなかったことの表れであると考えられる。

---

(73)　CIS91:H701-39 pp.64-73〔第1回〕, CIS91:S311-50 pp.53-9〔第2回〕.
(74)　CIS90:S261-56 pp.95-102.
(75)　CIS89:H701-90 pp.55-77〔第1回〕, CIS90:S261-56 pp.24-38〔第2回〕, CIS90:S311-21 pp.73-89〔第3回〕.
(76)　CIS90:S261-56 pp.82-94〔第1回〕, CIS90:H701-11 pp.112-28〔第2回〕.
(77)　CIS90:S261-56 pp.103-4〔第1回〕, CIS91:H701-39 pp.82-91〔第2回〕.
(78)　CIS90:H701-62 pp.86-104〔第1回〕, CIS91:H701-39 pp.100-13〔第2回〕.

(5) 軍事・学界からのサポート

　行政、産業と見てきたが、最後にアメリカのIT戦略の成功要因のひとつである、軍事・学界からのサポートについてふれていきたい。

　軍事関係と学界関係者からの証人の一覧表は、表5-6と表5-7である。軍事では3回、学界からは産業界に次いで多い26回の出席があった。その内訳は、軍事が国防総省先端研究プロジェクト局 [79] から3回、学界は全米科学財団から4回 [80]、他は各大学や専門研究機関からであった。

　この両分野は、政府や産業政策とは直接的な関係はあまりないと思われている部門である。しかし、それゆえに1990年代はじめのIT戦略の先進的な実施のための場として、重要な役割を担うことになった。すなわち、軍や学界における先端的な研究開発は、社会全体に利益をもたらす外部性を持っており、そこへの政策に対しては産業の枠組みや行政の垣根を超えて連携できる可能性があったと考えられる。実際、同法がつくられる以前であっても、軍事部門には国家安全保障の観点から、学界には科学技術・教育の発展という目的から、多くの研究開発費が使われ、高性能コンピュータの導入や部分的なネットワーク接続の試みがなされていたのである。

　注目すべきは、国防総省先端研究プロジェクト局と全米科学財団である。これらは公聴会における意見表明も多く、また同法に組み込まれたプログラムを実施する対象にもなったのであった。証人の発言を見ても、高性能コンピュータのネットワーク・インフラの整備にあたっての技術的、研究的、教育的な効果について述べている。さらに、全米科学財団の持つスーパー・コンピュータ・センターである2つのセンターを含めると、その存在はますます大きなものであったと考えられる [81]。

---

(79) CIS90:S261-56 pp.57-64〔第1回〕，CIS90:S261-56 pp.141-53〔第2回〕，CIS90:H701-11 pp.69-84〔第3回〕．
(80) CIS90:S261-56 pp.65-81〔第1回〕，CIS90:S261-56 pp.131-40〔第2回〕，CIS90:H701-11 pp.43-52〔第3回〕，CIS90:H701-62 pp.72-86〔第4回〕．
(81) コーネル理論センター（CIS91:S261-42 pp.53-60）とノース・キャロライナ・スーパー・コンピュータ・センター（CIS91:H701-39 pp.147-55）。

表5-6　軍事分野からの証人一覧表

No	所属	証人	開催日	委員会
1	国防総省先端研究プロジェクト局	Fields, Craig I.	1989／6／21	〔上院　商業・科学・運輸委員会〕
2	国防総省先端研究プロジェクト局	Schwartz, Jacob T.	1989／6／21	〔上院　商業・科学・運輸委員会〕
3	国防総省先端研究プロジェクト局	Squires, Stephen L.	1989／10／3	〔下院　科学・航空宇宙・技術委員会〕

〔出所〕CIS1989-1992 より筆者作成。

表5-7　学術・研究分野からの証人一覧表

No	所属	証人	開催日	委員会
1	全米科学財団	Wulf, William A.	1989／6／21	〔上院　商業・科学・運輸委員会〕
2	全米科学財団	Wulf, William A.	1989／6／21	〔上院　商業・科学・運輸委員会〕
3	全米科学財団	Wulf, William A.	1989／10／3	〔下院　科学・航空宇宙・技術委員会〕
4	全米科学財団	Wulf, William A.	1990／3／14	〔下院　科学・航空宇宙・技術委員会〕
5	イリノイ大学	Kuck, David J.	1989／6／20	〔下院　科学・航空宇宙・技術委員会〕
6	イリノイ大学	Schlesinger, Michael E.	1990／3／14	〔下院　科学・航空宇宙・技術委員会〕
7	カーネギー・メロン大学	Reddy, Raj	1989／6／21	〔上院　商業・科学・運輸委員会〕
8	カーネギー・メロン大学	McRae, Gregory J.	1991／3／7	〔下院　科学・航空宇宙・技術委員会〕
9	バンダービルト大学	Wyatt, Joe B.	1989／6／21	〔上院　商業・科学・運輸委員会〕
10	コロンビア大学	Traub, Joseph F.	1989／10／3	〔下院　科学・航空宇宙・技術委員会〕
11	ペンシルベニア州立大学	Augustson, J. Gary	1989／10／3	〔下院　科学・航空宇宙・技術委員会〕
12	ロチェスター大学	Mandelbaum, Richard	1989／10／3	〔下院　科学・航空宇宙・技術委員会〕
13	ケンタッキー大学	Connolly, John W.	1990／3／6	〔上院　エネルギー・天然資源委員会〕
14	ネブラスカ大学	Massengale, Martin A.	1990／3／14	〔下院　科学・航空宇宙・技術委員会〕
15	ヴァージニア州立工科大学	Gherman, Paul M.	1990／3／14	〔下院　科学・航空宇宙・技術委員会〕
16	ライス大学	Kennedy, Ken	1990／3／14	〔下院　科学・航空宇宙・技術委員会〕
17	ルツガー大学	Freeman, Herbert	1990／3／14	〔下院　科学・航空宇宙・技術委員会〕
18	ノース・カロライナ大学	Woddward, James H.	1990／3／14	〔下院　科学・航空宇宙・技術委員会〕
19	メリーランド・システム大学	Langenberg, Donald N.	1991／3／5	〔上院　商業・科学・運輸委員会〕
20	マサチューセッツ工科大学	Johnston, George L.	1991／3／7	〔下院　科学・航空宇宙・技術委員会〕
21	ワシントン大学	Young, Paul	1991／3／7	〔下院　科学・航空宇宙・技術委員会〕
22	メリーランド大学	Ricart, Glenn	1991／4／11	〔上院　エネルギー・天然資源委員会〕
23	全米スーパーコンピュータ応用センター	Winkler, Karl-Heinz A.	1989／6／21	〔上院　商業・科学・運輸委員会〕
24	コーネル理論センター	Kalos, Malvin H.	1991／3／5	〔上院　商業・科学・運輸委員会〕
25	ノース・カロライナ・スーパーコンピューティング・センター	Lee, Lawrence A.	1991／3／7	〔下院　科学・航空宇宙・技術委員会〕
26	議会図書館	Billington, James H.	1989／6／21	〔上院　商業・科学・運輸委員会〕

〔出所〕CIS1989-1992 より筆者作成。

（6）大統領府のコーディネートとリーダーシップ

　このように行政、産業、軍事、学界の４つの領域からのアイデアに基づいて、高性能コンピュータ法のなかみがつくられていった。さらにそれが実際の法律となるための大統領の役割について、最後にふれることにしたい。

　政策の作成と実施に携わる関係者が増えることは、その政策の効果や影響力を高める面では望ましいと考えられる。しかし、日本における情報通信産業がそうであったように、通産省と郵政省、コンピュータ産業と通信産業といった関係者間の調整やそれらを先導していく能力が十分でないと、政策効果は乏しいものとなってしまう。アメリカのIT戦略に関しては、多数の関係者の公聴会による合意形成によってつくられた政策を、大統領の権力によってまとめて実行することができたところに、成功要因のひとつがあると思われる。

　高性能コンピュータ法による実施プログラムには、複数の省庁をまたぐようなネットワークの構築や情報と通信の枠を超えてそれらを高速・大容量ネットワークで結びつける全米教育研究ネットワークの始動など、その実現に向けては困難な課題が多かった。しかし、アメリカにおいてはそれらの解決を、大統領の持つ法律と予算、行政トップの権限を使って遂行したのであった。すでに述べたように、同法の署名の際に発表された大統領の声明には、アメリカの将来に向けた仕事や教育、コミュニケーションの変化に対応するためのコンピュータと通信の融合技術の重要性が指摘されている。そして、アメリカの産業政策、競争力戦略の一部として、同法が位置づけられることも明確にされているのである。さらに、各省庁がこの新しい技術開発に貢献することと、新しい政府と産業、学界の協働関係をつくり出すこと、それらによって持続可能な経済成長を達成するという目的が表明されたのである。

　それでは、最後にこれまで述べてきたことをまとめて今後の展望につなげたいと思う。

4.　小括

　米国における情報通信産業に対する成長戦略について、議会記録を中心に
考察を行ってきた。その結果、アメリカのIT政策に対してこれまであまり重
視されてこなかった国家レベルの戦略としての位置づけができることが明ら
かとなった。議会の公聴会という公の場で政策をつくるという方法は、急速
な技術革新が行われる同産業において政策の実効性を高めるとともに、産業
と政府の合意形成システムとしても機能した。これによって、国防当局や学
界との間でも技術的・専門的な情報を共有することができたのである。さら
にそうしてつくられた政策が、大統領のリーダーシップによって総合的に実
施されたところに、アメリカのIT戦略の成功要因があったと考えられる。そ
の結果として、米国IT産業は1990年代から世界的な競争優位を維持し、後
に述べるような新しい企業連携の形態を獲得し、さらにその優位性を確かな
ものとしていったと考えられる。

　最後に、日本へのインプリケーションについて述べてみたい。第1に、IT
産業の成長に対しては、長期的な融合ヴィジョンとそれに向けた一貫性のあ
る国家戦略が必要不可欠であると思われる。アメリカのIT産業政策は、議会
の持つ機能を生かしながら大統領のリーダーシップを通して推し進められた
が、このような行政と立法の連携による統一的な戦略形成手法は、日本のIT
産業政策に対しても有効であるといえよう。国会でつくられた法律や政策に
は、当然のことながら強制力が付与されており、それを最大限活用して力強
く政策を進めていくことが重要である。

　第2に、活用すべき議会のシステムや機能について、インプリケーション
を引き出してみよう。急速に変化するIT産業に対する政策をつくるにあたっ
ては、多様な情報や意見、批判を吸収し、政策に反映させるシステムが必要
である。米国の公聴会に見られたとおり、政府と産業、国防当局、学界との
連携は、政策のベースとなる高度で専門的な情報を幅広くかつ迅速に集める
方法として有効である。この作業を官僚機構や政権政党の中で実現すること

は難しい。議会というオープンな場においてこそ、外部の資源（アイデア、データ、ネットワーク）を広範囲にわたって集めて話し合うことができると考えられる。日本においても国会（委員会）を中心に、オープン・ソース型の政策づくりの方法を生み出していくことが求められる。情報通信産業のような融合型産業のヴィジョンや戦略をつくるためには、行政や産業、学会など幅広い関係者が集まり、公開された場で意見や情報を交換することによってこそ、有効なIT戦略を打ち出すことができると考える[82]。

　今後の展望として、本章の残された課題を挙げておきたい。第1は、同法に続いて実施されたNII構想や電気通信法改正について議会での政策形成に着目した分析を行うことである。対象を時間的に広げることで、アメリカのIT戦略の変化や全体像を包括的に捉えていきたい。第2は、日本やアジア、ヨーロッパでのIT政策について、同じような視点から検証してみたい。地域や制度の異なる経済、社会に視野を広げることで、IT戦略の特徴と手法を比較するとともに、それらを世界のITネットワークの中で位置づけてみたい。第3は、政策情報データベースの構築と精緻化、さらにそれらを政策アーキテクチャとモジュールといった新しいコンセプトで捉え直してみたい。ITネットワークが社会的なインフラストラクチャーとなっていく中で、それに適合した政策のつくられ方、実施の方法、評価の仕方を明らかにしていきたい。

　これまで日米におけるIT国家戦略の形成過程とその展開を中心に分析を行ってきた。それでは次に、ITが実際に社会において活用される場面、応用領域について視野を広げて考察してみたい。

---

(82) これらの政策過程を全体的な構造とそれぞれの主体のつながり方に注目してみると、強いていえば政策のアーキテクチャ（Architecture）とモジュール（Module）と捉えることができる。アメリカでは、議会・公聴会というオープンな場と議会権限の下で正確な証言を行うというルールに則って、参加した証人が多様な知識や情報を持ち寄って議論や批判を繰り広げているという構図が見られる。オープンな場とそのルールが政策をつくり出すためのアーキテクチャであり、そこで自由な議論を行うそれぞれの出席者が政策のモジュールと捉えられる。そして、このモジュールは政策が実行されるときにも、議会や政府と協働して機能する外部のモジュールにもなると考えられる。このアーキテクチャとモジュールの組み合わせが、1990年代に入ってから不確定性が高まったIT戦略に対して、有効性を発揮したのではないかと思われる。

第3部

IT国家戦略と
企業経営との
相互作用

第3部にあたって

1. 国家戦略と企業経営の位置づけ

　これまで日米における主要な IT 国家戦略の展開と形成過程について分析してきた。それを通じて、日米における IT 産業における政策の成否をわける重要な要素として、政策形成過程における政府と企業との相互関係の存在が明らかとなった。それは、政策形成・推進の主体（プレイヤー）として企業を位置づける必要性を示すものであり、政策研究においては企業の役割を、経営研究においては政策への関与を、明確に分析の対象とすることが求められる。

　そこでここからは、すこし視点を替えてこれまでみてきた IT の国レベルの政策が、個別企業の経営に如何なる影響を与えたのか、日米の事例を取り上げながら、比較・検証していきたい。

　これまでの産業政策の研究の中では、その政策の対象である産業を構成する企業を、明確に視野に入れた分析は、必ずしも十分に行われてこなかった。それは、産業政策の概念規定の問題や産業という用語の定義に関わる問題であり、共通理解を形成するに至っていないことと関係していると考えられる。すなわち、これまでの研究においては、政策対象としての産業状況や実施される政策の内容、その成果についての産業発展などが集計的・総体的に分析されることはあっても、それが個別の企業の経営や戦略に如

　何なる影響を及ぼしたのかといった課題は、産業政策の問題関心の中心から外れたものであった。その原因のひとつとして、国の政策が個別企業の経営と相互に作用しながら、形成・推進・評価されるという着眼が十分でなかったことが指摘できる。

　一方、企業経営の研究においても、産業政策や国の戦略との関係については、あまり重要視されてこなかった。これまでも、企業の外部環境・要素の一つとして、政府の政策や国家的な戦略を考察の対象にしながらも、それらは多くの場合所与の条件とされており、国の政策と企業の戦略との関係を詳細に検証する研究は十分になされてきていないと思われる。そのような状況を生み出す大きな要因のひとつは、政策の形成過程における企業の役割や位置づけが明確にされてこなかったために、国の政策が企業の側からは外的な事項として捉えられてきたことによる。

　もう少し踏み込んで、国家戦略と企業経営の関係を述べておくと、両者は政策の形成・推進・評価の各段階において密接に結びついていると考えられる。これまでみてきたように、IT国家戦略の形成過程において、米国におけるIBMや日本のソニーなど、主要なIT企業が、基盤となる産業の情報や技術状況、政策の内容形成において、重要な役割を果たした[1]。また、それらの政策が推進される過程で、ユーザー（利用者）もしくはコーディネーターとして、企業との連携、ネットワークづくりなどが期待され、それによって政策の具体化が図られていくと考えられる。さらに、戦後の特定の制度・仕組みを強制的に進めていくような政策から、長期的なヴィジョンや方向性、戦略的なインフラ整備を行う政策へと変化する中で、それぞれの政策が成果を上げるためには、それが個別の企業の経営戦略やビジネス・モデルとして普及・活用されることが必要不可欠な要素となってきている。このように、国家戦略の分析において企業経営との相互関係を分析する必要

---

(1) 出井伸之『非連続の時代』新潮社、2002年、117ページ。「一方で、インターネットの技術については、日本はアメリカより進んでいるのです。一番ないのが、政府の方針とかビジョン。それをどうにかしましょうというのが、IT戦略会議なのです。」とし、IT戦略会議においてそれを確立すること、さらにはそれと関連付けてソニーの新しい企業変革を進めていこうとする意図が明確にみてとれる。

があり、それに対してこれまで十分な検討がなされてこなかったというのが現状であると思われる。そのような考え方に立脚して、IT 国家戦略と個別企業の経営戦略との相互関係に踏み込んで分析を行う。

2. 国家戦略と企業経営との相互関係

つぎに、国家戦略と企業経営との相互関係について整理しておきたい。国家戦略（N）と企業経営（M）の進展状況と関係性は、以下のような４類型として捉えることができる。

（M-1）　企業経営（M）が十分な競争力を持ち、国際的な競争優位を確保していれば、国家戦略（N）に対する期待は相対的に低位となる

（M-2）　企業経営（M）の競争力や国際関係が劣位である場合、国家政策（N）に対する期待は高まり、外部資源としての活用志向が強まる。

（N-1）　国家戦略（N）が先進的で優れた機能を持っている場合、企業経営（M）に先行する理念やモデルを提示し、それを導入することを期待する。

（N-2）　国家戦略（N）が後進的で十分な役割を果たしていない場合、企業経営（M）から優れた事例や情報を吸収し、それをまとめること、支援することに重点が置かれるようになる。

図Ⅲ - 1　国家戦略と企業経営との相互関係関係

		企業経営(M)	
		高競争力(M-1)	低競争力(M-2)
国家戦略(N)	先進的(N-1)	相乗効果	ビジョン、モデルの奨励
	後進的(N-2)	経営事例の普及支援	政策と経営の放置

この国家戦略と企業経営の関係は、それぞれの領域における国際関係とも密接に関連する。さらに、特定の産業においてだけでなく、産業横断的な領域においても同じような関係があると考えられる。これまでみてきた日米における国家戦略と企業経営にあてはめて考えてみると、以下のような整理が可能であろう。

　まず、1970年代の超LSIプロジェクトは、国家戦略としては世界に先駆ける先進的なものであり（N-1）、その対象となった半導体産業の競争力はそれほど高いものではなかった（M-2）と考えられる。そのため、主要産業の必要とする基礎的な技術開発を国家戦略として推進し、それを産業側が吸収・活用することで発展を目指すという過程が生まれたと思われる。同様に、1980年代に実施されたセマテックは、日本の成長にともなって劣勢を強いられた米国の半導体産業（M-2）が、その競争力の復活を目的に、先進的な政策手法（N-1）を取り入れて実施された政策であった。それを通じて、米国の政府と産業の連携の仕組みができ、その後の政策形成のあり方を発展させる契機となったと思われる。

　それに対して、1990年代初頭のアメリカのIT国家戦略は、インターネットに代表されるネットワークを基盤とした新しい産業で高い国際競争力を持っていた産業（M-1）が連携しながら、IT社会への変革を明示する先駆的な国家戦略（N-1）を形成したものと捉えられる。それらの戦略は、日本をはじめとした世界各国の規範となるとともに、他国に先駆けて新しい経営形態へと変革しようとする企業戦略を支援することになったと考えられる。対照的に、同時期にネットワーク社会への転換を推進することができなかった日本では、「失われた10年」と呼ばれるような停滞を続けることになった。国家戦略が十分に形成されない中（N-2）で、日本企業はそれぞれの領域において経営革新を続け、先進的な経営形態の構築に注力していた（M-1）。そして、米国に遅れること10年を経て、漸く2000年に本格的なITの国家戦略が形成されることになったが、そこでは先進的な企業における事例や戦略を取り入れることで、国の経済・産業のあり方を変革していく流れが生まれたと思わ

れる。

　以上のような整理をふまえて、これから述べる第6、7章の事例分析の見取り図として示しておくと、次のようになる。

　まず第6章の米国の事例は、新しい経営戦略として展開されたモジュール化の動きを取り上げる。これは世界に先駆けた企業経営の革新のひとつであり、米国のIT国家戦略を形成する基盤であるとともに、その国家戦略によってさらに発展したビジネス・モデルでもある。そこには、国家戦略と企業経営の相互関係がみられ、それが同国のIT国家戦略に大きな影響を与えるとともに、同時期のIT産業の発展を支える基盤となったと考えられる。

　つづく第7章の日本の分析は、1990年代に十分な国家戦略が打ち出されない中で、企業経営において独自に進められたモジュール化の動きを捉える。それは、国家戦略と企業経営の連携が十分でない状況でも、国際的・国内的な企業間競争の中で進められる自律的な経営革新が行われることの表れでもあるが、米国と比較してその進展のスピードは大きく異なっていたと考えられる。そして、漸く2000年に打ち出されるIT国家戦略には、政府と産業の相互作用を通じて、それらの企業戦略を取り入れ、活用していくことが意識されたのであった。

3. モジュール化の概念とその位置づけ

　ここで事例分析のキーワードとなるモジュール化について整理しておきたい。本書では、IT ネットワークをベースとした企業連携・分業の形態のことを指し、それらは基本設計（アーキテクチャ）に基づいた自律的な領域・業務・部品など（モジュール）の結合によって構成され、相互に大量・正確・迅速な情報の流通・活用を基盤として、市場・顧客への対応などの諸要素を最適化するビジネス・モデル（事業形態）として定義する。

　そのような捉え方をしてみると、1990 年代以降に様々な産業で推進された経営革新の多くが、モジュール化と深く関連するものであることが分かる。例えば、アウトソーシングと呼ばれる外部への業務委託[2]や電子産業の製造分野においてみられた EMS（Electronics Manufacturing Service）[3]などは、業務を外部へ任せる企業とそれを受ける企業が共通のルールに基づいて、それまでひとまとまりであった業務を分割し、それぞれの領域で経営革新を進めていくものである。また、生産システムの分野でのモジュール生産方式やセル生産などは、製造現場のサプライヤーとメーカーとの業務分担、生産ラインにおける作業分割の再構成（分割と連携の組み換え）として、多くの製造業で展開されている。これらは主に製造業における経営や生産の革新として発展してきたと思われる。そのようなアウトソーシングや EMS、新しい生産システムなどを構成する諸要素は、モジュール化の重要な部分と重なるところも多いが、ネットワークを基盤とした新しい事業構造を持つものであることや、それらを構成する製品や技術そのものがモジュール化されていることなどを十分に考慮していない点に課題があると思われる。

　また、サプライ・チェーン・マネジメントや BTO（Build To Order：受注生産）などの取り組みが、流通分野の新しい戦略として発展してきている。

(2) キャシー .M.リビン・レオナルド.R.レイルズ著、NTTデータ経営研究所訳『ITアウトソーシング戦略』野村総合研究所、2000年、13-15ページ。野村総合研究所『ユーザー企業にとってのITアウトソーシング』野村総合研究所、2003年、24-27ページ。
(3) 稲垣公夫『EMS戦略：企業価値を高める製造アウトソーシング』ダイヤモンド社、2001年、33-42ページ。原田保編『EMSビジネス革命：グローバル製造企業への戦略シナリオ』日科技連出版社, 2001年、1-19ページ。

　前者は製造から流通、販売にいたる供給過程を、それまでの業務別ではなく、全体をつながり（Chain）として考え、情報を共有・活用しながら、効率的な仕組みを作り上げていくものであり、後者は顧客の注文を直接受けて、それにできるだけ短時間で生産・配送を行うシステムで、デル（Dell）社のコンピュータが代表例となっている。これらは、情報システムを活用して、市場・顧客への対応、在庫の圧縮などを目指すものとして関心を集めているが、それらに伴う関係者の役割分担やその組み合わせなどのアーキテクチャ／モジュールの関係を的確にとらえきれていないと考えられる。

　さらに、ソリューション・ビジネスの発展やサービスのアンバンドリングの進展[4] などが、サービスや金融の分野で見られる。情報産業ではそれまでハードウェア、ソフトウェア、サービスが個別に事業を展開していた業務を、顧客のシステムに対するニーズに即して、必要な機材、ネットワーク、ソフト、サービスを提供するソリューション・ビジネスが発展した。また、金融部門では金融工学の発達や世界規模の情報ネットワークの整備によって、金融の機能を細分化し、その領域で競争力を確保すると同時に、それらの情報をネットワークで組み合わせることで、必要な金融機能・サービスを作り出す動きが見られるようになった。これらの新しい業務形態の発展は、全く異なる理論に基づくものではなく、まさに情報ネットワークを活用した連携・分業の形態として、モジュール化の動きとして一体的に捉えられるべきものであると考えられる。

　このようにモジュール化という視点から捉えることで、それぞれの分野、産業において1990年代にはいって発展してきた戦略が、ひとつの基本的な理論に基づく多様な形態（バリエーション）として、明確に理解されると考えられる。

　すでにふれたように、モジュール化は研究と産業の両面で急速に発展してきている。研究面ではハーバード・ビジネス・スクールが研究領域を開拓し、

---

(4) 野村総合研究所『変貌する米銀：オープン・アーキテクチャ化のインパクト』野村総合研究所、2002年、97-111ページ。
　　館龍一郎監修、日本銀行金融研究所編『電子マネー・電子商取引と金融政策』東京大学出版会, 2002年、71-79ページ。

日本でも政府・関係研究所や経営論・技術革新論などで成果が積み重ねられてきている。産業面においては、事業形態としてのアウトソーシング、EMS、サプライ・チェーン・マネジメント、ソリューション・ビジネスなど、生産システムでの「モジュール生産方式」「セル生産」など、いろいろな領域・業務で発展してきている。それらは、ITネットワークが基盤となった経済活動の共通形式としての優位性を持つものと考えられる。それはITによって可能となった大量、正確、迅速な情報の共有・活用やそれらを基盤とした顧客ニーズへの的確な対応などが、多様な産業における競争優位の要素になってきていることが要因であると思われる。

　しかし、その特徴を発揮させるには、個別の企業や産業に止まらず、顧客・ユーザーや他業種・企業とのネットワーク（ハードウェア）の整備と、それらを戦略的に組み合わせていく産業横断的な政策が必要不可欠である。それらは産業や企業単位では解決しがたい課題であり、IT国家戦略として、産業基盤の整備とそれに伴う社会的な変革への戦略を推進することで、自由で自律的な技術や経営の革新を支援し、より大きな成果に結びつく可能性が高まると考えられる。

　それでは、1990年代以降の日米両国におけるモジュール化への取り組みとその発展過程を分析を通じて、IT国家戦略が企業経営の革新を如何に支援・促進したのか、詳しく分析していく。

第6章

米国における IT 国家戦略のあたえる
経営戦略への影響分析

1. はじめに

　1990 年代初頭、世界に先駆けて国家的な IT 戦略を打ち出し、IT ネットワーク社会へ転換に成功した米国は、それを基盤とした新しい経営革新・戦略が立案・推進され、新しい産業やサービスの創出へとつながった。

　本章では米国の IT 国家戦略が、個別企業の経営においてどのような影響をもたらしたのかを検証する。IT ネットワークの基盤が整備された社会においては、デジタル化による情報の伝達・編集・発信の拡大とそれらの情報を迅速・的確に収集・分析することによる適時・適量な製品生産・流通や情報サービスの提供が重要な事業領域となってくる。

　そこで、1990 年代から急速に発展してきた新しい事業形態として注目される、モジュール化（Modularity）と呼ばれる分業・連携形態やネットワーク社会におけるソリューション・ビジネスを中心に検討を行う。

　ところで、モジュール化の概念は 1960 年代の米国 IBM の SYSTEM360 の開発過程において確立され、その後情報通信分野で発達をみせた。IBM が当初に計画したモジュール化の設計思想は、オープン・システムのユニックス（UNIX）やダウンサイジングによって急速に普及したパーソナル・コンピュータ、ワークステーションへと継承されていき、結果として同社の成長には必ずしも貢献しなかった。むしろ、1980 年代以降に新しく創出された IT の領

域において、シスコ・システムやサン・マイクロシステム、マイクロ・ソフト、インテルなどの新規企業に主要な技術・商品を掌握され、1990 年代初頭には企業存続のリスクも高まったのである。IT 分野における技術戦略の IBM のモジュール化は、短期的・局所的にはその外部性の観点から、その実施範囲と対象、時期、利害関係者との連携など、慎重な検討が必要とされる。

それとは対照的に、1990 年代以降の IT ネットワークの発達に伴って、経済・産業全体にモジュール化された新しい生産システムや設計方法、企業連携が次々に生み出していった。それは IT 産業に限らず、自動車や電子といった組立産業や消費者に密着した流通・小売産業などにおいて、多様な形態・システムによって実践され、推進されている。これは技術戦略のひとつとしてのモジュール化（狭義のモジュール化）にとどまらず、社会的な共通基盤の IT ネットワークに立脚した競争優位性のある事業形態としてのモジュール化（広義のモジュール化）として捉えることが適当であろう。

ここでは、米国における 1990 年代以降に本格的に整備・推進されていった IT 国家戦略、とりわけ情報ネットワークの積極的な活用方針が、企業経営の場面において具体的にどのように展開され、如何なる優位性を持ったのかを検証する。それによって、同国の IT 国家戦略の成果としての産業横断的な効果を明らかにするとともに、これからの IT ネットワークを基盤とした新しい事業展開の可能性とその特徴を検証したい。

そのために、まず IBM が起源となっている技術的なモジュール化の特徴、優位性、課題を整理する。そして、1990 年代の IT 国家戦略の推進とともに発展した広義のモジュール化の事例を取り上げ、その構造や共通性などを明らかにする。最後に、それらをアメリカの総合的な政策運営との関係で捉えなおし、政策と経営の相互作用を考察したい。

ところで、これまで米国のモジュール化に関する研究は、ハーバード・ビジネス・スクールを中心として進展してきた。原点となったのは、ボールドウィン、クラークの『デザイン・ルール』であった (1)。しかし、それらの研究は

---

(1) Carliss Y. Baldwin and Kim B. Clark, *Design Rules : Volume 1. The Power of Modularity*, Cambridge, MA, MIT Press, 2000., pp. 21-92. Carliss Y. Baldwin and Kim B. Clark, "Managing in an Age of Modularity", *Harvard Business Review*, 1997., 75（5）, pp.84-93.

モジュール化の経営的な側面について焦点を絞っており、その基盤としての IT 社会の進展やその政策的な推進には、十分な検証がなされていないと思われる。すなわち、狭義のモジュール化に関する研究であって、広義のモジュール化を視野に入れた分析・調査はこれまであまり掘り下げられていないと考えられる。そこで、本章ではこれまでのモジュール化に関する先行研究に学びながら、それまではあまり重視されてこなかった広義のモジュール化の視点から新しい知見を掘りおこしたい。

　考察対象として、具体的な企業における研究開発や事業展開を取り上げる。まず、モジュール化の起点となった IBM の SYSTEM360 の開発過程を分析する。次に、1990 年代以降に進展したモジュール化の事例として、同時期に先進的な情報共有システムを構築したウォルマートや事業再編成に成功した IBM を取り上げる。最後に、今後の事業形態を展望するオープン・ソースの動向を検討する。

　ここで詳細な考察に先立って、本章の結論を簡潔に述べておきたい。まず、米国において 1990 年代初頭に明示された IT 社会への国家戦略が、1990 年代以降の経営戦略に影響を与えたと考えられる。次に、同時期に多様な産業において IT ネットワークを基盤として大量・迅速・正確な情報共有に基づいて顧客ニーズに対応するための企業連携戦略であるモジュール化が進展したと考えられる。さらに、情報通信ネットワークをベースとして展開されるオープン・ソースにみられるような事業形態の発展する可能性があることが明らかとなる

　それでは次に、モジュール化という用語の原点となった IBM の SYSTEM360 の開発過程からみていくことにする。

2.　モジュール化の誕生

(1)　1960年代のSYSTEM360の開発過程

　IBMのSYSTEM360が発売された1960年代は、現在のように個人が自由にコンピュータを使う状況とはまったく異なり、事務用・科学技術用・軍事用などの特定目的の計算機として使われることが一般的であった。その機能も限定された計算・処理を行うもので、ソフトウェアのみならず、ハードウェアもすべてがそのメーカーの専用となっていた。それはOSからアプリケーション、周辺機器までに及んでおり、ユーザーは必要な機能を追加するためには、逐次それ専用のシステムを開発しなければならなかった。利用者側にはデータの保存や操作・機能への習熟の関係で、機種の切り替えなどのスイッチング・コストの負担が大きくなった。

　そのような情報機器の環境において、ユーザーの求めるシステムは、ハードウェア（本体・周辺機器ほか）もソフトウェアも、一定の互換性のある共通規格が定まり、それに基づいて多様な使い方が可能なコンピュータであった。それは同時に開発側にとっても、情報機器が入れ替わるたびにそれまでの資産を放棄して、新しい専用システムを開発しなければならないという負担を軽減するものであった。そのような理想的なコンピュータを、1956年にCEOを父から引き継いだトーマス・ワトソン・ジュニアは会社の最重要な挑戦として、その開発に取り組んだ。それは技術的にも難しいものであったと同時に、経営的にも困難の伴うものであり、1960年代当時の50億ドルを投じた設計・開発となった。

(2)　モジュール化を実現する設計思想

　SYSTEM360でコンピュータのモジュール化を図る目的は、(1) 基本的な設計基準を明確化・共有化して、ハードウェアの構成要素の互換性を実現すること、(2) 共通の実行命令のセットを用いることで周辺機器などの共有化を可能とすること、(3) ソフトウェアも異機種間でも作動すること、(4)

そのような互換性を持つ機種群を「ファミリー」としてまとめることなどであった。

　それを実現するためには、SYSTEM360 を構成するすべての部品および周辺機器、OS、プログラムの全体にわたる共通の設計基準で再設計しなおす必要があった。それは、(1) アーキテクチャとしての構成要素の切り分けとその機能分配、(2) インターフェイスとしての各要素間の接続規則の規定、(3) システム全体の機能・互換性を検証するための標準の設定、という３つのルールを適正に決定することであった。

　ハードウェアからソフトウェアの広範な領域にわたる高度な技術開発の作業であった。情報機器自体、複雑で精密な情報処理回路を持ち、設計・製造・運用の各領域で高い専門性を有する。それらのすべてを見通して、最適なアーキテクチャ、インターフェイス、標準を定めることは困難な作業であった。具体的には、コンピュータを構成する部品・機能がどのような相関／依存関係を持つのかをひとつひとつ検証し、それぞれに完結した機能を独立した要素が担う形に整理していくことになった。例えば、近年のコンピュータ開発におけるモジュール化を分析する手法として用いられるデザイン構造マトリックス（Design Structure Matrix: DSM）を見てみると、縦軸・横軸に構成要素をとり、その相互関係があるところに × 印をつける。そうすると、図6-1 のように各部品の機能が他の要素に依存しているところ（二重線で囲まれた枠の外にある ×）があることが分かる。そこから出発して、それらの他の部品への関係を整理・調整して、図6-2 の示すような部品の機能がその要素内で完結するように再設計するのである [2]。

　そのようにして整理された部品の切り分けとその間の接続規格をまとめて、SYSTEM360 はシステムのモジュール化を行った。現在のコンピュータの基本的な構成である本体、プリンター、表示装置（ディスプレイ）と、それぞれを相互に接続するための標準インターフェイスなどは、これらの発展したものである。

---

(2) 青木昌彦・安藤晴彦編著『モジュール化：新しい産業アーキテクチャの本質』東洋経済新報社、2002年、74-76ページ。

図 6-1

**相互依存性を示す
DSM マトリック**

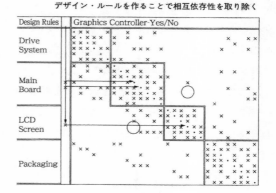

図 6-2

**相互依存性を整理した
DSM マトリック**

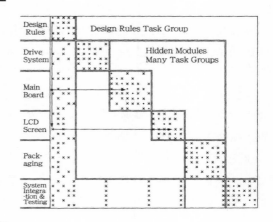

(3) モジュール化による技術開発の進展

SYSTEM360によって確立された情報機器のモジュール化は、技術開発の競争に新しい局面を生み出した。それは、共通のアーキテクチャに基づいたモジュール化によって、それぞれのモジュールで独自に技術開発を進めることが可能となり、他の構成要素に関わりなく、その部分の性能向上とコストの削減、新製品開発を図ることができるようになったのである。また、コンピュータのアーキテクチャとそのインターフェイスが共通化されることによって、モジュール部品を開発・製造する企業は、それに準拠してさえいれば、IBMの機器を利用するすべてのユーザーにそれを販売することができるようになった。

それによって、それまですべてを専用部品としてはじめから設計・開発しなければならなかった負担が軽減され、インターフェイスに基づいた互換性を生かして、製品の性能・価格・仕様などを蓄積・再利用できるようになった。また、アーキテクチャが規定されることで、自由な発想と多様な技術を組み合わせることによって、それぞれの要素の技術革新も図られた。その結果、IBMのSYSTEM360以降のメイン・フレーム機では、多様なモジュール部品が迅速に開発されるようになった。

ユーザーにとっての効果は、IBM製品のファミリーが形成され、互換性が保証されることによって、ニーズにあったシステム構成や周辺機器などを組み合わせて使用することが可能となった。それによって、IBMの情報機器を使う利用者は、機種を変更しても周辺機器やデータなどの資産を再利用できるようになったのである。

(4) 新産業・企業の創出・発展

SYSTEM360を起点として実現したメイン・フレームのモジュール化は、新しい企業の創業・成長の機会を多数生み出した。それは個別の企業にとどまらず、オープン・システムによるネットワーク関連の産業を創出することにもつながった。

　代表的な企業としては、メイン・フレームからダウンサイジングを通じて、ワークステーションなどを開発・製造するサン・マイクロシステムズやルーターなどのネットワーク機器を生産するシスコ・システムズなど、オープン・システムにおけるモジュール化された領域で急成長を遂げた。さらに、1980年代以降のパーソナル・コンピュータ分野では、中核部品である CPU（中央演算装置）のインテルやハードウェアを機能させるための OS（Operating System）で圧倒的な技術とシェアを獲得したマイクロ・ソフトなどが、情報通信産業に限らず、経済全体の中でも急速な発展を達成した企業として評価された。これらの新規の産業や企業が生まれた基盤には、統合的な設計・構造であった情報機器をモジュール化することで、容易・迅速にモジュール・メーカーとして参入しやすい条件が整ったことが指摘される。

(5) SYSTEM360 のモジュール化の意義

　IBM の SYSTEM360 は、困難なメイン・フレームのモジュール化を実現することで、技術開発の迅速化と新産業・企業の創出などの成果を生み出した。そして、その結果として IBM は 1960 年代以降、メイン・フレームの領域においてはアーキテクチャの設計者・デザイナーとして、また半導体やプログラムなどの主要なモジュール・メーカーとして、大きな収益を確保し続けることができた。1965 年から 1985 年にかけて、IBM の売上高の平均増加率は 14％に達し、その粗利益率は常に 60％ 前後で推移した。市場占有率も 30％ を超え、圧倒的な支配力と成長力を手にすることができた。

　このように IBM の IT 機器において初めて導入された製品のモジュール化（ここではそれを産業や事業レベルのそれと区別するために「狭義のモジュール化」とする）は、同社を含めた多数のメーカーの発展とユーザーの利便性の向上などの成果を上げることができたのである。その点からは、狭義のモジュール化が新しい設計思想であるとともに、競争優位の源泉となる経営戦略であると評価される。

　しかし、IBM は同様の方針をパーソナル・コンピュータ分野に導入したが、

そこでは十分な成果を得られなかったことには注意が必要である。それは IBM が 1980 年代まで主力事業としていたメイン・フレームを凋落に追い込むきっかけとなり、同社のパソコン事業の収益構造を悪化させることになった。このメイン・フレームとパーソナル・コンピュータにおける対照的な結果は、モジュール化によって他社に開放された領域と、アーキテクチャとモジュールの隠された情報・技術とのバランスの違いが影響したと考えられる。メイン・フレームではすべての設計・技術・機能を IBM が把握し、コントロールできていたのに対し、パーソナル・コンピュータではその成長力を過小評価し、CPU や OS などの中核的なモジュールの隠された情報・技術をつかむことができなかったため、結果として収益源となるシステムやモジュールを確保することができなかったのである。

　したがって、狭義のモジュール化の特徴を発揮し、収益を確保するためには、アーキテクチャとモジュールの規格と、そこに付随する公開される基準と隠された情報・技術のバランスを考慮する必要があり、それを適正に判断することができれば、有効な経営戦略となると考えられる。

3.　モジュール化した事業形態の展開

(1)　1990年代のネットワーク環境と事業機会

　1960年代にIBMが開拓した狭義のモジュール化の戦略は、UNIXなどのオープン・システムから、ダウンサイジングを経て、パーソナル・コンピュータへとIT分野では発展してきた。同分野の特徴となっている急速な技術革新や製品開発、価格変動などの背景には、この狭義のモジュール化の構造があったと考えられる。

　ところが、1990年代にはいってからこれまで述べてきた狭義のモジュール化とは異なったモジュール化が登場してきた。それはIT産業に限らず、流通・小売業や自動車産業、ネットワーク上でのビジネスなど、幅広い分野で展開されるようになってきた。それらは情報ネットワークを基盤として、それまでの個別企業の内部完結ではなく、十分な情報共有によって企業間・事業間の連携によって、消費者のニーズに迅速・的確に対応するための事業形態であることに共通性を見出すことができる。

　ここでは、製品設計における狭義のモジュール化と区別して、産業や事業の連携・協働の仕組みにおけるモジュール化と捉え、広義のモジュール化と呼ぶことにする。広義のモジュール化を実施するための条件は、特定の生産や流通、サービスなどの事業に関わる主体を結びつけるITネットワークが整備されており、それらの諸主体が広義のモジュール化の目標（Target）を共有していることが挙げられる。

　広義のモジュール化も、狭義のモジュール化と共通した特徴を有しており、明示されたアーキテクチャに基づいて複数のモジュールに分割され、それらが定形化されたインターフェイスによって組み合わされている。また、モジュール化された各要素内では、他の要素との調整なしに自由な改革・改善が可能である。さらに、モジュールへの参入条件は相対的に緩和され、新規の創業・参入が活発化する。狭義と広義のモジュール化の違いは、その導入する対象と関係主体の範囲と多様性の相違によるものであると考えられる。

この広義のモジュール化は、米国が IT 国家戦略を打ち出し、ネットワーク社会への方向性を提示した 1990 年代から活発化し、1990 年代後半のインターネットの急速な普及で、広義のモジュール化が進展する社会的な基盤が整い、IT ネットワーク上でモジュール化された事業を展開する事例が増加してきていると考えられる。

(2) 流通産業 ウォルマートの情報ネットワーク

　それでは次に、1990 年代に発達した広義のモジュール化の代表事例のひとつとして、流通・小売業の最有力企業のウォルマートを取り上げてみたい。

　ウォルマートは世界最大のリテイラーであり、年間売り上げ 2,178 億ドル、従業員数 138 万人、4,422 店舗を構え、週平均の来客数は 1 億人という大規模企業である。1962 年、サム・ウォルトンにより創業された同社は、EDLP（EveryDay Law Price）という基本戦略を一貫して維持し、低価格、徹底したコスト管理、効率的な物流システムという単純明快な経営方針を守ってきた。図 6-3 は 1990 年代に入ってからのウォルマートの成長過程を示したものである。1990 年から 2002 年までの間、売上は 258 億ドルから 2178 億ドルへと 8.4 倍に増加し、計上利益は 17 億ドルから 101 億ドルへと 6 倍増を達成している一方で、店舗数は 1528 から 4422 店と 2.9 倍の増加にとどまっている[3]。

　ウォルマートの競争力と事業経営を支えるシステムが、1991 年から構築が始まったリテール・リンクである。同社は 1980 年代から情報ネットワークのシステム作りを重視してきたが、1990 年代にはいってインターネットなどが普及する以前に、独自の IT ネットワークを作り上げ、本格的な運用を始めた[4]。

---

(3) 西山和宏『ウォルマートの真実：最強のIT 最大の顧客満足』ダイヤモンド社、2002年、11-15ページ。
(4) ウォルマートは創業当時から情報システムを重視してきた。象徴的には、1983年に2,400万ドルを投じて、本店、店舗、配送センターのデータ通信を実現するために人工衛星を打ち上げた。また、リテール・リンクを構築した当時、同社を超えるネットワークは米国連邦政府以外にないとさえ言われたほど、先進的・革新的に情報システムを構築・活用してきた歴史を持ち、同社は "ハイテクの塊" と呼ばれるようになった。

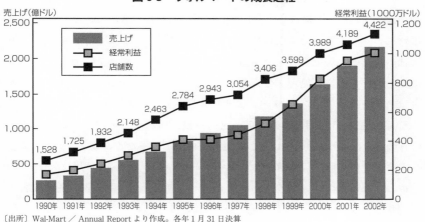

図6-3　ウォルマートの成長過程

〔出所〕Wal-Mart／Annual Report より作成。各年1月31日決算

(3) リテール・リンクによる情報共有

　リテール・リンクは、ウォルマートの米国で運営する全店舗の販売データを、翌日の午前4時以降みることのできる情報ネットワークである[5]。同ネットワークにアクセスできるのは、ウォルマートの本店・店舗・配送センタとサプライヤー約7,000社である。

　このシステムには、過去104週間の売上、在庫、出荷状況のデータが閲覧できるようになっており、そこからサプライヤーは商品の売れ行きの傾向を把握することができ、それに基づいて店舗ごとの納品数量の調整や販売促進の提案などを求められる。

　リテール・リンクを構築する目的は、顧客が求めている商品を適切な時に、適切な数量で、適切な店舗に配給し、適切な価格で販売を可能にすることにあった。そのために、商品の販売予測や店舗ごとの客層分析、競合店の販売キャンペーンの影響予測、サプライヤーの発注充足能力分析が必要であり、そのための情報と分析のツールとしてリテール・リンクは役割を果たしている。

(5) 西山 前掲書 38-44ページ。

1994 年にはタイムレコーダー、各種無線端末、プリンター、計測器など多種多様な周辺機器の接続を決定し、1997 年にこれらの機器の統合を完了した。これによって、客層分析からさらに精密な分析方法として、買い物に来たお客様の 1 回の来店で購入した商品群を分析するマーケットバスケット分析を開始した。その情報処理・分析のために、リテール・リンクのストレージ容量は 7 テラバイトから 24 テラバイトに増設され、毎週 6,500 万人の顧客情報の解析と過去 56 週間分の販売データの蓄積、店舗から集約される週平均 50 万件の売上動向・傾向の問い合わせ対応が可能となった。このシステムによって、現在活用されているデータ・マイニングのような顧客の購買パターンの分析とそれに基づく店舗運営・商品陳列・プロモーションの継続的な改善が行われる。リテール・リンクのシステムは、ライバルの K マートなども対抗して構築・整備したが、ウォルマートはネットワーク構築後も不断の改善を続けること、他社を圧倒する高度な機能と情報資産を獲得した [6]。

(4) 流通・小売業における新しい企業連携

　経営者のサム・ウォルトンは、1962 年の創業以来、コンピュータの活用を他店舗経営の重要なツールと考え、それを使った徹底した情報管理・分析に取り組んだ [7]。そして、1990 年代に入って構築されたリテール・リンクは、これまでの流通・小売業における情報の価値と活用の方法を画期的に変化させた。それは流通・小売業における売上・販売情報を、店舗に商品を納めるサプライヤー（納入業者）にも公開・共有することで、来店した顧客が必要とする商品の適正・適時・適量の品揃え、販売方法を実践することができるようになったのである。現在でも店舗の売上データを自社内に囲い込み、他社に公開することに抵抗を感じる業者もあると思われるが、ウォルマートはそれを 1990 年代には変革し、サプライヤーと共に顧客のための流通・小売業

(6)　同書、88-89ページ。Kマートは1990年に全店舗にPOSシステムの整備を完了し、そのデータを処理するための情報システムを構築。同様のネットワークは、ウォルマートは数年先行して衛星を介して実現していた。
(7)　サム・ウォルトン、ジョン・ヒューイ著、渥美俊一・桜井多恵子監訳『私のウォルマート商法：すべて小さく考えよ』講談社、2002年、160-168ページ。

のサービスを提供することに成功したのである。

　これによって、店舗側は商品発注や在庫管理、欠品対策などで精度の高い運営が可能となり、サプライヤー側は売上情報にアクセスできることでムダのない商品納入ができるようになった。また、リテール・リンクというオープンな情報共有の仕組みが整備されたことで、そこからの大量・正確な情報の提供を基盤として、サプライヤー独自の経営革新を進められるようになった。さらに、そのようなシステムの利用によって、多様なサプライヤーとの連携が相対的に容易になったことで、適正なサプライヤー間の競争が起こり、仕入れ・納入のコストの削減にもつながったと考えられる。

　このように、リテール・リンクのようなITネットワークの整備によって、流通・小売業におけるモジュール化された新しい企業連携の形態が実現した。そして、ウォルマートはその経営戦略によって、高い競争力を維持し、成長を続けている。すなわち、公開された情報システムとそれに関わる流通サイドとサプライヤー・サイドの共通の利用・連携方法を設定することによって、双方が顧客を満足させるサービスの実現にむけて自由に経営革新を進めることが可能となったと考えられる。これらは先に述べた広義のモジュール化の特徴と成果であり、1990年代における流通・小売産業における主要企業によって採用・実践された事例として捉えることができる。

(5) IBMの事業再構築

　1960年代に初めてモジュール化に成功したIBMは、1980年代半ば以降に事業の再構築を迫られることになった[8]。それは、SYSTEM360によって切り開いたメインフレームの事業基盤が、ダウンサイジングの流れの中で、急速に収益状況が悪化したからであった。

　具体的には、(1) UNIXをベースとしたオープンなおOS環境を持った情報機器、ネットワークが広範な支持を集めたことと、(2) パーソナル・コンピュータの登場と急速な普及を見せたことが、大きな影響を及ぼしたと考えられる。

---

(8) ルイス・V・ガースナー・Jr.著、山岡洋一、高遠裕子訳『巨象も踊る』日本経済新聞社、2002年、164-165ページ。

UNIX の発展に関しては、サン・マイクロシステムズやヒューレット・パッカードなどが、IBM のメインフレーム以外の情報機器、OS 環境による情報システムの構築を進め、それが性能、価格、拡張性などの面で比較優位を獲得するようになった。そのために、IBM がそれまで独占していたメインフレームにおけるアーキテクチャやモジュールの隠された技術・情報が相対的に陳腐化し、新しくオープンなアーキテクチャとそのモジュール・メーカーが支配力を持つようになっていったのである。

　パーソナル・コンピュータの領域では、ダウンサイジングの傾向の中で、メインフレームを中心とした中央集権的な情報処理システムではなく、ワークステーションやパーソナル・コンピュータをネットワークで組み合わせて分散型の情報システムが普及するようになった。その過程でそれまであまり重視されていなかったパーソナル・コンピュータの発展が急速に進行したが、IBM はその市場規模と重要性を十分に認識することができず、その市場成長に伴う収益を逃してしまった。その結果として、パーソナル・コンピュータに必要な規格をオープンにすることでアーキテクチャとしての優位性を手放してしまうとともに、それに準拠して形成されるモジュール群の中でも収益性の高い CPU や OS などの分野をインテルやマイクロソフトなどの他社に支配されたのである。

　この2つの要因が重なって、IBM の主要な収益基盤であったメインフレーム関連の事業の収支が悪化し、新たに創出された UNIX やパーソナル・コンピュータの分野では、アーキテクチャとモジュールいずれにおいても影響力を持つことのできない一企業にとどまることになった。そのような困難な状況を打開するために、1990 年代にはいって新しい事業形態への転換を図ったのである。

(6) ソリューション・ビジネスの選択と集中

　1993 年に IBM の CEO に就任したルイス・ガースナー（Louis V. Gerstner, Jr.）は、メインフレーム事業の不振による企業業績の悪化したこの時期に、

事業再構築に取り組んだ [9]。その戦略の重要な要素は、(1) 顧客のニーズを重視したサービス事業の戦略的育成と、(2) IT ネットワークを基盤とした事業展開の2点に集約された。過去に蓄積されてきた同社の高度な技術・知識・人材を最大限に活用して、総合力のある IT サービス提供企業として、ハードウェアからソフトウェア、保守・運営・管理に至るまでトータルなソリューションを顧客に提案・提供するビジネスへ集中していった。

　オープン・システムとダウンサイジングによって分散化された IT システムが、ネットワークを介して新たな高度情報処理システムへの要求となり、そこには IBM の総合力、とりわけソリューションの提案能力が必要とされると考えたのであった。1990 年代の IT 社会への転換点において、ユーザーの視点からネットワークに必要な諸要素を統合・調整・再構築する事業として、ソリューション・ビジネスは利用者の支持を集め、IBM の新しい収益基盤となり、企業の再建に貢献した。

　ガースナーの選択したこのソリューション・ビジネスの形態は、広義のモジュール化として捉えることができる。そして、狭義のモジュール化の先駆者であった IBM は、1980 年代の企業不振を経て、広義のモジュール化を展開する主要企業として再び競争力を獲得したのである。

(7) モジュール化された事業 e-business の展開

　IBM は 1990 年代半ば以降、この広義のモジュール化戦略であるソリューション・ビジネスを e-business として展開した [10]。顧客のニーズにあわせた必要とされる情報システムとソリューションを提供することを表す On Demand というキャッチ・コピーのもと、効果的な広報・メディア戦略を進めながら、e-business を主要事業に成長させた。IBM の e-business は、多数の産業、事業、業態に及んでおり、例えば、2005 年 1 月現在で IBM がソリューションを提供できるカテゴリーとして、以下の 21 分野が列挙されている [11]。

---

(9)　同書、170-174ページ。
(10)　ダグ・ガー著、渡会圭子訳『IBMガースナーの大改革：こうして巨象は甦った』徳間書店、2000年、208-211ページ。
(11)　http://www-6.ibm.com/jp/services/strategy/industries/index.shtml（2004年1月閲覧）

```
(1) 建設・不動産          (2) 医薬品・化粧品・食品
(3) 石油・化学            (4) 機械・金属
(5) 電気・電子・精密機器   (6) 電力・ガス・水道
(7) 自動車・自動車部品     (8) その他の製造業
(9) 通信                 (10) 放送・新聞・出版・広告
(11) 旅行・運輸・倉庫      (12) 卸・商社
(13) 小売                (14) 銀行・証券
(15) 保険                (16) 金融業 (14、15 以外)
(17) 病院・ヘルスケア      (18) ライフサイエンス
(19) 学校・教育産業        (20) その他のサービス業
(21) 官公庁・自治体・公共団体
```

　これによって、先に述べた流通業のウォルマートは独自に情報システムを
構築したが、それ以外の産業・企業におけるモジュール化を支える情報基盤
とサービスを、幅広い企業・事業へ普及させる役割を担ったと考えられる。
また、同時期に推進された IT 国家戦略を、民間のサービスとして実現してい
くものとしても捉えられる。

　また、1990 年代に推進された米国の IT 国家戦略にも支えられて、社会や
企業のあり方が大きく転換する過程で、1960 年代、70 年代に IBM が採り、
80 年代、90 年代にマイクロソフトやインテルも採用した個別独自システムや
部品・要素の独占することを通じて収益を確保する事業形態から、広義のモ
ジュール化された企業連携へと変化しつつあると考えられる。それは、1990
年代の IBM の企業再建戦略であったと同時に、IT 社会において情報インフ
ラが整備された環境における有効な経営戦略の一形式と捉えられる。

(8) 産業横断的なモジュール化の発展

　これまでみてきたように、流通・小売のウォルマートにおける先進的なモ

ジュール化と IBM の再生戦略としてのモジュール化された事業としてのソリューション・ビジネスの展開をはじめ、同様の傾向は他の産業・企業においても同時並行で進行している。IT ネットワークを基盤とした情報収集・共有・活用によって、顧客志向のサービスを提供することで、事業収益を獲得していくことは産業横断的な展開を見せている。それは広義のモジュール化の波及であり、IT 社会における同形態の優位性を表していると考えられる。そして、1990 年代の初頭に打ち出され、総合的に展開された米国の IT 国家戦略は、このモジュール化の政策的・制度的な支援要素として作用したと思われる。ウォルマートは行政の政策を待たずして自前の資金によってモジュール化への改革を実現したが、財務的に余裕のなかった IBM は、同時期の総合的な IT 政策を活用しながら、ソリューション・ビジネスへの選択と集中の戦略を進めていった [12]。すなわち、インターネットが本格的に普及する前の1993 年の情報スーパーハイウェイ構想などによって、ネットワークによって仕事や家庭、学校などが結び付けられる IT 社会への方向性を示すメッセージは、それまでの IT 産業のあり方もネットワークを基盤としたものに変革するIBM の瀬経営戦略を支持するものとなったのである。

　これまで、狭義のモジュール化が生まれ、広義のモジュール化へと発展して過程を検証してきた。そこで次に、1990 年代後半からのネットワークをベースとした新しい事業の可能性として注目される、オープン・ソースの動向を考察する。

---

(12) ガースナー、前掲書、171ページ。

4. オープン・ソースの事業展開

(1) オープン・ソース リナックスの誕生

1990年代は本格的なITネットワークの普及期であった。前半はUNIXのオープン・システムの普及によって、学術研究や情報技術の専門家、熱心な情報技術などの一定の層の参加者がITネットワークを使うことができるようになった。後半からは、社会全体に及ぶ普及段階に入り、インターネットに代表されるITネットワークが一般の人々の利用する共通基盤となった。この時期に、ネットワークを介したコミュニティが形成されてきた[13]。そこではオープン・ソースと呼ばれる、プログラムの基本部分から仕様まですべてを公開して開発され、自由に活用していく動きが生まれ、社会的な注目を集めている[14]。

その代表的な事例がリナックス（Linux）である。マイクロソフトのウィンドウズを脅かす無償のOSとして関心を集め、様々な産業や政府の情報システムにも導入されるなど、広がりを見せている。その概要はつぎのようなものである。

1991年に当時ヘルシンキ大学の学生であったリーナス・トーバルズが、UNIX互換のOSとして開発を始めたもので、リナックスの開発はネットワークを通じて世界中の技術者の協働によって進められた[15]。リーナスが開発したのは、ウィンドウズなどのようなグラフィカルなOS全体ではなく、その基本となるカーネル（中核部分のこと）であって、現在一般に利用されているリナックスのOSは、カーネルに必要な諸機能やプログラムを追加してまとめたもの（ディストリビューションと呼ぶ）である。その特徴のひとつは、すべてのコードがネットを通じて公開されており、それにだれでもが自由に改良を加えることができる点にあり、実際にそのようなネットワークを通じた多数の参加者による修正を経てリナックスが完成した点も注目されている。

---

(13)これに対する呼称は様々なものがある。オンライン・コミュニティ（クリス・ウェリー、ミランダ・モウブレイ編著、池田健一監訳『オンライン・コミュニティ』ピアソン・エデュケーション、2002年）、ネットワーク・コミュニティ（國領二郎監修、佐々木裕一・北山聡著『Linuxはいかにしてビジネスになったか：コミュニティ・アライアンス戦略』NTT出版、2000年）など。

(14) 米持幸寿 『オープンソースがビジネスになる理由：勝ち組企業は何をしたか』日経BP社、2003年、11-23ページ。

(15) 詳しくは、リーナス・トーバルズ、デイビッド・ダイヤモンド著、風見潤訳『それがぼくには楽しかったから：全世界を巻き込んだリナックス革命の真実』小学館プロダクション、2001年を参照。

現実の利用方法としては、ディストリビューションを作成・配付する Red Hat 社などが導入・保守のサービスも含めて利用者に提供したり、IBM[16] や富士通などの IT 企業がソリューションの要素としてリナックスをベースとしたシステムを構築するなどしている。

(2) リナックスの事業化過程

リナックスがこれほど大きな注目を集め、実際に多様な情報システムに活用されるようになったのは、単にそれがオープン・ソースであるからだけではないと考えられる。なぜなら、他の同様の考え方で開発された OS やプログラムなどは多数あるが、現在のリナックスほどに社会的な影響を与えることはできなかったからである。その違いを重要な要因のひとつが、オープン・ソースのリナックスが新しい形で事業化され、社会・経済全体に供給される仕組みを有している点である[17]。

リナックスに関連して起業した会社のひとつとして、レッドハット（Red Hat）社がある。1999 年にリナックス関連企業ではじめて米国のナスダック（NASDAQ）市場に株式公開（IPO）を果たした。株式公開前でも、データベース大手のオラクルや IT 主要企業の IBM などがリナックス対応を発表し、OS としてのマーケットの広がりを見せていたが、IPO によって社会的信用が向上し、前記 2 社のほか、インテルや SAP、デル（DELL）などから戦略的な出資を受けて、企業イメージ・ブランド力が高まった。経営状況としては未だ発展段階であるが、オープン・ソースのリナックスの普及の可能性と同様、幅広い市場への拡大が期待されている[18]。

これらのリナックス企業は、オープン・ソースを生み出すネットワーク・コミュニティと特徴的な連携関係を構築している[19]。それはコミュニティ側のリーダーシップ、独立性を尊重し、対等な協力者としてコミュニティとの

---

(16) 日本アイ・ビー・エム編著『IBMのLinux戦略：エンタープライズLinux技術のすべて』IDGジャパン、2003年、7-13ページ。
(17) 國領、前掲書、19-25ページ。
(18) レッドハット社以外のリナックス企業として、VAリナックス、ターボリナックス（Turbo Linux）などがある。
(19) 國領、前掲書、185-216ページ。

連携・信頼関係を構築していくことで、コミュニティの成果物であるオープン・ソースから経済的な価値を獲得する機会を創出しているのである。具体的には、技術的関心によって修正・改変されていくコードのバグ（プログラム上のエラーなど）を検査・確認する作業や、パッケージとしてのディストリビューションをユーザーにとって使いやすいものにするための改善など、着実な業務を遂行している。このようなビジネスとしての着実・持続的な業務推進と、コミュニティの創造的なコード改良とが組み合わさることで、リナックスの事業化が進められていると考えられる。

(3) リナックスの発展過程の二重のモジュール化構造

1990年代後半以降、ネットワーク・コミュニティを基盤としたリナックスが社会的な注目を集め、現実の社会・経済に影響を与えるようになった。その過程において、ITネットワークを基盤とした二重のモジュール化構造を捉えることができる。

まず、リナックスの技術的な中身に着目すると、オープン・ソースという公開のルールのもとで開発され、機能的にも一定の規則にしたがって入れ替え、修正、改変可能であるモジュールの特徴を持っている。デジタル化されたプログラムという領域では、特にそのモジュール化の性質が強くなると考えられる。

それに加えて、リナックスでは広義のモジュール化によって、オープン・ソースが社会的に認知されるようになったと捉えられる。それはネットワーク・コミュニティを技術開発のモジュール（要素）と捉え、その自律性を保証するというルールの下で、開発、販売、サポートなどの業務を持続的に提供する事業のモジュールが連携することで、それら全体としてリナックスの新規事業・領域が誕生したと考えられる。このような新しいネットワーク・コミュニティと現実のビジネスとの連携戦略において、狭義と広義のモジュール化の二重構造を適切に調整・運用していくことが重要な経営課題となっている。

5.　小括－IT国家戦略と経営革新との相互関係

(1) IT社会における事業形態の特徴

　それでは最後にまとめとして、モジュール化の特徴・発展過程とそのIT国家戦略との関連性について述べる。

IT社会においては、情報ネットワークを基盤とした事業連携の形態が優位性を持つようになると考えられる。それは2種類のモジュール化として捉えることができる。

　一方は、IBMが開拓した狭義のモジュール化で、技術開発の方法として有効であり、複雑性の軽減や技術革新の迅速化などの効果を持つ。他方、ネットワーク社会における新しい分業・連携戦略としての広義のモジュール化は、顧客ニーズへの迅速な対応を目的として、ネットワークで連結された諸主体が一定のルールの下に独立性を有しながら経営革新に取り組むものであり、コスト・在庫の削減や新規製品・サービスの開発などの優位性を有する。そして、リナックスにみられるように、これらの2種類のモジュール化が多重的に組み合わされて、新しい事業を生み出す可能性もある。

今後の日本のような成熟した経済・社会において、IBMのような既存企業・産業の活性化や、レッドハットのような新規事業・産業の創出にモジュール化戦略の導入・活用が望まれる。

(2) IT国家戦略と新しい経営戦略の発展

　これまでみてきたように、狭義のモジュール化については技術的な開発方法であり、国家戦略との関係性は必ずしも大きなものではない。

　しかし、新しい経営戦略としての広義のモジュール化には、IT国家戦略は重要な役割を果たすと考えられる。IBMの事業再構築の過程でも触れたとおり、広義のモジュール化戦略への転換は、企業内の変革をもたらすものであり、その戦略を推進するためには既存制度・思想の抵抗という困難が伴う。さらに、広義のモジュール化がネットワークを基盤とするために、その整備の費用や

関係者の理解を得るためのコストは、企業経営にとって負担となる。それら
の課題を軽減し、モジュール化による新しい産業や事業の創出、急速な技術
革新へと戦略転換を促進するために、IT 社会構築への社会的な変革を明示す
る国家戦略は一定の役割を果たすと考えられる。さらに、リナックスにみら
れるような複雑なモジュール化構造を持つ、新しい経営戦略を支援するため
にも、国家戦略や政府への期待は大きいと思われる。

　1990 年代の米国におけるモジュール化の検証を通じて、IT 国家戦略が企業
経営に与える影響が明らかとなった。1991 年高性能コンピュータ法にはじま
り、情報スーパーハイウェイなど、一連の国家戦略は、IBM などの個別企業
の経営革新を支援し、それらの活性化を通じた経済全体の成長という関係を
生み出す要因のひとつであったと考えられる。

第 7 章

日本における IT 戦略が加速させる新しい経営形態
― モジュール化の進展―

1. はじめに

　本章の目的は、IT 社会への移行を促進する国家戦略が、個別の日本企業の事業や経営に、如何なる影響を持ったのかを検証する。IT に関する総合的な政策は、これまでの個別産業政策と異なり、IT 産業自体の発展のみならず、それが他の産業分野において効果的に活用され、ネットワークが広がっていくことによって、その効果が高まると考えられる。そこで、1990 年代末に本格化した日本の IT 国家戦略による IT ネットワークの基盤整備によって、一層推進された日本における顕著なモジュール化の事例、具体的には自動車産業における「モジュール生産方式」、電子産業にみられる「セル生産」、流通におけるサプライ・チェーン・マネジメント（以下、SCM とする）を取り上げて分析する。それらに共通する特徴を、市場・顧客ニーズへの対応という観点から整理し、モジュール化の一形態として位置づけ、モジュール化の重要な基盤である IT ネットワークとの関係について検証し、その影響・効果を考察する。

　1990 年代以降、自動車・電子産業や流通過程において業務プロセスの改革が進められ、「モジュール生産方式」、「セル生産」、SCM などによるコスト削減がはかられた。それらはオペレーション・コストの圧縮とともに、顧客対応の迅速化・柔軟化の戦略であると捉えられる。またそれらの優位性を特に1990 年代後半以降により大きくするために、社会的な共通基盤として普及し

たITネットワークが活用されたと考えられる。

　背景には、競争力の源泉が製品・サービスの供給サイドの効率化から、需要サイドに対応する迅速性と的確性に移行しつつあることが指摘できる。このような市場環境に適応するための経営戦略のひとつがモジュール化であったと考えられる。1990年代半ば以降、製品に関する開発方法や製造計画、生産方式、流通など多くの業務で、モジュール化に関連する動きがみられるようになった。モジュール化とは、明確なルール（アーキテクチャ）にもとづく専門化・分業化（モジュール）の戦略であり、それが既存の分業体制にかわって競争力を持つようになりつつある。

　本章では事例分析を通じてモジュール化の特徴について検証を行う。具体的には日本における自動車・電子産業の生産工程革新の動向と、その流通業務における取り組みを詳しく調査する。そして、それらの経営戦略をモジュール化とITネットワークとの関連において分析する。そのために文献・資料調査とあわせてフィールド調査を行った。

　ここで、これまで行われてきたモジュール化とITネットワークの位置づけに関する研究について簡単に整理してみる。

　まず、コンピュータ産業を題材としてネットワークやモジュール化について研究したのがBaldwin・Clarkである[1]。池田[2]はIT分野にモジュール化の概念が広く応用できることを指摘している。しかしこれらは情報機器やネットワークを分析対象としながら、モジュール化のもたらす市場・顧客ニーズへの対応能力の向上や、ITネットワークによってそれらが実現されている点についてあまり重要視していないと思われる。

　さらに、ビジネス・モデルやベンチャー・ビジネスの観点から、モジュール化とネットワークについて研究がなされている。國領[3]や安藤[4]は、米国

(1) Baldwin and Clark, op. cit., pp.84-93.
(2) 奥野正寛・池田信夫『情報化と経済システムの転換』東洋経済新報社、2001年、97-123ページ。青木・安藤前掲書、161-188ページ。
(3) 國領二郎『オープン・アーキテクチャ戦略—ネットワーク時代の協働モデル』ダイヤモンド社、1999年、20-44ページ。國領二郎『オープン・ネットワーク経営』日本経済新聞社、1995年、121-145ページ。
(4) 安藤晴彦・元橋一之『日本経済 競争力の構想』日本経済新聞社、2002年、248-290ページ。青木・安藤、前掲書、125-142ページ。

のシリコンバレーのような IT や産業集積をベースにしたビジネスの展開過程を参考にモジュール化について考察を行っている。企業における IT とビジネス・モデルの活用方法について述べているが、それらと市場環境や顧客ニーズとの関係については、必ずしも明確にされていないと思われる。

次に、自動車産業や流通業、金融業などにおけるモジュール化に関する研究が行われている。青木[5]、藤本[6]、尾高・都留[7]、野村総合研究所[8]、末松[9]、竹田[10] は、各産業でみられる連携・分業形態の変化の背景に IT の発展があることを示唆している。しかし、その分析は企業内部が中心で流通過程をふくめた市場・顧客関係にまで詳しく論及していない。さらにそのツールとして IT ネットワークが活用されていることとその影響についても、必ずしも重視していないと思われる。

これらをふまえて、本章では国家戦略として整備される IT ネットワークが、個別企業の経営革新としてのモジュール化に与える影響と効果を分析する。くわしい論証は本論にゆずるとして、ここではその結論を先取りして述べておきたい。

まず、自動車・電子産業とその流通過程にみられる戦略が、市場・顧客への適応性向上をめざした分業形態の再構成であり、それが様々な産業で展開されるモジュール化の諸形態として位置づけられることを示す。また、それを実現するためにはその展開基盤としての IT ネットワークの整備とその適切な活用が必要不可欠であることが明らかにさされる。

以上のような分析をふまえて、IT 国家戦略が個別企業の経営革新に影響を与えることを明らかにすることで、そのような総合的な政策の有効性を示す。

---

(5) 青木昌彦『経済システムの進化と多元性』東洋経済新報社、1995年、2-35ページ。
(6) 藤本隆宏『生産システムの進化論：トヨタ自動車にみる組織能力と創発プロセス』有斐閣、1997年、103-124ページ。藤本隆宏・武石彰・青島矢一編『ビジネス・アーキテクチャ：製品・組織・プロセスの戦略的設計』有斐閣、2001年、101-120ページ。
(7) 尾高煌之助・都留康編『デジタル化時代の組織革新』有斐閣、2001年、15-45ページ。
(8) 野村総合研究所『変貌する米銀：オープン・アーキテクチャ化のインパクト』野村総合研究所、2002年、80-111ページ。
(9) 末松千尋『京様式経営－モジュール化戦略』日本経済新聞社、2002年、222-253ページ。
(10) 竹田陽子『プロダクト・リアライゼーション戦略：3次元情報技術が製品開発組織に与える影響』白桃書房、2000年、22-41ページ。

2.　産業政策における経営戦略分析の必要性

(1)　1990 年代以降の日本の IT 戦略・産業政策の展開

　まず、日本の重要な産業政策分野のひとつである IT 戦略を中心にその展開について整理し、そこにおける産業・企業の経営戦略との関係を考えてみたい。

　1990 年代、アメリカの IT 産業を基盤とした経済成長とその政策が注目を集めた [11]。具体的には「1991 年高性能コンピュータ法」(High Performance Computing Act of 1991.) を端緒とした一連の IT 政策、すなわち 1993 年の NII（National Information Infrastructure）構想を中心にした諸政策が産業発展の促進基盤を形成したと考えられる [12]。

　1990 年代半ばから日本においても IT 政策が重点的に行われた。国レベルに限っても、以下のように多くの政策が実施された（表 7-1）。

表 7-1　日本における主要 IT 政策

実施日	政策内容
1994（平成6）年8月2日	高度情報通信社会推進本部　内閣に設置
2000（平成12）年7月7日	情報通信技術戦略本部を内閣に設置／IT戦略会議設置
2000（平成12）年11月27日	IT基本戦略
2000（平成12）年11月29日	高度情報通信ネットワーク社会形成基本法（IT基本法）成立
2001（平成13）年1月6日	高度情報通信ネットワーク社会推進戦略本部内閣に設置
2001（平成13）年1月22日	e-Japan戦略
2001（平成13）年3月29日	e-Japan重点計画
2001（平成13）年6月26日	e-Japan2002プログラム
2002（平成14）年6月18日	e-Japan重点計画-2002

〔出所〕高度情報通信ネットワーク社会推進本部ウェッブサイトより筆者作成。

　これらの基本理念は、「情報通信技術の活用により世界的規模で生じている

---

(11) 室田泰弘『デジタル・エコノミー 2002/03』東洋経済新報社、2002年、71-96ページ。
(12) 拙稿「米国情報通信産業に対する成長戦略に関する一考察—1991年高性能コンピュータ法の議会記録を中心に—」『千葉商大論叢』第40巻 第3号、135-164ページ。

急激かつ大幅な社会経済構造の変化に適確に対応することの緊要性にかんがみ、高度情報通信ネットワーク社会の形成に関し」（IT 基本法 第一条）て、必要な政策手段を「迅速かつ重点的に推進すること」（同上）にある。実際に IT 戦略本部の設置（内閣）、e-Japan 戦略・重点計画の策定を行い、あわせてその基盤となる電子社会を実現するための法律・制度の改正も進められた ⁽¹³⁾。

　このような積極的な政策の展開は、IT 産業政策が日本の戦略分野として位置づけられていることをあらわすものであると考えられる。

(2) 新産業再生政策としての IT ネットワーク活用戦略

　2000 年以降の IT 政策の課題は、これまでの IT ネットワークのインフラ整備から、それらの活用方法に移行しつつある。具体的な IT 政策の形成過程の議論において、IT ネットワークを利用した産業・サービスの事例について検討が行われている。

　その一例として、e-Japan 重点計画 -2002 についてとりあげてみたい。2002 年の 6 月に決定された同計画は、基本的な方針として「今後は、IT 革命がもたらし得るメリットである経済構造改革の実現、産業活動の効率化や、更には生活の利便性の向上や多様なライフスタイルの実現といった国民生活全般の変化を現実のものとする」ことを掲げている。そのなかみとして「すべて

---

(13) IT基本法をベースとして、以下のような法整備が行われてきている。まず、ITインフラ整備のために、(1) 電気通信事業法等の一部を改正する法律（平成13年法律第62号）、(2) 電気通信基盤充実臨時措置法の一部を改正する法律（平成13年法律第43号）、(3) 通信・放送融合技術の開発の促進に関する法律（平成13年法律第44号）、(4) 電波法の一部を改正する法律（平成13年法律第48号）、(5) 電気通信役務利用放送法（平成13年法律第85号）など。
　また、電子商取引関連の制度設計にむけて、(1) 電子商取引等の促進 商業登記法の一部を改正する法律（平成12年法律第40号）、(2) 電子署名及び認証業務に関する法律（平成12年法律第102号）、(3) 書面の交付等に関する情報通信の技術の利用のための関係法律の整備に関する法律（IT書面一括法）（平成12年法律第126号）、(4) 短期社債等の振替に関する法律（平成13年法律第75号）、(5) 不正競争防止法の一部を改正する法律（平成13年法律第81号）、(6) 電子消費者契約及び電子承諾通知に関する民法の特例に関する法律（平成13年法律第95号）、(7) 司法制度改革推進法（平成13年法律第119号）、(8) 商法等の一部を改正する法律（平成13年法律第128号）、(9) 商法等の一部を改正する法律の施行に伴う関連法律の整備に関する法律（平成13年法律第129号）、(10) 特定電気通信役務提供者の損害賠償責任の制限及び発信者情報の開示に関する法律（平成13年法律第137号）など。
　さらに、電子政府推進や秩序維持にあたって、(1) 行政の情報化及び公共分野における情報通信技術の活用の推進 行政手続等における情報通信の技術の利用に関する法律（平成14年法律第151号）、(2) 行政手続等における情報通信の技術の利用に関する法律の施行に伴う関係法律の整備等に関する法律（平成14年法律第152号）、(3) 電子署名に係る地方公共団体の認証業務に関する法律（平成14年法律第153号）、(4) 道路交通法の一部を改正する法律（平成13年法律第51号）、(5) 高度情報通信ネットワークの安全性及び信頼性の確保 不正アクセス行為の禁止等に関する法律（平成11年法律第128号）、(6) 刑法の一部を改正する法律（平成13年法律第97号）など。

の国民がITのメリットを享受できる社会」、「経済構造改革の推進と産業の国際競争力の強化が実現された社会」、「ゆとりと豊かさを実感できる国民生活と、個性豊かで活力に満ちた地域社会が実現された社会」、「地球規模での高度情報通信ネットワーク社会の実現に向けた国際貢献が行われる社会」の4点をあげ、ITインフラの条件整備とあわせて、その活用方法をふくめた政策の推進がはかられた。

このe-Japan重点計画-2002の具体化について検討するために、「IT戦略の今後の在り方に関する専門調査会」が2002年11月22日に設置された。出井伸之氏（ソニー株式会社社長兼CEO、IT戦略本部本部員）が座長をつとめ、その冒頭の挨拶として同調査会のねらいについて次のように述べている。

「インフラはできたものの、日本経済が活性化するような使い方がされていない。そのような状況を少しでも打破するよう、新戦略では目標を立て、成果が実際に上がる内容にしていきたい。従来の延長型で細かい議論をしても日本は良くならない。構造改革にあわせてITを活用すれば企業は良くなる。……（中略）……本専門調査会では、できるだけ具体的に考え、集中して問題点を出してもらって、絞り込んで取り組んでいく。基本的にあらゆるものが短期決戦。日本ではデジタル時代になって、どのように変わらなければないないのかという認識が低い。また、役所や産業界の危機意識も低い。ITによって産業構造が大きく変わり、ルールもまったく変わる。時代認識をしっかりとして、日本が今何に集中して取り組んでいくべきか考えていかなければならない。」

その後、2002（平成14）年11月28日に第2回、2002（平成14）年12月17日に第3回、最後に第4回が2003（平成15）年1月22日に開催され、最終報告がまとめられた。その中では、医療・教育・産業などの各分野におけるIT活用事例についてのイメージが提示されている。

(3) IT 国家戦略における活用事例分析の必要性

　日本の IT 政策は、インフラストラクチャーの整備段階をへて、IT の活用事例を象徴的に示すことによって産業や企業の戦略の基本的な方向性を示す段階にはいってきている。これは IT 政策において、抽象的な同分野の戦略性・重要性の認識を普及させるだけでなく、さらにふみこんで具体的な戦略の指針を提示することによって、産業・経営の迅速な変革を促すことが重要な要素となりつつあることを示唆するものである[14]。

　1990 年代までの IT 分野の政策は、特定業界の育成・振興という産業レベルを対象とし、それに対する助成といった傾向が強かったと考えられる。しかし、急速に変化する市場や顧客に対応するために産業や企業が変革をせまられる状況においては、政府のこれまでの政策手法だけでは対応しきれなくなっている[15]。

　そこで、政策目標の戦略性・重要性の認知、基盤の整備を行い、それらの活用方法は個別事例を象徴的に示すという方法がとられるようになってきている。これまでみてきたような方法は、不確実性が高い時代において企業の戦略策定の参考とする共通材料を提供する意味で有効であると思われる。IT ネットワークの発達がこの傾向をさらに促進するとともに、そのような状況に対応するためのツールとして情報システムを適切に活用することが政策分野においても求められている。

　それでは次から、IT ネットワークを活用して発展している新しい経営戦略である、モジュール化の事例について、自動車産業のケースからみていくことにする。

---

(14) 青木・安藤、前掲書、3-26ページ。
(15) 拙稿「情報機器産業育成政策の政策評価―1970年代の「超LSI研究組合」プロジェクトを中心に―」『千葉商大論叢』第40巻 第2号、73-99ページ。

3. 自動車産業の「モジュール生産方式」とモジュール化

(1)「モジュール生産方式」の誕生・発展

　1990年代以降の自動車産業における新しい経営・生産工程革新のひとつが「モジュール生産方式」である。まずその誕生・発展について簡単にふりかえってみる。

　1980年代までは、トヨタ生産システムが世界的に評価を集めた。米国ではMITによる国際的な実証研究が行われ、リーン生産システムと名づけられ、自動車産業以外にもさまざまな形で応用されていった[16]。

　自動車産業における「モジュール生産方式」は、1990年代のヨーロッパにおいて誕生した。日本の自動車産業の欧州進出に対抗するため、欧州のメーカーを中心に、新しい生産方式に関する検討がなされた。そのひとつが「モジュール生産方式」であり、日本の自動車産業の持つ部品サプライヤーとの密接な関係を代替するものとして、部品を複合化してそれを外部企業へアウトソーシングする方法が考案された。ヨーロッパではアセンブリ・メーカーとサプライヤーと賃金水準の格差があるため、部品をまとめて外部委託することでコスト削減の効果をあげることができる。このような発展過程のためヨーロッパを起源とする自動車産業のモジュール化は、部品の複合化とそのアウト・ソーシングであると捉えられる傾向がある[17]。

　それに対して、日本における「モジュール生産方式」の取り組みは、2000年代にはいってから本格化してきている。ヨーロッパとは対照的に、トヨタ生産システムの優位性を持つ日本の自動車メーカー各社は、モジュール生産方式の検討・導入にはそれほど積極的ではなかった。その中にあって、モジュール生産方式の先端企業のひとつが日産自動車（以下、日産とする）である。ルノーとの提携やヨーロッパでの現地生産などによって、他の日本企業に比

---

(16)　James P. Womack, Daniel T. Jones and Daniel Roos, *The Machine that changed the World*, Simon & Schuster Inc., 1990.（沢田博訳『リーン生産方式が、世界の自動車産業をこう変える』経済界、1990年）。

(17)　自動車産業における「モジュール生産方式」については、(1) 製品設計、(2) 生産工程、(3) 企業間分業の3段階に区分した議論が行われている。緒論ではヨーロッパにおけるモジュール化が (3) の企業間のアウトソーシングに重点が置かれていたのに対して、日本では (2) を中心に取り組みが行われているとの指摘がある。

べて早く 1990 年代から同生産方式についての検討が行ってきた [18]。実際に
それが実践されたのは、後述するように 2000 年以降である。日産をさきがけ
として、他の自動車メーカーにおいてもモジュール化に関連する取り組みが
はじめられている。

(2) 導入目的と部品・分業のきりわけ

　それでは具体的に日本における「モジュール生産方式」の特徴についてま
とめてみたい。以下は日産における事例を中心に考察を進めていく [19]。

　まず、「モジュール生産方式」が導入された第一の目的は、車種や部品点数
の増加にともなって複雑化した生産方法を再構成しなおすことにあった。具
体的には、ひとつひとつの部品をアセンブリ・メーカーに集めてメイン・ラ
インで全て組みつけるという方法から、いくつかの部品を組みあわせた「モ
ジュール部品（複合部品）」をふくめた諸部品をメイン・ラインで組みつける
方式へ移行することであった。

　二つ目の目的は、アセンブリ・メーカーにとっての経営資源の「選択と集中」
であった。燃料電池や環境、ITS（Intelligent Transport System）などに経
営資源を集中しなければ、自動車産業の厳しい競争に勝ち抜くことは難しく
なりつつある。そこで、自動車メーカーとして重要な技術は自社内にとどめ
ながら、そうでない部分・部品は外部の企業・技術を活用することを選択し
たのである。これによって専門性の高いサプライヤーと協調することで、自
動車メーカーとして総合的な競争優位を築くという分業・連携戦略が推進さ
れることになった [20]。

　つぎに、「モジュール生産方式」にもとづく部品・分業のきりわけの方法をみ
てみたい。現在日本で実践されているのは、自動車各部の機能やまとまりによ
るきりわけである。具体的には、計器パネルやカー・エアコンなどの「コックピッ
ト・モジュール」、冷却系の装置やバンパー、ヘッド・ライトなどの「フロント

（18）　青木・安藤、前掲書、203-210ページ。
（19）　栃木工場実地調査（2003年2月28日）。詳細は http://www.cuc.ac.jp/~a150002/IT_modularity 参照。
（20）　青木・安藤、前掲書、203-210ページ。

エンド・モジュール」、窓ガラスの昇降機や扉の「ドア・モジュール」、車内の天井やルームランプなどの「ルーフ・モジュール」などが、モジュール部品となっている。海外の自動車メーカーでは、自動車全体を7つのモジュール部品にわけ、それを組みあわせることで完成車となるような製品設計が試みられており、モジュール部品のきりわけはこれからさらに変化していくと思われる [21]。

(3) モジュール部品と作業工程

　それでは実際に行われている「モジュール生産方式」のモジュール部品・作業工程について、すこし詳しく述べてみたい [22]。具体的に、2001年6月に発売された日産の「スカイライン」の製造工程を例にとって、フロントエンド・モジュール、コックピット・モジュール、ルーフ・モジュール、ドア・モジュールのなかみをみていきたい。

　まず、フロントエンド・モジュールは、カルソニックカンセイが開発・製造を担当した。今回導入されたモジュール部品の中で、もっとも機能統合が進んでいる。このモジュールには、ラジエータ周りのフレーム、ラジエータ、コンデンサ、ファン、シュラウド（ファンを囲む枠の部分）、ランプ、バンパー補強材がふくまれる。これらのモジュール部品の生産にあたっては、カルソニックカンセイが日産のサポートを受けながら、モジュール部品とその他の部品との「インターフェイス」（接合方法）について設計を担当し、その基準に適合するようにモジュール部品の生産方法や素材、設計について改良を行った。このモジュールを導入することによって、(1) 部品点数の4割削減、(2) 構成部品の素材変更による部品の複合化、(3) 組み立て時の位置調整の不要化、(4) 周辺部品組みつけ作業の容易化などが実現された。このモジュール部品の製造は、日産の同一工場内において行われている。

　コックピット・モジュールも、カルソニックカンセイが設計・開発・生産を行っている。フロントエンド・モジュールに比較すると、今回導入されたコッ

---

(21) 『日経メカニカル』525号、1998年6月、51-60ページ。『日経ビジネス』1998年10月12日号、27ページ。
(22) 『日経メカニカル』566号、2001年11月、36-49ページ。以下、各モジュールについても同所参照。

クピット・モジュールの機能統合化はそれほど進んでいない。しかし、今後は個別のパーツや設計の見直しなどを通じて、モジュール部品のメリット（たとえば、複数車種間での共通化や組みつけ作業の簡易化など）を高めていくことを計画している。さて、コックピット・モジュールは、インパネ、エアコン、ダクト、メーター、オーディオ、エアバッグ、ステアリングコラムなどで構成される。この組み立ては日産の工場内で行われており、メイン・ラインでは作業が難しいところを、メイン・ラインとは別にコックピット周りだけを良好な作業姿勢・環境で生産している。また、完成したコックピット・モジュールは、メイン・ラインにおいて補助装置を使って組みつけを行うため、モジュール部品の取りつけ作業自体の作業負担も軽減された。同モジュール部品の導入による効果については、(1) 他のモジュールもふくめて生産工程の 10% 削減、(2) コックピット・モジュールのみによる動作確認の実現、(3) 3 年間で 20% を上回るコスト削減などがあった。

つぎに、ルーフ・モジュールは河西工業が担当した。同モジュール部品は、室内の天井トリム材、ランプ類、ワイヤーハーネス、カードケース、消音材（インシュレータ）、衝突時の頭部保護用の樹脂製部材（ルーフサイドブラケット）を組みあげたものである。ルーフ・モジュールの製造にあたる河西工業は、カルソニックカンセイと同様、日産の同一工場に場所を借りて生産を行っている。ルーフ・モジュールの組み立てはメイン・ラインと同期させなければならず、車体組みつけの 59 分前にオーダーが入り、約 200 メートル離れたメイン・ライン（同モジュール組みつけ工程箇所）に台車で搬送されるシステムになっている。このモジュール部品の導入によって、(1) アシストグリップの固定方法の改善、(2) ハーネスを車体に固定する部品の削減、(3) ルーフトリムとランプなどのデザイン性の向上、(4) メイン・ラインでの組みつけ作業の負担軽減、(5) 日産リバイバルプラン [23] の目標を達成するコスト削

(23) 日産リバイバルプラン（NRP）は1999年10月に発表され、2000年4月から実行に移された3年間の経営再建策で、(1) 購買コストの20%削減、(2) 工場稼働率の51%から75%に引き上げ、(3) 国内販売ネットワークの再編成による販売マーケティングコストの削減、(4) グローバルな人員の削減、(5) ノン・コア資産の売却、(6) 研究開発の25%以上の効率化などの目標が掲げられた。その一環として、国内5工場の閉鎖や後述するITシステムのアウトソーシングなどが行われた。

減などの効果があがった。

　最後に、ドア・モジュールは大井製作所が開発・製造を行った。このモジュールには、インナパネル、ウィンド昇降機構、ウィンドレギュレータなどが一体化されている。ドア・モジュールは他の3つのモジュール部品と異なり、大きさや運搬効率の高さから同一工場内での生産ではなく、大井製作所から搬入されている。同モジュールを採用することで、(1) ウィンド支持剛性の向上、(2) 外部騒音の遮断性の向上、(3) 設計変更によるドアの剛性改善、(4) モジュール単位での品質保証の実現、(5) モジュール部品の設計・開発の他車種への転用などの成果があがった。

　このようにモジュール部品の導入によって、アセンブリ・メーカーとしてはメイン・ラインの作業負担の軽減を実現できると同時に、サプライヤーとしてはモジュール部品としての性能向上、コスト削減、組立作業や品質保証の容易化がはかられたと考えられる。また、モジュール部品のインターフェイスを明確化することで、サプライヤーとしては複数車種でのモジュール部品の共通化・転用が可能となり、コスト削減を実現することができるとともに、完成車メーカーとしても頻繁なモデルチェンジやカスタマイゼーションに対応するモジュール部品を迅速に調達することができるようになると思われる。

(4) メイン・ラインへの影響・効果

　それでは次に、モジュール部品の導入がもたらすメイン・ラインへの影響・効果について分析する。すでに一部ふれているが、アセンブリ・メーカーの視点から再度整理してみたい。

　第1の効果として、コックピット・モジュール、フロントエンド・モジュール、ルーフ・モジュール、ドア・モジュールのいずれも、メイン・ラインの組みつけ作業が軽減される。容量や重量が大きいモジュール部品についても、支援装置を利用することで簡単に取りつけを行うことができるようになっている。これによってメイン・ラインにおける部品組みつけの作業時間が短縮されることになったと考えられる。

第2の成果として、モジュール単位での仕様変更に容易かつ迅速に対応できるようになることが考えられる。各モジュール部品メーカーとの連携によって、多数の部品の組みかえが必要なカスタマイゼーションなどにも、メイン・ラインの作業効率を落とすことなく対応することがより一層容易になる。それはモジュール部品に関する変更はサプライヤーにアウトソースすることができるため、アセンブリ・メーカーとしてはその指示・納入・組みつけに集中することができ、結果としてメイン・ラインの作業変更が限定されたものとなるからである。

　第3に、全体としてメイン・ラインにおける生産管理・変更が容易になることが予想される。モジュール部品の導入によって、メイン・ラインでの作業時間・作業量が減少し、サプライヤーとの連携・分業によって、従来よりも多品種少量生産への対応性が高まるものと考えられる。

(5) 「モジュール生産方式」の要素とその位置づけ

　最後に、自動車産業における「モジュール生産方式」の実態とその位置づけについてまとめてみたい。

　まず、「モジュール生産方式」は、メイン・ラインの簡素化とモジュール部品生産における複合化の組みあわせであると捉えられる。それによって完成車メーカーには、メイン・ラインの作業時間の短縮とモジュール部品の変更による迅速な生産変更が可能となり、結果として多品種少量生産への優位性が高まる。一方、モジュール部品メーカーにとっては、一定の明確なインターフェイスにもとづくことで、モジュール単位での設計・製造・コスト削減が可能となり、同時にモジュール間での部品共有化などを通じた効率性を高めることができるようになる。

　次に、この生産方式の競争優位は市場・顧客ニーズへの対応性において発揮されると考えられる。製品開発・技術革新においては、インターフェイスの設定による各モジュール内でのイノベーションの迅速化と、それらの整合的・効率的な組みあわせによる仕様変更を行うことができる。また、製品・

工程分割による生産量の変更やカスタマイゼーションへの対応時間の短縮によって、急速に変化する市場のニーズに対応した生産を実現することができる。

　このような特徴を持つ自動車産業における「モジュール生産方式」は、自動車設計・製造の基本設計（アーキテクチャ）にもとづく、サプライヤーの専門化・分業化（モジュール化）であり、モジュール化の一形態として位置づけられる。そして、この生産方式は市場・顧客志向の経営戦略として、自動車産業において優位性を持つものと捉えられる。

4. 電子産業の「セル生産」とモジュール化

(1)「セル生産」の誕生・発展

　1990年代からはじまった電子産業における生産工程革新のひとつが「セル生産」である。それではまず、「セル生産」がどのように考案され、発展してきたのかについて簡潔に述べる。

　1990年代の長期不況の下、電子産業においても業績回復の方策が模索されていた。その中のひとつの取り組みとして、工場の生産工程に着目した改善活動が経営コンサルタントなどによって進められた。それが、「セル生産」であった。この取り組みは1990年代から実験的に行われ、2000年以降に導入・実践の動きが本格化してきている（表7-2）。

　その端緒となったのは、1993年のNEC長野であった[24]。そこでの実験は、ワープロの生産ラインにあったベルトコンベアをはずし、28人の分業ラインを12人に再編成し、さらに作業員を5人に減らして、最終的には一人で組み立てる方法を試したのである。これによって生産性は最初に2割、次に人数を5人にしぼったときに2割、最後のひとり作業に変更することで2割5分も向上した。その後、ソニーや松下電器産業（以下、松下とする）、キャノン、三洋電機など、多数の企業において同様の生産工程革新が実施されてきている。

　「セル生産」とは、一人もしくは少人数によって一定のまとまりのある生産工程を、作業者に裁量と自律性をもって担当する方法である[25]。担当する人数や作業者の動作・分担によって、(1) 一人方式、(2) 分割方式、(3) 巡回方式といった類型がなされている[26]。情報通信機器や事務機器、AV機器など多様な製品の生産現場で導入が進められている。企業や生産品目などによってセルの種類や数、組みあわせも多様であり、個別の企業や工場によって多彩な様式が考案・実践されている[27]。

(24) 山田日登志『現場の変革、最強の経営 ムダとり』幻冬舎、2002年、26-28ページ。
(25) 信夫千佳子『ポスト・リーン生産システムの探究—不確実性への企業適応—』文眞堂、2003年、104-107ページ。
(26) 「セル生産」の定義については、共通認識が形成されていない。この他に「インラインセル」を加えるもの、一人方式のセルをその装置の外見から「一人屋台生産方式」とする見解もある。
(27) 信夫、前掲書、116-122ページ。

表 7-2　日本における主なセル生産の導入事例

会社・工場名	製 品	形態・名称	導入年
NEC 埼玉	携帯電話・PHS端末	「スパイダー・ライン」	1993年
NEC 長野	ワープロ、パソコン、パソコン用モニタ、プリント基板		1993年
オリンパス光学工業・伊那事業所	顕微鏡	INPS（イナ・プロフィット・システム）	1995年
キャノン・福島工場	バブルジェット（BJ）プリンター		1995年
ソニー幸田	ビデオカメラ	「エスカルゴ」「スパイラル」「ハート型」	1993年
リコー・厚木事業所	高速機、大型機、カラー機など高付加価値型の普通紙複写機	「台車ブロック生産」方式	1996年
山形カシオ	時計、ポケベル、PHS	「花笠ライン」	1994年
長野ケンウッド	カーオーディオ	「一人U字」	1995年
東芝・青梅工場	ワープロ	「ワープロ寿司」	1994年
東芝・富士工場	空調機器		1995年
日立製作所・空調システム事業所	業務用エアコンなど		1993年
富士ゼロックス・海老名事業所	複写機組立		1994年

〔出所〕秋野晶二「日本企業の国際化と生産システムの変容（下）—電気・電子産業の海外進出とセル生産方式—」『立教経済学研究』第 51 巻 第 1 号 , 43 ページ。

(2) 導入目的と背景

　それでは次に、「セル生産」の導入の目的とその背景についてみてみたい。まず導入目的には、(1) 生産工程変更の柔軟性・迅速性の向上、(2) 製造過程のムダや在庫の排除、(3) 自律的なセルによる作業者のモチベーション（意欲）喚起などがある(28)。これらはベルトコンベアによる規格大量生産方式の抱える問題点であり、「セル生産」はそれらを解決しようとする試みであった。それまでの生産方式は設備投資や製造単位、仕掛品の多さなどのために、生産品目や数量を柔軟に管理・変更することが難しかった。しかし、「セル生産」

(28) 同生産システムのメリット、デメリットは多種多様である。主に生産工程に関するもの、在庫に関するもの、作業者に関するもの、その他などに大きく分類することができると思われる。

では小規模なセルの増減によって、生産量や製造製品の変更に的確に対応することができる。また、セルを導入することで生産ラインに滞留する仕掛品や使用前の資材、出荷前の在庫などを削除し、工程変化による損失を最小限に抑えるとともに、そのような状況対応の迅速性を向上させることができる。さらに、ベルトコンベアによる細分化された分業体制では、作業者の意識が担当部分に限定されてしまい、事業所や企業全体の経営・業績と乖離してしまう傾向が強まるのに対して、「セル生産」においては一定の裁量と自律性を持って、市場・顧客の動向にあわせた対応をすることで、作業者の意欲を喚起することができると考えられる。

これらの背景には電子産業における消費傾向があると考えられる。嗜好変化の早い顧客に対して供給サイドが的確に対応することが難しくなってきていると思われる。ある商品が生産・発売された場合、それが顧客の購買意欲を喚起する期間はそれほど長いものではない。そのためメーカーはその期間に備えるために十分な在庫を持とうとし、流通・販売でも同じ傾向にあると考えられる。しかし、時間が経過するのにしたがって、過剰な在庫は価格下落のリスクとなり、それが結果として利益を圧迫するという連鎖をもたらすことになる。このような状況変化が、既存の規格大量生産方式から「セル生産」のような多品種少量生産への移行を促している要因になっていると思われる。

(3) ソニーにおける「セル生産」

具体的な事例をみながら、「セル生産」について考察を行う。第1の事例は、ソニーにおける取り組みである。

同社の工程革新は、1991年岐阜美濃加茂工場からはじめられた。1年間の「ムダとり」によって、10,000㎡のスペースと170人の従業員の節約が可能となった。この方法が1997年の千厩工場において、新製品の生産ラインに適用された。それはベルトコンベアを使った10人のラインと、人数を5人に減らして手渡し（ベルトコンベアなし）の組み立てを実際に稼動させて、その成果を比較したのである。開始後2週間は10人ラインが組み立てスピードで勝って

いたが、それ以降は5人の手渡し方式が組み立て速度でも、製品品質においても優位に立ったのである[29]。

ソニー木更津では多様なセルを構築し、それら全体を「ワーク・セル」としている。トリトリ方式（チーム、レイアウトフリー）、プルカート方式（チーム、台車使用）、ローラー方式（チーム、コロコンレール）、屋台方式（一人方式）が組みあわされることで、需要に適合した生産管理を実現した。同工場では、1,500人の従業員がプレイステーションやVHSビデオデッキなどを生産しており、急速に需要が拡大したプレイステーション（1998年度ソニー全社で累積販売台数4,000万台）の増産にも対応することができた[30]。

また、ソニー福島では2001年4月からのライン改善や工程見直しによって、6ヶ月間で5,936平方メートル・101人の人員節減を実現した[31]。

さらに、「セル生産」を支援する機器の開発も行っている[32]。ソニーマニュファクチャリングシステムズでは、「激しく変化する商品の生産サイクルと市場ニーズに対応し、「生産」における成長戦略と競争戦術を協力に推進」[33]するための生産システム・機器開発を行っている。

(4) パナソニックにおける「セル生産」

次に、パナソニックの生産工程革新についてみてみる[34]。同社における代表的な「セル生産」への取り組みは宇都宮工場の事例である。

パナソニックにおいて主力製品であるデジタルテレビは、後に述べるような流通過程もふくめた生産革新を通じて、戦略的な分野として競争力強化をはかっている。そのために、2001年からそれまで3箇所に分散していた生産拠点を宇都宮に集約した。同工場では627名の従業員が、大型デジタルテレ

---

(29) 山田、前掲書、62-64ページ。
(30) 西村彰子「セル生産はモノづくりの原点－ソニー木更津の生産革新」『工場管理』Vol.44、No.9、1998年8月、104-109ページ。
(31) 山田、前掲書、63ページ。
(32) 本社・久喜事業所実地調査（2003年2月28日）。詳細は http://www.cuc.ac.jp/~a150002/IT_modularity 参照。同社の事業・製品概要については、http://www.sms.sony.co.jp。
(33) ソニーマニュファクチャリングシステムズ株式会社 企業概要パンフレット。
(34) 野口恒『日本発・最先端"生産革命"を見る―セル生産／モジュール生産／ダイヤグラム生産／BTO生産―』日刊工業新聞社、2003年、56-74ページ。

ビを中心にカラーテレビ、液晶（LCD）テレビ、STB（セットトップボックス）、CATV などを、年間で 30 万台強生産している。

　宇都宮工場では、2002 年 6 月からチューナー、STB、CATV とカテゴリー別にセル生産を導入し、大型 CRT テレビのセル生産も 2002 年 8 月から開始した。それまでの長い製造工程を、自動機、人手、画面調整、検査の 4 ブロックにわけて、それぞれに「セル生産」を導入した。

　パナソニックの特徴は、三種類のラインを設けて段階的なセルへの移行とそれぞれの成果と組みあわせを検証していることである。最初に立ちあげられたのが、既存の生産ラインを最大限に圧縮した「ミニライン」である。それまで 240 メートルの生産工程を集約・再編成し、16 メートル（往復 32 メートル）にまで短くすることで、少量生産に対応することができる。次に量産機種の生産割合を適時・適量に調整することで、全機種を連日生産できる「MIXライン」が設けられた。製品の流し方や機種切り替えのロスを最小限にするための改善によって、迅速な機種変更に対応することができる。最後に、自動機と手作業の組みあわせた「セルライン」がつくられた。これは生産効率を落とさずに、変種変量生産に対応することを目的としている。

　この「セルライン」について少し詳しく分析してみよう。これは自動機、人手、画面調整、製品検査の 4 ブロックによって構成されている。それまで別々であった製造過程（自動機・人手）と調整、検査プロセスを一貫化することで、セルライン毎に自己完結するようになっている。ひとつのセルラインは複数のセルチームの連携によって機能しており、各セルチームは多能工中心のメンバー構成となっている。調整・検査工程は松下社員が行い、組み立て工程には外部からの派遣社員も加わる。多数のセルチーム毎の作業効率を一定水準以上に保つためにスキルトレーニングが行われている。セルチームの管理は、各チームリーダーが行い、事前に示された生産計画にもとづいてセル内の調整・運営を行う。この方式は LCD や STB、CATV などの小型製品から導入され、2002 年 8 月からは大型 CRT にも導入されている。調整・検査工程もふくめた自動機と人手の最適な組みあわせ方法や、CRT の重量と大型商

品の増産に対応するための改善など、継続的な取り組みが行われている。

　このようなセルライン毎の自律的な取り組みは、九州の菊水工場では「ライン・カンパニー」に発展している。セルラインをひとつの経営体とみなして、生産機種の売上高、部品原価、人件費、設備償却費、在庫費用、家賃、外注加工費などを合計し、ラインの利益を算出する [35]。この制度によって目標利益率 15% を上回る実績をあげていると思われる [36]。

(5) NEC における「セル生産」

　最後に、NEC における「セル生産」の事例について取り上げる。その中でも、NEC 埼玉はセルラインの実践とともにライン・カンパニー制を導入して生産工程革新をはかり、実績をあげている [37]。

　NEC 埼玉は携帯電話などの移動体通信機器の生産を行う拠点として、882人の従業員を擁する [38]。1993 年 11 月から SIP（NEC Saitama Innovation of Production）プロジェクト [39] を開始した。その目的は、顧客ニーズに対応して、高品質化・高機能化・小型化・軽量化による製品多様化をはかり、それに対応した効率的な生産システムを構築することにあった。背景には 1994 年 4 月の携帯電話の販売自由化とデジタルサービスの開始と、その後の急激な携帯通信市場の成長による競争環境の変化があると思われる。

　その一環として実施されたのが、ライン生産からセル生産への再編成であった。それまで 180 メートルあったラインの全長が 5 メートルにまで縮小され、自動実装装置で加工された後の手実装工程、検査工程、機能試験工程および梱包作業を各々一人方式で生産している（図 7-1）。セルラインの構成は、9人の作業者にリーダー 1 名とトラブルシューターが 2 名となっている。生産管理板に当日の目標生産量と実際生産量が 1 時間毎に記入され、数量による

---

(35) 日本経済新聞 2001年10月19日。
(36) 山田、前掲書、70-71ページ。
(37) 日本経済新聞 2001年10月19日。
(38) 信夫、前掲書、122-128ページ。
(39) SIPプロジェクトは、生産工程革新に限らず、コンカレント・エンジニアリング（Concurrent Engineering）方式の導入による各部門の情報共有や、環境対策（省資源、省エネルギー、リサイクルなど）なども含む活動であった。

進捗管理が行われている。2～3ヶ月の訓練を終えてセルに配属された作業者の手元には、その日の生産台数分の部材だけが供給される。生産される携帯電話の機種毎に多様なセルが構成されている。

このようなセル生産の実施にあたっては、自動搬送設備・自動倉庫の撤去による設備投資の削減と、機種変更・数量変更に対応するための施設や検査装置の自社開発を行った。また部材調達には、平置きストアに生産ラインが引き取った分だけ部品メーカーへ部品納入指示カンバンが送られる JIT 方式が導入された。さらに、品質管理では不良品の状況をボードに色違いのまち針を刺すことで作業者にフィードバックする「まち針品質管理」が行われている。このデータは作業者毎に集計され、優秀な成績をあげた作業者には表彰を行っている。

また、セルラインの管理方法として「ライン・カンパニー制度」が導入されている。NEC 埼玉でのライン・カンパニーの管理項目は、人件費、外注費、設備費あるいはフロア費であり、限界利益から損益分岐点を求める管理方法が採用されている。各ラインのリーダーに通常は固定費とされている人件費や設備費をコントロールする権限をあたえることで、自律的な運営とその責任を持たせている。各責任者は自己完結したラインの状況を適宜確認しながら、経営トップと同じ視点でセルラインをコントロールすることができるようになっている。

このような生産工程革新によって、NEC 埼玉では設備投資額の圧縮、生産工程の柔軟性・迅速性の向上といった成果があがった。従来の自動化ラインで6億円（測定機器を除く）かかっていた設備投資は、セルライン導入で 1,700万円に大幅に削減された。また生産効率については、生産のリードタイムが8日から2日、仕掛品在庫が4分の1、不良率が30% 低減の 20PPM（100万個中 20 個）となり、作業者毎の生産性は 1.5 倍に上昇した。さらに、新機種の立ちあげ時間が1週間以内（従来は2ヶ月以上）に短縮された。

図7-1　NEC埼玉におけるセルラインのレイアウト

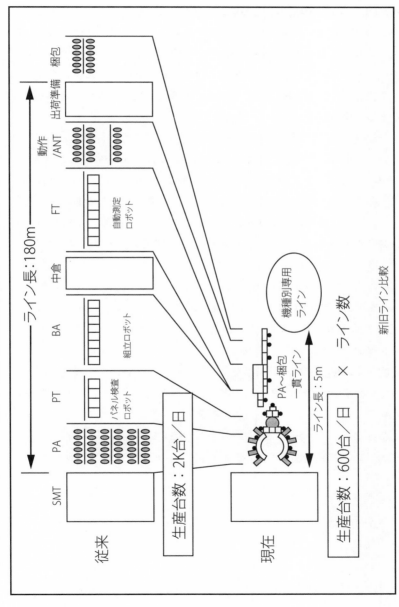

〔出所〕信夫千佳子『ポスト・リーン生産システムの探究―不確実性への企業適応―』文眞堂, 2003年, 125ページ。

(6)「セル生産」の要素とその位置づけ

　このように電子産業における「セル生産」は、生産工程変更の柔軟性・迅速性の向上、製造過程のムダや在庫の排除、自律的なセルによる作業者のモチベーションの喚起などの成果をあげている。その背景には、電子産業における変化しやすい市場・顧客への適時・適量生産による利益確保という要請があると思われる。

　「セル生産」は企業や工場、製品によって、その呼称、構成、内容も異なっている。事例として取り上げたソニー、松下、NEC においても、「ワークセル」「セルライン」などのバリエーションがある。しかし、それらの共通点は、市場・顧客の嗜好に即応する柔軟な生産工程であるところである。それを実現するための工程革新の形態が、ベルトコンベアによる画一的な規格大量生産システムではなく、自己完結的な小規模の作業グループによる「セル生産」であったと考えられる。

　この生産方法の仕組みを捉えなおしてみると、既存の規格大量生産方式がベルトコンベアを中心に単一の製品生産にとって効率的であったのに対して、「セル生産」はそれらを自己完結的なセルにきりわけることによって、生産量・製品種別などを最適化する方法であると考えられる。すなわち、これまで一貫的な流れ生産であった工程を、明確なルール（完結性、機能性）にもとづいて分割することで、各部門が専門化・効率化を達成し、それらが組みあわされることによって多様な市場・顧客のニーズに対応することができるようになっているのである。このことから電子産業における「セル生産」は、モジュール化の一形態として位置づけられる。

5.　流通の SCM とモジュール化

(1)　流通の SCM の誕生・発展

　これまでみてきた生産現場の工程革新は、その製品が市場・顧客に適時・適量届けられることによって企業の利益につながっていく。そこで次に、製品流通プロセスにおける経営革新について分析してみたい。

　1990 年代以降、日本においてはメーカーを中心とした効率的な流通システムの確立を目指して、SCM の構築が行われてきた[40]。その中で、電子産業における事例について検証する。

　SCM とは「サプライヤーから顧客までの製品やサービスの流通をサポートする製品、情報、金融、知識の流れに対する一連の調整」[41] である。具体的には部材調達、生産管理、物流、販売の一連の業務を、市場・顧客に対して最適に組みあわせることである。したがって、特定の企業内部における一貫した業務プロセスの設計・運営にとどまらず、外部企業との情報共有・業務連携による最適な供給体制を構築することもふくまれる[42]。

　1990 年代以降、SCM の構築の基盤として情報システムが活用されるケースが多い。自社専用のシステムを開発する企業もあるが、SAP や Oracle のERP（Enterprise Resource Planning）、i2 テクノロジーズの SCM ソフトウェアを利用して、一部カスタマイズを行うケースが増えている[43]。

(2)　導入の目的と関係者の役割変化

　それでは SCM の目的や関係者の役割変化について、具体的な事例を通じて分析を行う。

---

(40)　SCM構築に取り組んでいる企業は多数に及んでいる。メーカーに限らず、流通・サービス分野にも同様の動きがみられる。

(41)　James B. Ayers ed., Making Supply Chain Management Work : Design, Implementation, Partnerships, Technology, and Profits, New York, CRC press company, pp.5-11.

(42)　*ibid.*, pp.43-44.

(43)　SCMに発展させて、需要予測や販売計画などを含めた情報共有を行うシステムとしてCPFR（需要予測と在庫補充のための共同作業）が、2002年から本格的に導入されはじめている（アスクルの「SYNCROMART」など）。CPFRについての分析は、別の機会に行いたい。

まず、ソニーの取り組みをみてみると、同社のSCM導入は1997年のパーソナル・コンピュータ市場への参入がきっかけであった⁽⁴⁴⁾。それは製品在庫を抱えないようにするためのシステムであった。ライフ・サイクルが短く、過剰在庫のリスクが高く、利益を確保しにくいパソコン市場において、「流通在庫ゼロ」を基本にした事業展開を支えるツールとして、同社のSCMは一定の成果をおさめた⁽⁴⁵⁾。販売店の一週間先の発注を集約して生産を行うことで在庫圧縮に成功した一方で、急激な需要増加に対しては増産対応が遅れることもあった。

　そのような経験をもとに、2000年4月により新SCMシステム「e-PLANETS」を稼動させた⁽⁴⁶⁾。同システムは「事業形態ごとのSCMモデルの確立」、「顧客企業とのダイレクトな情報連携」、「需要変化に即応できる新システムの構築」を目標として構築された。これは1990年から活用されてきた同社の製販情報管理システム「STEAM」を刷新したもので、ウェップ技術をベースに開発された。

　「e-PLANETS」によって、顧客企業と工場が直接の発注データを共有することができるようになった。これによって受注から納品までのリードタイムが圧縮されることで小売店における顧客対応が向上する一方、工場は小売店からの受注データを使って自らの責任で生産計画を立案し、生産を行うことができるようになった。これは顧客のニーズに応えるために、工場（生産現場）と小売店（販売現場）の情報共有・連携とみることができる。小売店は、工場に対して販売情報を提供することで、より正確に必要な商品を仕入れることができる。それに対して、工場は最新の売り上げデータを入手できることで、適正な在庫水準の維持や迅速な生産変更を行うことができるのである。

　さらに、「ディーラーダイレクト」（1998年3月〜）という取り組みを行った。これはDVCとデジタルスチルカメラについて、欧米の大手量販店と提携し、POS（販売時点情報管理）システムからの実売データだけでなく、量販店へ

<hr>

(44) 『日経コンピュータ』2000年4月10日号、116-121ページ。
(45) 『日経ビジネス』2000年1月31日号、120-123ページ。
(46) 『日経情報ストラテジー』2000年10月号、62-64ページ。

の納品33週間前からの発注見込みデータも共有することで、一層の需要予測の精度を高めることに成功した。これもメーカーと販売店の連携による迅速な市場対応の一例である。

　次にパナソニックをみてみると、同社のSCMはテレビやビデオカメラ、DVDプレイヤーなどのAV（音響・映像）機器を扱う社内分社であるAVC社を中心に運用されてきた。AVC社・福島工場では基盤となるSCMを稼動することで、注文から商品出荷までのリードタイムを従来の6週間から4週間に短縮することに成功している[47]。

　2000年6月に社長に就任した中村氏の方針にもとづいて、2001年4月から3年間にわたってSCMをふくめた8つの業務革新・支援プロジェクトが進められている。

　その中で、SCMに直接関係するものは、「民生SCM」と「デバイス製販SCM」、「調達革新」の3つである。最初のプロジェクトは、民生市場に即応できる体制づくりを目標として、週次の製販を実現するための業務プロセスとシステム構築を行っている。これによって販売店への納期回答や出荷スピードをあげて在庫を削減することをねらっている。第2のプロジェクトは、法人顧客との取引基盤の整備を目指して、デバイス（部品）の納入先となる顧客と"直結"するための業務プロセスとシステムを確立し、戦略的パートナーシップを構築する取り組みを行っている。具体的にはWEBを通じて、デバイス事業部と顧客企業を直結し、製品開発のロードマップや在庫データ、生産計画データを共有する。第3のプロジェクトは、取引先との情報共有基盤の構築をねらって、全取引のEDI化と新しい調達プロセスの確立を行っている。

　その他にも、ソニーと同様、顧客企業[48]と発注見込みデータもふくめた情報共有を行っている。さらにパナソニックはこれらのインフラを活用して、顧客企業との共同の販促プロモーションといったパートナーシップ関係の構

---

(47)『日経コンピュータ』2003年1月27日号、42-51ページ。
(48) 松下は、ベストバイとサーキットシティの米国2社、英国のディクソンズ、日本のヨドバシカメラと提携関係を結んでいる。

築にも取り組んでいる。

　これらの取り組みによって、パナソニックは販売サイドと市場・顧客の変化に柔軟に対応するための情報を共有することで、精度の高い需要予測にもとづいた適正な生産活動を行える基盤を整えつつある。これは顧客の期待に応えようとするメーカーと小売の連携・協働であり、これまでの製造業者と販売業者との対立的な関係から変化しつつあると考えられる。

　以上の２事例からSCMが、生産から販売までの供給プロセスに携わる関係者の情報共有と連携によって機能する効率的なシステムであることが明らかになった。そこでは適時・適量の商品流通の実現によって、変化する市場・顧客に迅速・柔軟に対応することによって、SCM関係者のそれぞれに利点をもたらす戦略であると考えられる。効果的なSCMにむけてメーカー、物流、販売各主体間の関係は、それまでの対立的なものから顧客対応を目指した連携・協働関係へと再編成される。

(3) 情報共有による効率化

　それでは次に、SCMによる情報共有によってもたらされる効率化について、ふれてみたい。

　まずソニーでは、SCMの導入によりDVCの小売発注から納期までのリードタイムがそれまでの８週間から半分の４週間に短縮された。またSCMに対応できる柔軟な生産体制の確立によって、それまでは難しかった仕掛品や部品として在庫を持つことが可能となり、結果として2002年度には棚卸資産の３割削減を達成した (49)。さらに、ソニー内部における販売部門と生産部門の情報共有を拡大することによって、SCMの生産・販売両面における戦略的活用を進めている。これによって製品特性による販売・生産計画の修正や一層のリードタイムの短縮などをはかることで、さらなる在庫削減が実現される。最後に前述した「ディーラーダイレクト」によっても、ソニーと販売会社と

---

(49)『日経コンピュータ』2002年5月6日号、48-49ページ。

の合計で50日分あった製品在庫を30日分にまで圧縮することができた。

さて、パナソニックのSCMの成果はSCM関係の3プロジェクト全体で一定の在庫圧縮を達成した。同社の総在庫金額は、2000年9月に1兆708億円、2001年9月には1兆193億円（マイナス515億円）、2002年9月には8,629億円（マイナス1,564億円）となった[50]。民生SCMやデバイス製販SCMのそれぞれのプロジェクトでは、一層の在庫圧縮を目指した活動が続けられている。また、デバイス関連では、海外販社では受注から納品リードタイムを最大60日から10日に短縮し、ある国内営業所では業務量の20%削減と在庫日数の2.6日から0.2日への圧縮に成功した。さらにSCMの導入によって、それまで2〜4週間ごとに見直していた生産計画を一週間単位に短縮することができ、需要変動に即応できる生産体制を整えることができた[51]。

このようにSCMの適切な導入によって、在庫削減や生産の効率性・柔軟性の向上などの効果があらわれている。これは従来の供給プロセスをSCMによって再編成することを通じて、製販一体となった顧客・市場への対応が可能となったことによるものと考えられる。

(4) SCMの要素とその位置づけ

ソニー、パナソニックの事例を取り上げて、SCMについて分析を行った。そこからSCMがメーカーから顧客までの流通プロセスの調整システムであり、関係者の協調的な連携・パートナーシップと情報共有によって効率性を高める効果があると考えられる。

企業・製品によって構築されるSCMのなかみは異なるが、急速に変化する市場・顧客に即応するためのツールとして活用される点で共通している。そして市場ニーズへの対応性を向上させるためには、一層の情報共有とそれにもとづく協調的な連携が求められると思われる。

最後に、SCMを関係者の役割の観点から捉えなおしてみると、市場・顧客

---

(50) 『日経コンピュータ』2003年1月27日号、47ページ。
(51) 日経産業新聞 2002年9月11日。

への即応という共有目的の実現にむけて、生産、物流、販売などの企業・部門が生産・販売情報を提供しあうことによって、それぞれの事業分野で効率性を高めている。これはサプライ・チェーンにおいて、効果的な供給プロセスの実現にむけて情報を共有するという明確なルール（アーキテクチャ）のもと、それぞれの担当業務における効率化・専門化（モジュール化）をはかっているのである。したがって、流通プロセスにおけるモジュール化現象として SCM を捉えることができると考えられる。

6.　モジュール化の共通要素と IT ネットワーク

(1)　自動車・電子産業、流通におけるモジュール化

　自動車産業における「モジュール生産方式」、電子産業における「セル生産」、流通プロセスにおける SCM について、事例分析を通じて詳しく検討してきた。そこで、これらの特徴と構造を顧客・市場対応とモジュール化の視点から整理してみたい。

　まず、「モジュール生産方式」ではメイン・ラインとモジュール部品の組立工程のインターフェイスの設定によって、モジュール単位でのイノベーションとそれらを組みあわせることによる生産調整やカスタマイゼーションなどの迅速化がはかられている。それによって変化する市場・顧客への迅速で柔軟な対応を実現し、競争優位を確保することができる。これはアセンブリ・メーカーとモジュール部品サプライヤーによる、生産ラインにおけるモジュール化であると考えられる。

　また、「セル生産」においては、生産工程におけるベルトコンベアによる流れ作業を機能的に完結したセルに再編成することによって、セル単位での作業革新や生産変更・変量への対応がなされている。これによって、市場・顧客のニーズに即応した生産の調整が可能となり、既存の生産方式では難しかった仕掛品や在庫を圧縮することができる。これは製造現場における生産ラインの再編成を通じた、生産工程のモジュール化と捉えられる。

　最後に、SCM ではメーカー、販売企業など関係者による情報共有によって、それぞれの業務における在庫圧縮や効率化が促進され、それらが連結することによって需要変動に対する即応性が実現されている。このシステムの効率的な運用によって、関係者はそれぞれに在庫リスクや機会損失を抑制し、ニーズに適合した生産・販売活動を行うことができる。これら相互の情報提供・連携にもとづく SCM は、製品流通における各企業・業務のモジュール化とみることができる。

　これらの諸現象は従来各産業・分野において実践され、研究対象とされて

きたものであるが、市場・顧客への対応戦略としてのモジュール化の一形態として位置づけることができる[52]。

(2) モジュール化の基盤としてのITネットワーク

それでは、これらのモジュール化の諸形態の基盤となる IT ネットワークについて述べたい。はじめに SCM に関して検討し、その後「モジュール生産方式」、「セル生産」について分析する。

第 1 に、SCM は製品流通に関係する各企業・部門間の情報共有によって効果的に機能する。そのためのツールとして、高速・大量・安価な情報をやりとりするための IT ネットワークが必要となる。実際にソニーやパナソニックの SCM では、メーカーの開発・生産・マーケティングなどの各部門と小売店などの販売現場が、それぞれの生産計画・納入期限といった生産情報と実売データや発注見込などの販売情報を、インターネット技術を使って共有しているのである。また、顧客企業へのきめ細かな情報提供・対応についても、情報システムが活用されている。1990 年代後半から急速に普及した IT ネットワークによって、SCM の応用範囲は一層の拡大をみせると思われる。

さらに、ERP や SCM に関するソフトウェア、システム開発も発達してきており、SAP や Oracle、i2 テクノロジーズなどのシステムを活用した迅速な IT ネットワークの構築も可能になってきている。パナソニックでは、SCM ソフトとして i2 テクノロジーズの RHYTHM を、製造分野の ERP として SAP R/3 を、販売分野の ERP を R/3 もしくは Oracle E-Business Suite で構築し、それらと連動する会計システムに Oracle E-Business Suite を活用している[53]。このように IT ネットワークを直接使って SCM の運用が行われ、ソフトウェアや利用技術の高度化によってさらに同システムの効率性・利便性が高まっていくと考えられる。

---

(52)「モジュール生産方式」、「セル生産」、SCMについては、それぞれの戦略としても、またそれらを共通に捉えるモジュール化の形態としても、多様な事例やシステムが存在する。その発生要因や分類基準については、既存の進化論的な分析手法を参考に、市場・顧客対応とITネットワークの関連から、今後の研究課題としたい。
(53)『日経コンピュータ』2003年1月27日号、42-49ページ。

　第2に、「モジュール生産方式」、「セル生産」は生産ライン・工程のモジュール化であり、直接に情報システムを介して業務・作業が行われているわけではないが、それを可能とする基盤として情報システムが使われているケースが多い。すなわち、それぞれの生産ラインやセルが、いつ、なにを、いくつ生産するのかといった情報は、それぞれの企業の基幹業務システムなどを通じて、迅速・的確・正確に情報として伝達されていると考えられる。また、急速に変化する市場・顧客の適応性を高めるためにも、需要サイドの情報を即時・正確に収集することも重視されている。

　例えば「モジュール生産方式」に取り組む日産では、日産グループ全体のシステム運用を IBM グループにアウトソーシングし、ERP パッケージのSAP R/3 を活用した情報システムが構築されている [54]。これは（1）購買の集中化、（2）情報の共有と透明化、（3）購買プロセスの標準化による原価率低減などを重点課題としてシステムが導入され、その効果として（1）カタログ購買システムによる一括購入、（2）各拠点の購入状況や品目ごとの価格差などの明確化、（3）自社にあった購買プロセスの形を規定しての業務の効率化、（4）サプライヤー選定機能による原価低減への貢献などが実現した [55]。「セル生産」に取り組む NEC では、2002 年 10 月から生産現場と部品メーカーに加えて、主要販売店もふくめた SCM システムが構築されている。また、顧客を起点としたカスタマー・リレーションシップ・マネジメント（CRM）を強化し、在庫・リードタイムの圧縮とともに顧客数の拡大を目指している [56]。

　このように生産ライン・工程のモジュール化の背景として、市場・顧客の情報共有とそこにおける IT ネットワークの活用が不可欠の要素となっていると考えられる。

(3)　モジュール化にあたえるＩＴネットワークの影響・効果

　このようにモジュール化の基盤として、市場・顧客の動向に対する情報共

---

(54)　『日経コンピュータ』2002年10月7日号、42-45ページ。
(55)　SAP JAPAN「SAP導入企業一覧（http://www.sap.co.jp./company/success/)」参照。
(56)　『日経ビジネス』2002年1月21日号、44-46ページ。

有のツールとして IT ネットワークが活用されている。そして SCM の展開に
みられるように、情報インフラの普及・発達にともなって情報共有の範囲や
精度が高まることによって、さらにモジュール化が促進されると考えられる。

　IT ネットワークは生産工程、流通過程、サービスなどにおいて、市場・顧
客ニーズなどの情報共有を促進し、需要サイド重視の製品・サービスの提供
を促す。それが顧客満足に寄与することで供給サイドへのモジュール化の要
求を強化するとともに、この戦略の優位性をより一層強めるというサイクル
が確立することが想定される。

7. 小括

(1) モジュール化の共通性とITネットワーク

　まず、自動車・電子産業、流通プロセスにおける戦略が、市場・顧客への適応性の向上にむけた組織・業務の再編成であることが明らかになった。それらに共通して、明確なルール（アーキテクチャ）とそれにもとづく専門化・分業化（モジュール）の構造を持ち、モジュール化の一形態として位置づけることができる。また、各戦略を実施するための基盤として、情報共有のためのIT ネットワークが不可欠であることが示された。

(2) モジュール化の政策・戦略に関する展望

　日本の製造業における主要産業である自動車・電子産業を中心に、生産と流通過程に関するモジュール化戦略について分析を行った。IT ネットワークを活用したこの戦略は、市場・顧客対応とそれを実現する企業間連携、生産体制の組みあわせであると捉えられる。このようなモジュール戦略は、他の産業においても応用できると考えられる。すでに、流通業における SCM や金融業におけるオープン・アーキテクチャ化などの事例も行われている。

　モジュール化戦略は、アーキテクトとしてもモジュールとしても、既存の競争状況と比較して、企業規模に関係なく実践することが容易であると考えられる。したがって、IT ネットワークの整備とともに、同戦略によって新規創業の促進政策としての効果も期待される。そしてモジュール化戦略もふくめた自由な経営戦略を実行できる環境整備に、産業政策の重要な役割があると思われる。

(3) モジュール化の基盤としての IT ネットワーク

　これまで見てきたように、日本においては 2000 年以降、諸産業におけるモジュール化が急速に進展した。それは、日本の IT 国家戦略の立案過程において IT の活用事例について関心が示され、その全体理念との関係も含めた戦略

が明示され、推進されてきたことによってもその傾向が加速したと考えられる。そして、現実の企業経営の中でモジュール化戦略が注目され、一定の成果をあげており、そのような効果を支える基盤として、IT 国家戦略の推進が不可欠の要素であったと考えられる。

　しかし、その進展は IT 国家戦略がそうであったように、先行した米国を追随するものとなってしまった点は大きな損失となったと思われる。それぞれの企業の戦略は、国の総合政策の影響を受けるものであり、米国と日本における企業経営における IT 活用型の事業展開への転換の時期にも関係したと考えられる。

　それでは最後に、補章として、企業の社会的責任（CSR）の分野において看過しがたい重要な課題である環境問題に対する IT 活用と環境経営について考察してみたい。特に、1990 年代後半から 21 世紀初頭における事例分析を中心に検討することで、現実の経済・社会における IT ネットワークの多様な活用方法とその効果を浮き彫りにする。

IT の環境政策・経営への応用分析
― IT による環境マネジメント・システム―

1. はじめに

　本章の目的は、環境政策や環境経営における IT の位置づけを明らかにすることにある。そのために、現在の環境マネジメント・システムにおける IT 活用の事例を取り上げ、その評価を通じて課題と展望を提示したい。

　1990 年代以降、アメリカをはじめ先進諸国において急速に進展した IT 活用は、社会のあらゆる側面に多様な変化をもたらしてきた。国や企業、個人それぞれのレベルで、IT の効果的な利用にむけた戦略や実践が続けられてきた。それは、IT そのものの技術的なイノベーションにとどまらず、それをどのように活用し効果をあげるのかもふくめた課題となってきている。

　そのような IT の発展の一方で、地球規模、社会的な課題としての地球環境問題が、取り上げられるようになった。たとえば、1997 年の気候変動枠組条約第 3 回締約国会議でつくられた京都議定書の枠組みは、世界的な環境政策や環境経営の重要性を認識させるきっかけとなったと思われる。

　しかし、この 2 つの変化を関連づけて調査、分析しようとする試みは、必ずしも十分に行われてこなかった。漸進的な取り組みとして、2002 年 8 月に総務省から IT の地球環境に与える影響に関する調査結果が発表されたり、IT 企業から情報機器の LCA（ライフ・サイクル・アセスメント）が公表されたりしている。

　本章では、積極的に環境政策や環境経営を実践している行政や企業を取り上げる。2002 年 11 月、12 月の 2 ヶ月間にわたってヒアリング調査を行った。具体的には、IT 機器、システム、サービスをビジネスとする NEC（日本電気）、ソニー、日本 IBM、リコー、NTT（日本電信電話）の持株会社、東日本、データ、ドコモを訪ねて詳しくお話をうかがった。また、経済・生活の基盤としての物流、エネルギー関連の企業、たとえばトヨタ自動車（以下、トヨタとする）、JR 東日本、東京電力、東京ガス、アスクル、三菱地所にも、担当者への聞き取り調査を行った。さらに、IT を積極的に活用して政策を実施している東京都、横須賀市、市川市などの自治体に対してもフィールド調査を実施した。

　その中で、内部的に活用される ISO-14001 の EMS（Environmental Management System）や基幹情報システムと連携した環境情報システム、外部への情報発信と共有のための情報ネットワークの利用などを中心に調査を行った。このヒアリング調査とあわせて、ウェッブによる公開情報や関連資料の収集、整理、分析も進めた。

　このような視点から、IT を活用した環境マネジメント・システムの事例分析と評価を行っていく。それでは、具体的に行政や企業における環境情報システムの現状について、詳しくみていきたい。

2. 企業における IT を活用した 環境マネジメント・システムの実践事例の分析

(1) 企業の環境経営と IT 活用の位置づけ

　まず、IT と環境技術の先駆的な導入、活用を進めている民間企業の取り組みを分析する。それに先立って、IT を活用した環境マネジメント・システムを考える場合の３つの視点を提示したい。第１は IT 機器、ネットワーク、通信基盤など、IT 自体の環境負荷の検証であり、第２は IT を組み込むことによる環境マネジメントの高度化、効率化の分析、第３は情報ネットワークの活用によってこれまでの財やサービスのあり方が変化することによる環境負荷の低減効果の分析である。本論ではこれらすべてを明らかにすることは難しく、ここでは１番目と２番目に着目して、フィールド調査と評価を行っている。最後の点については、現在さまざまなアプローチからの検証、研究が進められており、別の機会にあらためて考察したい。

　これから取り上げる企業の環境情報システムは、それぞれの環境に対する取り組みの一部であり、さまざまな制約のもとに進められている多様な実践である。「はじめに」で述べたように、本章では IT を重要な環境経営のツールと捉え、積極的な活用が不可欠であると考えているが、環境経営における IT の位置づけは、各社の歴史、方針、展望によるところが大きい。したがって、総合的な分析、評価にあたってはそれらをふくめた事例分析も重要である。しかし、本章では IT 環境マネジメント・システムに限定した。この点については今後の課題として、継続的に取り組んでいきたい。

(2) NEC の「エコステーション」と「ネット Audit」

　最初に取り上げるのは、NEC の環境マネジメント・システムにおける IT 活用の事例である。

　同社は、1969 年 11 月に小林宏治社長のリーダーシップのもと、環境保全に対する取り組みを開始した [1]。1973 年から「環境監査」も実施され、環境マネジメント・

---

(1)『地球とともに・・・1969-2000 30年史』日本電気株式会社、2000年6月、4ページ。

システムの基盤となる手法やデータが蓄積された。

　その中で、特徴的なシステムが、統合的な環境情報システムであるエコステーションと、ネットワークを活用した環境監査であるネット Audit である。

　まず、エコステーションは、イントラネットをベースとした総合的な IT 環境マネジメント・システムである。1998 年から導入され、規程や会議・活動の記録、すべての環境情報を、社員全員がいつでもみることができるようになっている。同システムによって、最新の情報を即時・正確に把握でき、環境情報の収集、集計、分析が迅速化されることで、会社全体の環境負荷の低減と管理業務の効率化が達成された。長年にわたる環境保全活動の中で、環境監査の手引きや調査の方法、記録の様式などの資産が蓄積されており、それが 1990 年代後半の IT の普及、発展にともなって、エコステーションの構築の基盤になったと考えられる [2]。

　つぎに、ネットワークを通じて環境監査を行うネット Audit がある。同システムは、2000 年度の環境 ISO 更新審査ではじめて認証されたもので、統合的な環境情報システムをもつ企業に対して、実地審査をのぞく基本的なデータ・チェックをネットワーク上で行うものである。これによって監査業務が電子化、ネットワーク化され、監査側の移動などのコストが削減され、さらに基本データの確認が容易になることで、重要なポイントに対する実地調査が充実したといった効果が得られた。このプロセスを LCA で評価すると、作業時間で 60％ の削減、作業による環境負荷については CO_2 の排出量で 46％ におさえられることが期待される [3]。

　これらの IT 環境マネジメント・システムによって、NEC はネットワークを通じて詳しい環境情報を確認することができるようになった。それらのデータは、環境部門を通じて環境担当役員に報告されることによって、企業全体の経営判断にも影響をあたえている。具体的には、第 1 に工場、事務所の省エネルギーの推進と有害物質の削減、第 2 にエコ製品の開発、第 3 に IT を活用した資源、温暖化対策、第 4 に社員のエコ意識の醸成、第 5 に社会、地域への貢献などにいかされている [4]。

---

(2) 『環境アニュアルレポート2002』日本電気株式会社、2002年6月、7ページ。
(3) 『環境アニュアルレポート2001』日本電気株式会社、2001年6月、19ページ。
(4) 杉山峯夫代表取締役副社長・環境担当役員「わが社の環境経営」（エコプロダクツ2002記念シンポジウム講演）
　　2002年12月5日、東京ビッグサイト。

(3) ソニーのオンライン環境データコレクションシステム「ECOS」

ソニーは、1994年から環境報告書を作成するなど、環境経営に対する取り組みを着実に積み重ねてきている。現在は、2001年に定められた環境中期行動計画である「Green Management 2005」にもとづいて、環境戦略を進めている。その中で、16の具体的な目標が定められ、その中に「15. データコレクション」、「16. 情報システムにおける環境対応」が掲げられている。

その代表的なシステムのひとつが、オンライン環境データコレクションシステム「ECOS」である[5]。環境に関連するデータを迅速に収集、分析、活用するためのシステムで、同社の基幹システムからは独立したものとして構築されている。これによって、グループ会社をふくむ日本の全事業所の環境情報を的確に把握とともに、情報の共有も可能となった。

(4) 日本IBMの環境情報管理システム

IBMは、1986年から環境会計データの収集を開始するなど、他社と比較しても比較的早い時期から、環境経営とIT活用に取り組んできた。また、全世界でISO-14001の統合認証も取得しており、そのEMSの運用にも環境情報管理システムが利用されている。日本IBMは、アメリカのIBMコーポレーションを頂点として、アジア・パシフィック・エリアの中の一法人であり、環境経営や情報システムにおいてもその枠組みで活動を展開している。

詳しく環境情報管理システムのなかみをみてみたい。同社のシステムは、集計される情報、内容でわけられた10のデータベースからなっている[6]。基本データや一般情報のほか、有害化学物質、大気関連の排出、廃棄物、工業用排水関連、エネルギー、コスト、法令・調査関係の情報などのデータベースである。これらのデータは、会計情報とのマッチングや時系列・項目別の比較分析などを通じて、企業経営や環境戦略に活用されている。これによって、アメリカのIBMコーポレーションは、全世界の環境情報を効率的に収集することができ、日本IBMなどの各

(5) 『環境報告書2001』ソニー株式会社、2001年9月、53ページ。
(6) 『環境・ウェルビーイング プログレス・レポート2002』日本アイ・ビー・エム株式会社、2002年9月、15-16ページ。

国法人はそれらの情報を発信・交換・共有することができるようになっているのである。

(5) NTT グループの環境情報の共有

　IT 社会の通信サービスを提供する NTT グループは、持株会社と東日本、ドコモ、データなどが連携して、地球環境問題に取り組んでいる[7]。したがって、各社が独自性を保ちながら、環境経営を進めていくと同時に、それらをグループ全体として調和させていくことが求められる。

　それを支援するための環境情報システムとして、グループ共通のプラットフォームのような仕組みがつくられている。これを使うことで CO2 に関するデータなどをグループ内で共有することができるのである。グループ内での協議を通じて、それぞれの情報システムの仕様に対応できるような設計がなされた。この取り組みがステップとなって、将来的にはプラットフォームに組み込む情報量や種類の充実につながっていくと考えられる[8]。

(6) NTT 東日本の IT システムの環境影響評価

　情報通信ネットワークがいろいろな領域に浸透し、生活や業務のインフラストラクチャとしての役割が増大するのにあわせて、それに関わるエネルギー消費や環境への影響を正確に測定し、適切にマネジメントすることが重要になる。

　NTT 東日本では、代表的な通信サービスや IT システムに関して、環境への影響評価を行っている。具体的には、TV 会議システムと市内電話の LCA を完了し、その結果を公表している。

　まず、TV 会議システムについては、NTT 東日本の実際の記録（ログ・データ）とモデルによる試算・推定を使って、CO2 やエネルギー消費量がどの程度削減されるのかを調べた。その結果、会議の参加者数と回数が増えるにつれて、その効果は大きなものとなった。ほぼ会議室の定員と同じ人数が集まったケースでは、

(7)『NTTグループ環境保護活動報告書2002』日本電信電話株式会社、2002年、7-12ページ。
(8) 筆者のヒアリング調査（2002年11月20日）より。

CO2とエネルギー消費量は、同システムを使うことでおよそ60%の削減がはかられるとの結果が得られた[9]。

　また、市内電話については、電話機などの端末使用に関わる電力消費が、同サービス全体の環境負荷の大部分を占めていることが明らかになった。さらに、一人一人の顧客から加入者交換設備までの環境負荷が、全体の99.9%になっていることが判明した[10]。

　これらの通信サービスのLCA評価の結果は、他の企業や行政、個人の環境対策の基礎的な情報となるものである。したがって、通信分野における環境評価は、外部性をもっており、社会に広範な効果をもたらすと考えられる。今後、市外通話やIP網のLCA分析も行われていくと思われる。

(7) NTT ドコモ

　移動体通信ビジネスを展開しているNTTドコモは、急速な利用者の拡大とi-modeなどの通信需要の増加にともなって、その環境戦略が社会的にも重要となってきている。モバイル通信はユビキタスなIT利用を実現する中心的な役割を担うものであり、さまざまな分野への応用が進められると思われる。
NTTドコモでは、環境マネジメント・システムの運用のために、社内むけのホームページ「EMS ON-Line」が構築・活用されている。また、音楽配信サービス「M-stage music」やオンライン請求情報照会・通知サービス「eビリング」など[11]、新しい提案を行いながら、環境負荷の低減と環境経営の推進をはかっている。

(8) NTT データの環境文書管理システム

　ITの利便性や効果を左右するのは、情報システムの設計・導入・運用にあると考えられる。そして、それぞれの活動にあわせた使いやすい情報システム、業務革新につながるネットワーク・デザインが、これからのITの発展に不可欠な要素であると言える。

(9)「NTT R&D」（NTT Group's Research and Development Activities）2002年8月、645-647ページ。
(10)『NTT東日本環境報告書2002』東日本電信電話株式会社、2002年11月、10ページ。
(11)『NTTドコモ環境レポート2002』株式会社エヌ・ティ・ティ・ドコモ、2002年9月、8、13、18ページ。

　NTT データは、そのようなさまざまな領域やニーズにあわせたシステム・イ ンテグレーション事業、ネットワークシステムサービス事業などを展開し、社会の IT 化を支える重要な役割を担っている。それは環境情報システムにおいても同様で、 組織内部ばかりでなく、外部への情報発信にも活用できるようなシステムの開発・ 推進に期待したい。

　さて、同社における IT を活用した環境マネジメント・システムとしては、ISO- 14001 の認証、運用を支援するための環境文書管理システムがある⁽¹²⁾。分散する 各オフィスとの情報共有や管理、連携のツールとして、環境関連業務の効率化に 寄与している。

(9) リコーの「環境経営情報システム」

　オフィス機器などの分野で積極的な環境対策を実践しているリコーは、1994 年 から「コメットサークル」というコンセプトのもと、循環型社会の実現にむけた活 動を展開している。

　この環境経営を推進するための情報システムが、「環境経営情報システム」であ る。これは、工程や事業活動にともなって発生する環境負荷を把握するための「環 境負荷情報システム」と、環境保全効果とそのコストを集計・分析するための「環 境会計システム」からなる⁽¹³⁾。統合的な環境情報データベースとして、同社の環 境経営を支える情報の収集・分析に利用されている。

(10) 東京電力のエネルギー情報システム

　IT の普及にともなって、コンピュータなどを使用するための電力エネルギー量 は増加する傾向にある。また、製造業以外の企業や家庭における環境負荷の主要 な要素のひとつが電気であり、その適切なコントロールが求められる。

　全体の電力供給の最適マネジメントにむけて、発電、送電などの各段階で、そ れらをサポートする情報システムがつくられている。それだけでなく、今後の地球

---

(12) 筆者のヒアリング調査（2002年11月19日）より。
(13) 『リコーグループ環境経営報告書2002』株式会社リコー、2002年、23-24ページ。

環境問題で課題となってくる、家庭部門のエネルギー・マネジメントを支援するシステムの開発にも取り組んでいる。「HEMS」（ホーム・エネルギー・マネジメント・システム）は、家庭内の家電機器や照明などの電気エネルギーの使用およびそれらの状況の表示などによって、最適な環境マネジメントを実現するものである。同システムは、2004年2月末まで、実証実験をおこなっている[14]。

(11) 東京ガスの地域冷暖房システム

　生活を支えるエネルギーとして、ガスの役割は大きいと考えられる。なぜなら、地域冷暖房システムなどを導入することで、大規模施設や地域単位での効率的な熱エネルギーの利用が進み、結果として地球環境に対する負荷を抑えられるからである。

　全体としてはガスの安定供給のために、「TGCS」[15]によるエネルギー・マネジメントの最適化を行いながら、個別には地域冷暖房[16]などによる効率化に取り組んでいる。LNGなどによる分散型の発電、熱利用システムも、地域における環境負荷のマネジメントを進めていくツールとして、有効であると思われる。

(12) アスクルのグリーン情報提供サービス

　オフィス用品の購入・配送ビジネスを行っているアスクルは、総合的な顧客サービスのひとつとして、同社から購入したグリーン商品の購入情報を提供するサービスを行っている[17]。一括して同社からオフィス用品を購入する顧客には、グリーン商品の利用実績データやカテゴリー別に分類された購入金額と数量の請求情報が提供され、顧客はそれをそのままグリーン購入の資料として使うことができる。あまり規模の大きくない事業所における環境経営の支援ツールとして、有効であると考えられる。また、同社の配送工程を有効活用することで、商品カタログのリサイクルにも取り組んでおり、その成果が期待されている。

(14) 『地球と人とエネルギー－TEPCO環境行動レポート2002』東京電力株式会社、2002年、110ページ。
(15) 『TGCS：Total Gas Control System』東京ガス防災・供給センター、2002年3月、9-20ページ。
(16) 『都市ガスによる地域冷暖房』東京ガス株式会社都市エネルギー事業部、2000年9月、4-18ページ。
(17) 『Askulグリーン商品リスト（2002秋・冬号）』アスクル株式会社、2002年。

（13）三菱地所のオフィス・環境対策

　不動産開発などを行う三菱地所は、オフィスやビルなどの事業活動にともなう環境対策に取り組んでいる。その活動は、ビル管理という枠からタウンマネジメントをめざして発展している [18]。

（14）トヨタの環境情報ネットワークシステム

　ハイブリッド車、燃料電池自動車の開発、販売などを通じて、トヨタは環境対策を進めている。また、徹底的なコスト削減、ジャスト・イン・タイム生産方式によって、経済的にも環境的にも無駄のない事業展開に取り組んでいる。

　同社の環境対策には、環境情報ネットワークシステムが活用されている [19]。イントラネットを通じて、国内外の環境マネジメント対象の生産会社との情報収集、共有が行われている。

（15）JR 東日本の環境対策

　自動車よりも環境負荷の少ない移動手段として、公共交通機関の役割がみなおされている。JR 東日本は、山梨県におけるパーク・アンド・ライドの取り組みや乗車券の IC カード化（たとえば Suica（スイカ）など）によって、環境対策を進めている [20]。それらの情報や成果をふまえて、さらなる環境マネジメントの改善がはかられると思われる。

---

(18)『環境報告書2002』三菱地所グループ、2002年9月、9ページ。
(19)『環境報告書2002』トヨタ自動車株式会社、2002年7月、61ページ。
(20)『社会環境報告書2002』東日本旅客鉄道株式会社、2002年9月、19、24ページ。

3. 行政における IT を活用した環境政策の取り組み

(1) 行政における情報システムと政策立案

　e-Japan 計画や電子政府、電子社会の制度基盤が整えられていく中で、行政自身による IT を活用した政策立案、実施が進められている。すでに述べてきたように、民間企業においては 1990 年代後半から多様な環境情報システムが構築され、改善がなされてきた。一方、行政における IT を活用した環境行政、環境政策はどのようになっているのか。地球規模だけでなく、国や地域のレベルでも環境関連の対策は外部性が高く、そのため公共的な取り組みが重要な分野でもある。したがって、内部的な行政業務の環境マネジメントだけでなく、外部関係者との環境情報の共有、環境政策の立案・伝達・運用・評価に対して、コストを抑制しながら効果を高めるための重要なツールとして、IT を活用していくことが必要不可欠であると思われる。

(2) 東京都における IT を活用した政策運営

　東京都は、1999 年からディーゼル車 NO 作戦や TDM（交通需要マネジメント）、温暖化阻止！東京作戦など、インターネットを通じた情報提供を組み込んだ多彩な環境政策を展開している。

　これら施策の基本は、東京都環境基本条例に定められている、環境保全に関する必要な情報を適切に提供すること（第 17 条）、都民や事業者、民間団体の自発的な環境保全活動を促進する措置を講ずること（第 19 条）という規定である。さらに、東京都基本計画には、情報発信機能の強化とパートナーシップの推進（第 5 節）が掲げられている。

　1990 年代後半から、東京都環境局ではハード、ソフト、リテラシーなど、環境政策における IT 活用の準備が進められた。迅速な情報収集、共有、発信を行うための業務フローの設計、IT をひとつのツールとして使いこなす技術と企画力の向上など、総合的な取り組みが行われた。その成果は、すでに述べたいくつかの政策の過程や結果にもあらわれ、社会的な関心と評価を集めた。

　現在も明確な戦略と総合的な対策が一体となって、IT の特性を十分にいかした環境政策が展開されている [21]。2002 年の環境 goo の大賞受賞などを契機として、さらなる発展が期待される。

(3) 横須賀市の電子自治体と IT システム

　横須賀市（神奈川県）は、1996 年に情報化基本計画である「よこすか情報フロンティアプラン」を策定し、電子政府（市役所）の推進をはかってきた。一方、環境行政については、環境基本条例にもとづき環境基本計画の策定、ISO-14001 の認証取得、環境会計などの政策が実施されている。

　横須賀市は、統合型の業務情報システムを構築することによって、業務の流れ、情報の活用・共有、政策のチェックを、効率的に行っている。これらの IT 活用は、明確な行政改革のツールとしての位置づけをもっていると考えられる [22]。

　行政業務に関わる環境負荷についても、徹底したデータ管理によって定量的に把握することができるようになっている。環境情報もふくめた行政内部のデータ収集システムとしては、十分な機能を果たしていると考えられる。今後は、それらのツールを活用して、どのような環境政策を展開していくのかが注目される [23]。

(4) 市川市の IT 施策と環境政策

　市川市（千葉県）は、市民による IT サポーターの協力による IT 講習会の実施やいちかわ情報プラザの活用による地域情報化の取り組み、テレビ電話による市民相談など、さまざまな IT 施策を進めている。また、環境政策では ISO-14001 の取得や環境負荷の低減をめざしたエコオフィス活動などが行われ、成果をあげている。

　市川市は、環境に関する意識や市民活動が盛んで、IT に関わる関心も高い地域である。これからはそれらの情報システムをふくめた総合的な政策で、どのように環境行政を進めていくのかが課題となる [24]。

---

(21) 筆者のヒアリング（2002年12月16日、26日）より。
(22) 森山武「横須賀市における文書管理システムについて」『地方自治コンピュータ』第32巻第1号、2002年1月、15-21ページ。
(23) 筆者のヒアリング（2002年11月25日）より。
(24) 筆者のヒアリング（2002年12月27日）より。

4. IT を活用した環境マネジメント・システムの評価

(1) 環境マネジメントの目的と手段の関係

　企業や行政は、それぞれの理念、条件、業務などの組みあわせによって、環境マネジメント・システムの目的を定め、その実現にむかってさまざまな政策や戦略を実行する。そして、その手段のひとつが IT システムである。

　IT を活用した環境マネジメント・システムの評価にあたっても、環境マネジメントの目的との関係をいつも視野に入れる必要がある。企業では経営者（層）、行政ではその長と管理職が、はっきりとした環境意識や理念、戦略をもっていることが、環境情報システムの設計・運用・効果をはかる必要不可欠な要素であると考える。

　その観点からみると、NEC やソニー、NTT、東京都、横須賀市などの取り組みは、明確な戦略のもとに IT 活用が進められており、評価することができる。

(2) IT を活用した環境マネジメント・システムの類型

　IT を活用した環境マネジメント・システムについて、いくつかの事例を取り上げたが、多様性がある一方で共通する性質、類型をみつけることができる。

　1つ目の分類は、IT システムの設計が統合型であるか、分散型であるかである。これによって情報システムの規模、コスト、範囲が異なる。具体的には、業務、基幹システムと関連させてシステムをつくるか、独自にその機能を追加するかの選択となる。

　2つ目の区分は、内部管理型か、外部共有型かである。現時点においては、内部の環境情報システムの整備、改善に取り組んでいるところが多い。今後、ブロードバンドの普及によって、後者の環境情報システムの可能性も出てくると思われる。

(3) 環境情報の内部的活用と外部的共有

　IT を活用した環境マネジメント・システムは、内部的な管理と外部的な共有のどちらにも活用することができる。そして、IT 機器や通信性能、環境意識の状況によって、最適な活用方法は変化する。環境マネジメントが、組織や個人の最適ばかりで

なく、地域や社会の最適化を志向するとすれば、両者のバランスは外部との共有、内部関係者の拡大、再編成へむかっていくと考えられる。

5.　小括

　最後に、本章の結論をまとめてみたい。

　第1に、日本においては1990年代後半から、ITを活用した環境マネジメント・システムの企画、構築、運用が進められた。ITを活用した環境情報システムは、持続可能な成長を支えるためのツールとして、また迅速で正確なデータにもとづいた経営を行うためのツールとして不可欠である。コストの削減と環境業務の効率化をはかる手段として、今後さらにITの活用が進んでいくと考えられる。

　第2に、環境情報の社会的な共有や相互活用は、あまりなされていない。企業には市場競争や利潤といった制約があり、地域的な環境データの公開や社会的な情報提供はほとんどみられない。地球環境は個別の組織や個人にとどまらず、社会的な外部性をもつことから、最適な政策、経営を行うにあたっては、環境情報の共有が必要であり、そのためにもITを活用したマネジメント・システムが重要であると考える。

　今後の課題として、東京都の千代田・中央・港の3区など、企業の環境部門が集積し、商業活動も活発な地域（たとえば、東京駅周辺のエリアなど）に限定して、試験的な情報共有とサステイナブルな活動の実証実験などを行う、といった検証・評価が必要ではないかと考える。

日米 IT 国家戦略の相互関係
─ 個別・総合政策における先行競争─

　日米の IT 国家戦略の相互関係について、1970 年代から 2020 年までの主要プロジェクト・政策・事例を取り上げて分析してきた。

　これまで検証してきたように、日本においては超 LSI プロジェクトに代表される個別産業に対する政策の立案・実施に関しては、一定の成果をあげたと考えられる。それは、1970 年代において最も重要であったハード部門の競争優位を確立するために、一致団結して国内主要企業が協働して技術開発を行ったことで、その成果を活用して 1980 年代には長期的な市場拡大を図ることができた。しかし、1980 年代、1990 年代を通じて、情報産業と通信産業が融合していく中で、その両産業の融合の上に発展する IT 社会への変革にむけた国家戦略の形成には大きな後れを取ってしまった。その原因のひとつは、現在においても解決できていない情報分野と通信分野の政策の二元性にあると思われる。そして、それを克服するための一つの解決策として、IT 戦略本部という首相のリーダーシップによる産業横断的な政策手法が生み出され、そこにおいて米国の IT 国家戦略の形成過程にみられたような政府と企業との相互関係が展開する可能性がみられることは、一定の成果であると考えられる。しかし、米国における政策形成システムと比較すると、その開放性や公平性の確保などで大きな課題を抱えていると言えよう。2000 年以降の IT 基本法制の下、IT 国家戦略の中心的な課題として、IT ネットワークの基盤形成、技術開発とともに、Society5.0 社会の実現にむけた新しい事業、サービスの創

出により重点を置いた戦略立案が重要となった。そこには、これまで以上に、規制や基盤の形成における行政の役割とそのネットワークをベースとした多様なサービス・事業の創出・展開における民間との役割の連携が求められる。米国の同時期の国家ブロードバンド計画の策定や5Gをベースとした新しい社会・生活様式の実現に向けた大統領リーダーシップに基づく戦略策定、それによる民間主導の新産業、新サービスの開発・発展に向けた投資の呼び込みを実現した。ITインフラのハード整備など、特定・個別分野における政策立案・推進において優位性を持つ日本が、IT国家戦略の策定による新しい経済・社会の実現において世界をリードする米国に対し、その遅れを取り戻すことが求められる。

　米国のIT関係施策は、日本と対照的な経過をたどった。自由競争原理を重視する同国において、個別産業に対する国家プロジェクトの実施には容易には踏み込めず、結果として1970年代に半導体分野で日本の先行を許すことになってしまった。その反省にたって、1980年代半ばに組織されたセマテックは、米国におけるIT分野における国家プロジェクトの起点となり、IT政策における政府と産業とのネットワークの基盤形成の素地となったと考えられる。そして、個別政策で日本に出遅れたアメリカが、1990年代初めに来るべきネットワーク社会への国家の基本戦略を示す1991年高性能コンピュータ法を成立させ、その後のNII構想などのIT総合政策を世界に先駆けて展開することに成功したのである。その形成過程を詳しく見てみると、連邦議会の公聴会などを通じた、政府、産業、学界、軍事部門などとの相互協力による政策形成システムの存在が大きな役割を果たしていると考えられる。そこにはIBMをはじめとした主要IT企業との情報共有が行われ、IT社会への変革を具体的に導く政策が形成されたと思われる。

　個別産業政策に関して米国が日本に学んだように、総合的なIT国家戦略については米国から多くの学ぶべき示唆があると思われる。日進月歩のIT政策分野において、特にITネットワークが世界的に整備された環境の中で、有効な政策形成システムの検討と試行が求められている。

また、1990 年代に日米で急速に発展した、新しい経営形態であるモジュール化の分析からも明らかなように、総合的な IT 政策のあり方が、個別の企業経営や個人の生活様式にも影響を及ぼすようになってきている。具体的には、米国の IBM のソリューション・ビジネスへの転換と日本のソニーの戦略変更を比べると、前者が IT 国家戦略を背景に大きな経営転換をなしとげたのに比べて、後者のそれは企業内の部分的なものに止まってしまったと考えられる。その反作用として、国家戦略の中にも経営や利用者の視点からの問題発見や政策提言を組み込んでいく必要性が高まっている。国家、産業、企業、グループ、個人といった多様な視点からの大量の情報を的確に分析、活用することが今後の重要な政策課題であり、IT ネットワークを十分かつ適切に活用した制度設計が求められている。

おわりに

　本論文は、情報通信産業に対する望ましい政策とその形成プロセスを解明することに取り組んだものである。1970年から2020年までの日米のIT国家戦略の実証分析を通じて、その先行と遅滞の対照を示しながら、21世紀を見通す政策のあり方を検証した。

　情報通信産業は、1970年代に先端技術産業として発展し、21世紀には社会・産業の共通インフラとなって、その浮沈は一国の経済全体を左右しかねないほどの戦略性を持つようになった。しかし、その重要性に比べて、それに対する国家戦略や産業政策に関しては、必ずしも十分に研究されてこなかったと思われる。それは、情報通信産業に対する行政・政策の縦割り構造と同じように、研究の分野においても「情報」と「通信」分野が乖離・専門化し、情報通信産業の融合的な特徴や相互関係を中心においた研究にまでふみこみきれなかったことによると思われる。

　さて、情報通信産業の特徴は、ハードとソフト、インフラの融合にある。ハードには微細加工や情報処理などの先端技術が、ソフトにはプログラミングやシステム構築などのユーザー志向の知識・情報が不可欠の要素となっている。また、インフラ整備においては公共性や公平性などの観点からの検討も必要となる。それらの特性に適合した情報通信産業に対する戦略を形成していくためには、既存の政府と産業、政策の実施者と対象者という境界をこえて、相互に知識や情報を共有しながらプランをつくりあげていくことが必要不可欠であると考えられる。

　このような政策形成の必要性は、21世紀の高度科学技術分野に関連する産業にも共通している。たとえば、ナノ・テクノロジーやバイオ・インフォマティックスでは、複雑な製造装置や分析技術の研究開発や、その成果を迅速に製品化につなげられる環境整備が必要であり、そのためには特定の産業のみならず、市場や消費者と直接かかわりながら、制度や政策を柔軟に組みあわせて対応していくことが求められる。本論文の情報通信産業の実証分析を

通じて、先端技術政策や新規産業創出政策なども視野に入れた、望ましい国家戦略・政策形成のあり方の示唆を示すことができたと思う。

　その検証方法として、IT 技術を活用した実証分析の手法をとりいれた。具体的には IT ネットワークを活用し、大量・高品質の情報をデータベースなどによって多面的に検証した。これによって、既存研究では十分に分析されてこなかった政策形成過程にまでふみこんで分析できるようになった。

　最後に、本論文の作成にあたっては、多くの方々からご指導・ご支援をいただいた。法政大学の学部時代からご指導をたまわりました永井憲一教授には、学問の基礎をご指導いただいた。また、千葉商科大学大学院においては、修士課程・博士課程を通じて多くの先生方からご指導をいただいた。加藤寛学長、小倉信次教授、伊藤公一教授、小栗幸夫教授、影山僖一教授、樹下明教授、麻生幸教授、熊岡洋一教授、笹本彌太郎教授、小島眞教授、井関利明教授、岡本博司教授、日向寺純雄教授、熊田禎宣教授はじめ、多くの教職員の皆様にご指導・ご支援をいただいた。学会発表では、鳥居昭夫教授（横浜国立大学）、瀧澤弘和先生（独立行政法人産業経済研究所）、飯尾潤教授（政策研究大学院大学）、赤石浩一先生（独立行政法人産業経済研究所）、太田敏澄教授（電気通信大学）、小野田勝洋先生（財団法人 C&C 振興財団）などから貴重なご示唆を頂戴した。記して御礼申しあげる。

2020 年 10 月 10 日

藏田幸三

［本書籍は、千葉商科大学学術出版助成を受けております。］

＊　＊　＊

これまで長い期間にわたる研究・活動を支えてくれた両親関係者と、妻 陽子と
幸千、陽大の 2 人の子どもたちに感謝の気持ちと本署をささげる。
2021 年 2 月 20 日
COVID-19 感染拡大下の東京の自宅にて　藏田幸三

＊　＊　＊

参考資料：

平成十二年法律第百四十四号
高度情報通信ネットワーク社会形成基本法

目次

第一章　総則

（目的）
第一条　この法律は、情報通信技術の活用により世界的規模で生じている急激かつ大幅
　　な社会経済構造の変化に適確に対応することの緊要性にかんがみ、高度情報通信ネッ
　　トワーク社会の形成に関し、基本理念及び施策の策定に係る基本方針を定め、国及び
　　地方公共団体の責務を明らかにし、並びに高度情報通信ネットワーク社会推進戦略本
　　部を設置するとともに、高度情報通信ネットワーク社会の形成に関する重点計画の作
　　成について定めることにより、高度情報通信ネットワーク社会の形成に関する施策を
　　迅速かつ重点的に推進することを目的とする。

（定義）
第二条　この法律において「高度情報通信ネットワーク社会」とは、インターネットそ
　　の他の高度情報通信ネットワークを通じて自由かつ安全に多様な情報又は知識を世
　　界的規模で入手し、共有し、又は発信することにより、あらゆる分野における創造的
　　かつ活力ある発展が可能となる社会をいう。

（すべての国民が情報通信技術の恵沢を享受できる社会の実現）
第三条　高度情報通信ネットワーク社会の形成は、すべての国民が、インターネットそ
　　の他の高度情報通信ネットワークを容易にかつ主体的に利用する機会を有し、その利
　　用の機会を通じて個々の能力を創造的かつ最大限に発揮することが可能となり、もっ
　　て情報通信技術の恵沢をあまねく享受できる社会が実現されることを旨として、行わ
　　れなければならない。

（経済構造改革の推進及び産業国際競争力の強化）
第四条　高度情報通信ネットワーク社会の形成は、電子商取引その他の高度情報通信
　　ネットワークを利用した経済活動（以下「電子商取引等」という。）の促進、中小企

業者その他の事業者の経営の能率及び生産性の向上、新たな事業の創出並びに就業の機会の増大をもたらし、もって経済構造改革の推進及び産業の国際競争力の強化に寄与するものでなければならない。

（ゆとりと豊かさを実感できる国民生活の実現）
第五条　高度情報通信ネットワーク社会の形成は、インターネットその他の高度情報通信ネットワークを通じた、国民生活の全般にわたる質の高い情報の流通及び低廉な料金による多様なサービスの提供により、生活の利便性の向上、生活様式の多様化の促進及び消費者の主体的かつ合理的選択の機会の拡大が図られ、もってゆとりと豊かさを実感できる国民生活の実現に寄与するものでなければならない。

（活力ある地域社会の実現及び住民福祉の向上）
第六条　高度情報通信ネットワーク社会の形成は、情報通信技術の活用による、地域経済の活性化、地域における魅力ある就業の機会の創出並びに地域内及び地域間の多様な交流の機会の増大による住民生活の充実及び利便性の向上を通じて、個性豊かで活力に満ちた地域社会の実現及び地域住民の福祉の向上に寄与するものでなければならない。

（国及び地方公共団体と民間との役割分担）
第七条　高度情報通信ネットワーク社会の形成に当たっては、民間が主導的役割を担うことを原則とし、国及び地方公共団体は、公正な競争の促進、規制の見直し等高度情報通信ネットワーク社会の形成を阻害する要因の解消その他の民間の活力が十分に発揮されるための環境整備等を中心とした施策を行うものとする。

（利用の機会等の格差の是正）
第八条　高度情報通信ネットワーク社会の形成に当たっては、地理的な制約、年齢、身体的な条件その他の要因に基づく情報通信技術の利用の機会又は活用のための能力における格差が、高度情報通信ネットワーク社会の円滑かつ一体的な形成を著しく阻害するおそれがあることにかんがみ、その是正が積極的に図られなければならない。

（社会経済構造の変化に伴う新たな課題への対応）
第九条　高度情報通信ネットワーク社会の形成に当たっては、情報通信技術の活用により生ずる社会経済構造の変化に伴う雇用その他の分野における各般の新たな課題について、適確かつ積極的に対応しなければならない。

（国及び地方公共団体の責務）

第十条　国は、第三条から前条までに定める高度情報通信ネットワーク社会の形成についての基本理念（以下「基本理念」という。）にのっとり、高度情報通信ネットワーク社会の形成に関する施策を策定し、及び実施する責務を有する。

第十一条　地方公共団体は、基本理念にのっとり、高度情報通信ネットワーク社会の形成に関し、国との適切な役割分担を踏まえて、その地方公共団体の区域の特性を生かした自主的な施策を策定し、及び実施する責務を有する。

第十二条　国及び地方公共団体は、高度情報通信ネットワーク社会の形成に関する施策が迅速かつ重点的に実施されるよう、相互に連携を図らなければならない。

（法制上の措置等）

第十三条　政府は、高度情報通信ネットワーク社会の形成に関する施策を実施するため必要な法制上又は財政上の措置その他の措置を講じなければならない。

（統計等の作成及び公表）

第十四条　政府は、高度情報通信ネットワーク社会に関する統計その他の高度情報通信ネットワーク社会の形成に資する資料を作成し、インターネットの利用その他適切な方法により随時公表しなければならない。

（国民の理解を深めるための措置）

第十五条　政府は、広報活動等を通じて、高度情報通信ネットワーク社会の形成に関する国民の理解を深めるよう必要な措置を講ずるものとする。

第二章　施策の策定に係る基本方針

（高度情報通信ネットワークの一層の拡充等の一体的な推進）

第十六条　高度情報通信ネットワーク社会の形成に関する施策の策定に当たっては、高度情報通信ネットワークの一層の拡充、高度情報通信ネットワークを通じて提供される文字、音声、映像その他の情報の充実及び情報通信技術の活用のために必要な能力の習得が不可欠であり、かつ、相互に密接な関連を有することにかんがみ、これらが一体的に推進されなければならない。

（世界最高水準の高度情報通信ネットワークの形成）

第十七条　高度情報通信ネットワーク社会の形成に関する施策の策定に当たっては、広く国民が低廉な料金で利用することができる世界最高水準の高度情報通信ネットワークの形成を促進するため、事業者間の公正な競争の促進その他の必要な措置が講じられなければならない。

（教育及び学習の振興並びに人材の育成）

第十八条　高度情報通信ネットワーク社会の形成に関する施策の策定に当たっては、すべての国民が情報通信技術を活用することができるようにするための教育及び学習を振興するとともに、高度情報通信ネットワーク社会の発展を担う専門的な知識又は技術を有する創造的な人材を育成するために必要な措置が講じられなければならない。

（電子商取引等の促進）

第十九条　高度情報通信ネットワーク社会の形成に関する施策の策定に当たっては、規制の見直し、新たな準則の整備、知的財産権の適正な保護及び利用、消費者の保護その他の電子商取引等の促進を図るために必要な措置が講じられなければならない。

（行政の情報化）

第二十条　高度情報通信ネットワーク社会の形成に関する施策の策定に当たっては、国民の利便性の向上を図るとともに、行政運営の簡素化、効率化及び透明性の向上に資するため、国及び地方公共団体の事務におけるインターネットその他の高度情報通信ネットワークの利用の拡大等行政の情報化を積極的に推進するために必要な措置が講じられなければならない。

（公共分野における情報通信技術の活用）

第二十一条　高度情報通信ネットワーク社会の形成に関する施策の策定に当たっては、国民の利便性の向上を図るため、情報通信技術の活用による公共分野におけるサービスの多様化及び質の向上のために必要な措置が講じられなければならない。

（高度情報通信ネットワークの安全性の確保等）

第二十二条　高度情報通信ネットワーク社会の形成に関する施策の策定に当たっては、高度情報通信ネットワークの安全性及び信頼性の確保、個人情報の保護その他国民が高度情報通信ネットワークを安心して利用することができるようにするために必要な措置が講じられなければならない。

（研究開発の推進）

第二十三条　高度情報通信ネットワーク社会の形成に関する施策の策定に当たっては、急速な技術の革新が、今後の高度情報通信ネットワーク社会の発展の基盤であるとともに、我が国産業の国際競争力の強化をもたらす源泉であることにかんがみ、情報通信技術について、国、地方公共団体、大学、事業者等の相互の密接な連携の下に、創造性のある研究開発が推進されるよう必要な措置が講じられなければならない。

（国際的な協調及び貢献）

第二十四条　高度情報通信ネットワーク社会の形成に関する施策の策定に当たっては、高度情報通信ネットワークが世界的規模で展開していることにかんがみ、高度情報通信ネットワーク及びこれを利用した電子商取引その他の社会経済活動に関する、国際的な規格、準則等の整備に向けた取組、研究開発のための国際的な連携及び開発途上地域に対する技術協力その他の国際協力を積極的に行うために必要な措置が講じられなければならない。

第三章　高度情報通信ネットワーク社会推進戦略本部

（設置）

第二十五条　高度情報通信ネットワーク社会の形成に関する施策を迅速かつ重点的に推進するため、内閣に、高度情報通信ネットワーク社会推進戦略本部（以下「本部」という。）を置く。

（所掌事務等）

第二十六条　本部は、次に掲げる事務（サイバーセキュリティ基本法（平成二十六年法律第百四号）第二十六条第一項に掲げる事務のうちサイバーセキュリティに関する施策で重要なものの実施の推進に関するものを除く。）をつかさどる。

　一　高度情報通信ネットワーク社会の形成に関する重点計画（以下「重点計画」という。）を作成し、及びその実施を推進すること。

　二　官民データ活用推進基本法（平成二十八年法律第百三号）第八条第一項に規定する官民データ活用推進基本計画の案の作成及び実施の推進に関すること。

　三　前号に掲げるもののほか、官民データ活用推進基本法第二条第一項に規定する官民データ（以下この号において「官民データ」という。）の適正かつ効果的な活用の推進に関する施策で重要なものの企画に関する調査審議、施策の評価その他の官民データの適正かつ効果的な活用の推進に関する施策で重要なものの実施の推進

　　　及び総合調整に関すること。
　　四　前三号に掲げるもののほか、高度情報通信ネットワーク社会の形成に関する施策
　　　で重要なものの企画に関して審議し、及びその施策の実施を推進すること。
2　第二十八条第一項に規定する本部長は、前項に規定する事務（高度情報通信ネット
　　ワーク社会の形成に関する施策で重要なものの実施の推進に限る。）のうち次に掲げ
　　る事項に係るもの及び第三十一条第一項に規定する協力の求めに係る事務を第三十
　　条第二項第二号に掲げる者をもって充てる同条第一項に規定する本部員に行わせる
　　ことができる。
　　一　府省横断的な計画の作成
　　二　関係行政機関の経費の見積りの方針の作成
　　三　施策の実施に関する指針の作成
　　四　施策の評価
3　前項に規定する本部員は、同項に規定する事務を行う場合において、必要があると
　　認めるときは、第二十八条第一項に規定する本部長に対し、当該事務に関し意見を述
　　べることができる。

（組織）
第二十七条　本部は、高度情報通信ネットワーク社会推進戦略本部長、高度情報通信
　　ネットワーク社会推進戦略副本部長及び高度情報通信ネットワーク社会推進戦略本
　　部員をもって組織する。

（高度情報通信ネットワーク社会推進戦略本部長）
第二十八条　本部の長は、高度情報通信ネットワーク社会推進戦略本部長（以下「本部
　　長」という。）とし、内閣総理大臣をもって充てる。
2　本部長は、本部の事務を総括し、所部の職員を指揮監督する。
3　本部長は、第二十六条第二項に規定する本部員が同項に規定する事務を行う場合に
　　おいて、当該事務の適切な実施を図るため必要があると認めるときは、当該本部員に
　　対し、当該事務の実施状況その他必要な事項の報告を求めることができる。
4　本部長は、第二十六条第三項の意見及び前項の報告に基づき、必要があると認める
　　ときは、関係行政機関の長に対し、勧告することができる。

（高度情報通信ネットワーク社会推進戦略副本部長）
第二十九条　本部に、高度情報通信ネットワーク社会推進戦略副本部長（以下「副本部
　　長」という。）を置き、国務大臣をもって充てる。

2 副本部長は、本部長の職務を助ける。

（高度情報通信ネットワーク社会推進戦略本部員）
第三十条 本部に、高度情報通信ネットワーク社会推進戦略本部員（以下「本部員」という。）を置く。
2 本部員は、次に掲げる者をもって充てる。
 一 本部長及び副本部長以外の全ての国務大臣
 二 内閣情報通信政策監
 三 高度情報通信ネットワーク社会の形成に関し優れた識見を有する者のうちから、内閣総理大臣が任命する者

（官民データ活用推進戦略会議）
第三十条の二 第二十六条第一項第二号及び第三号に掲げる事務を所掌させるため、別に法律で定めるところにより、本部に、官民データ活用推進戦略会議を置く。

（資料の提出その他の協力）
第三十一条 本部は、その所掌事務を遂行するため必要があると認めるときは、関係行政機関、地方公共団体及び独立行政法人（独立行政法人通則法（平成十一年法律第百三号）第二条第一項に規定する独立行政法人をいう。）の長並びに特殊法人（法律により直接に設立された法人又は特別の法律により特別の設立行為をもって設立された法人であって、総務省設置法（平成十一年法律第九十一号）第四条第一項第九号の規定の適用を受けるものをいう。）の代表者に対して、資料の提出、意見の開陳、説明その他必要な協力を求めることができる。
2 本部は、その所掌事務を遂行するため特に必要があると認めるときは、前項に規定する者以外の者に対しても、必要な協力を依頼することができる。

（地方公共団体への協力）
第三十二条 地方公共団体は、第十一条に規定する施策の策定又は実施のために必要があると認めるときは、本部に対し、情報の提供その他の協力を求めることができる。
2 本部は、前項の規定による協力を求められたときは、その求めに応じるよう努めるものとする。

（事務）
第三十三条 本部に関する事務は、内閣官房において処理し、命を受けて内閣官房副長

官補が掌理する。

（主任の大臣）
第三十四条　本部に係る事項については、<u>内閣法</u>（昭和二十二年法律第五号）にいう主任の大臣は、内閣総理大臣とする。

（政令への委任）
第三十五条　この法律に定めるもののほか、本部に関し必要な事項は、政令で定める。

第四章　高度情報通信ネットワーク社会の形成に関する重点計画

第三十六条　本部は、この章の定めるところにより、重点計画を作成しなければならない。
2　重点計画は、次に掲げる事項について定めるものとする。
　一　高度情報通信ネットワーク社会の形成のために政府が迅速かつ重点的に実施すべき施策に関する基本的な方針
　二　世界最高水準の高度情報通信ネットワークの形成の促進に関し政府が迅速かつ重点的に講ずべき施策
　三　教育及び学習の振興並びに人材の育成に関し政府が迅速かつ重点的に講ずべき施策
　四　電子商取引等の促進に関し政府が迅速かつ重点的に講ずべき施策
　五　行政の情報化及び公共分野における情報通信技術の活用の推進に関し政府が迅速かつ重点的に講ずべき施策
　六　高度情報通信ネットワークの安全性及び信頼性の確保に関し政府が迅速かつ重点的に講ずべき施策
　七　前各号に定めるもののほか、高度情報通信ネットワーク社会の形成に関する施策を政府が迅速かつ重点的に推進するために必要な事項
3　重点計画に定める施策については、原則として、当該施策の具体的な目標及びその達成の期間を定めるものとする。
4　本部は、第一項の規定により重点計画を作成したときは、遅滞なく、これをインターネットの利用その他適切な方法により公表しなければならない。
5　本部は、適時に、第三項の規定により定める目標の達成状況を調査し、その結果をインターネットの利用その他適切な方法により公表しなければならない。
6　第四項の規定は、重点計画の変更について準用する。

附　則

（施行期日）

1　この法律は、平成十三年一月六日から施行する。

（検討）

2　政府は、この法律の施行後三年以内に、この法律の施行の状況について検討を加え、その結果に基づいて必要な措置を講ずるものとする。

附　則　（平成二五年五月三一日法律第二二号）

（施行期日）

1　この法律は、公布の日から施行する。ただし、次項（第四号に係る部分に限る。）の規定は、行政手続における特定の個人を識別するための番号の利用等に関する法律（平成二十五年法律第二十七号）の公布の日又はこの法律の施行の日のいずれか遅い日から施行する。

（検討）

2　政府は、第一条の規定による改正後の内閣法第十六条第一項の規定により内閣官房に内閣情報通信政策監が置かれることを踏まえ、情報通信技術の活用により国民の利便性の向上及び行政運営の改善を図る観点から、強化された内閣官房の総合調整機能を十全に発揮して、次に掲げる方策について総合的かつ一体的に検討を加え、その結果に基づいて必要な措置を講ずるものとする。

　　一　行政機関が保有する情報をインターネットその他の高度情報通信ネットワークの利用を通じて公表するための方策

　　二　前号の情報を民間事業者が加工し、インターネットその他の高度情報通信ネットワークの利用を通じて国民に提供するための方策（当該情報の提供を受ける者が本人であることを確認するための措置を簡素化するための方策を含む。）

　　三　行政機関による情報システムの共用を推進するための方策

　　四　行政手続における特定の個人を識別するための番号の利用等に関する法律第二条第十四項に規定する情報提供ネットワークシステムを効率的に整備するための方策

　附　則　（平成二六年一一月一二日法律第一〇四号）

（施行期日）
第一条　この法律は、公布の日から施行する。ただし、第二章及び第四章の規定並びに附則第四条の規定は、公布の日から起算して一年を超えない範囲内において政令で定める日から施行する。

　附　則　（平成二七年九月一一日法律第六六号）

（施行期日）
第一条　この法律は、平成二十八年四月一日から施行する。

　附　則　（平成二八年一二月一四日法律第一〇三号）

（施行期日）
1　この法律は、公布の日から施行する。

　附　則　（平成三〇年一二月一二日法律第九一号）　抄

（施行期日）
1　この法律は、公布の日から起算して一年を超えない範囲内において政令で定める日から施行する。

参考文献目録

（外国語文献）

I Industrial Policy, Management theory and Related Thesis

1. Abegglen, J. C., *The Japanese Factory : Aspects of its Social Organization* , Massachusetts, The Free Press , 1958.

2. Abernathy, William J.,Clark,Kim B. and Kantrow , Alan M. , *Industrial Renaissance* , New York , Basic Books Inc.,1983.

3. Abernathy, William J., *The Productivity Dilemma ----- The Roadblock to Automobile Industry* , Baltimore, The Johns Hopkins University Press, 1973., chapter 4

4. Bain, Joe S., *Industiral Organization* , New York , John Wiley and Sons , Inc., 1958.

5. Barnard, Chester I., *The Functions of the Executives* , Cambridge MA , Harvard University Press , 1938.

6. Brander, James A. and Spencer, Barbara J., "International R&D Rivalry and Industrial Strategy " , *Review of Economic Studies* 50 (1983) pp.707-720

7. Brander, James A. and Spencer, Barbara J., "Export Subsidies and International Market Share Rivalry " , *Journal of International Economics* 16 (1985) pp.83-100

8. Clark, Timothy, ed. , *Advancement in organizational behaviour : essays in honour of Derek S. Pugh* , Aldershot England , Ashgate ,1997.

9. Coase, R.H., *The Firm , The Market , And The Law* , Chicago , The University of Chicago Press , 1988.

10. Cusumano, Michael A., *Japan's Software Factories : A Challenge To U.S Management,* Oxford, Oxford University Press, 1991.

11. Cusumano, Michael A. and Selby, Richard W., *Microsoft Secrets*, New York, The Free Press, 1995.

12. Dertous, Michael L., Lester, Richard K.,Solow, Robert M. and the MIT Commission on

Industrial Productivity , *Made in America : regaining the productive edge* , Cambridge MA, MIT Press , 1989.

13. Dizard, Wilson Jr., Digital Diplomacy : U.S. Foreign Policy in the Information Age, Praeger, 2001.

14. Dixit, Avinash K. and Kyle, A.S., "The Use of Protection and Subsidies for Entry Promotion and Deterrence" , *American Economic Review* 75 (1985) pp.139-152

15. Dore , Ronald P., British Factory -----*Japanese Factory ; The Origin of National Diversity in Industrial Relations* , Berklay , University of California Press , 1973.

16. Dosi, Giovanni, *Technical Challenge And Industrial Transformation ; The Theory and an Application to the Semiconductor Industry* , London and New York , The Macmillan Press Ltd. , 1984.

17. Dosi, Giovanni, Teece, David J.,and Chytry, Josef, ed , *Technology , organization , and competitiveness : perspectives on industrial and corporate change* , Oxford , Oxford University Press , 1998.

18. Galbraith , J.K., *The New Industrial State* , Boston , Houghston Mifflin Company , 1st ed., 1967.

19. Gerschenkron, Alexander A., *Economic Backwardness in Historical Perspective* , Cambridge MA , The Bellknap Press of Harvard University Press , 1962.

20. Gruber, Harald, *Learning and strategic product innovation : theory and evidence for the semiconductor* , Amsterdam , North-Holland , 1994.

21. Gulledge, Thomas R. and Hutzler, William P., ed. ,*Analytical methods in software engineering economics* , Berlin , Springer-Verlag ,1993.

22. Helpman, Elhanan and Krugman, Paul, *Trade policy and Market Structure* , Cambridge MA, MIT Press , 1989.

23. Henderson, Jeffrey with a foreword by Worsley, Peter, *The globalisation of high technology production : society , space , and semiconductors in the restructuring of the the modern world* , London , Routledge , 1989.

24. Hernon, Peter, *Federal Information Policies in the 1990s: Views and Perspectives*, Ablex Publishing Corporation, 1996.

25. Johnson, C., *MITI and the Japanese Miracle: The Growth of Industrial Policy,1925-1975*, Stanford CA,Stanford University Press, 1982

26. Keynes,John M., *The General Theory of Employment , Interest , and Money* , New York,Harcout Brace & World , 1936.

27. Krueger, Anne O., ed , *The Political Economy of American Trade Policy* , Chicago, The University of Chicago Press , 1996.

28. Krugman, Paul and Obstfeld, Maurice, *International economics : theory and policy* , New York, Harper Collins College Publishers, 1994.

29. Krugman, Paul, *The self-organizing economy* , Cambridge MA , Blackwell Publishers , 1996.

30. Malerba, Franco, *The semiconductor business : the economics of rapid growth and decline* , London , F.Printer , 1985.

31. Marshall, Mary Burke, *Federal Regulatory Directory, 9th edition*, Congressional Quarterly, 1999.

32. Martin, Stephen, *Advanced Industrial Economics* , Oxford and Cambridge MA , Blackwell Publishers , 1993.

33. Miller, Roger and Cote, Marcel, *Growing the next Silicon Valley : a guide for successful regional planning* , Lexington Mass. , Lexington Books , 1987.

34. OECD, *Information technologies in education : the quest for quality software* , Paris , 1989.

35. OECD, *The Internationalisation of software and computer services* , Paris , 1989.

36. Okimoto, Daniel I., *Between MITI and the Market:Japanese Industrial Policy for High Technology*, Stanford CA, Stanford University Press, 1989

37. Ouchi, William G., *Theory Z : How American Business Can Meet The Japanese Challenge*, Cambridge MA, Addison-Wesley Publishing Company Inc., 1981.

38. Picot, Arnold, Transaktionskostenansatz in der Organisationstheorie : Stand der Diskussion und Aussagewert , *Die Betriebswirtschaft* , 42 , 1982 . 2.

39. Porter, Michael E., ed , *Competition in Global Industries* , Boston , Harvard Business School Press , 1986.

40. Porter, Michael E., *The Competitive Advantage of Nations* , New York , The Free Press , 1990.

41. Samuelson, Paul A. and Nordhaus , William D. , *Economics* , New York , McGraw Hill Publishing Company , 1981.

42. Schumpeter, Joseph A., *Capitalism, Socialism, and Democracy*, New York , Harper & Brothers Publishers,1950.

43. Tilton, Mark, *Retrained trade : cartels in Japan's basic materials industries*, New York, Cornell University Press, 1996.

44. Williamson, Oliver E., *The Economic Institution of Capitalism , Firms , Markets , Relational Contracting* , New York , The Free Press , 1985.

45. Williamson, Oliver E., *The Mechanisms of Governance* , New York and Oxford , Oxford University Press , 1996.

II Information Society, Information technology and Related Thesis

46. Baldwin, Carliss Y. and Clark, Kim B., Design Rules : Volume 1. The Power of Modularity, Cambridge, MA, MIT Press, 2000.

47. Baldwin, Carliss Y. and Clark, Kim B., "Managing in an Age of Modularity", Harvard Business Review, 1997., 75(5), pp.84-93.

48. Buchstein, Hubertus, "Bytes That Bite: The Internet and Deliberative Democracy",Constellations,Vol.4,No.2,10 1997,pp.248-263.

49. Burnett, Robert, "Media and Information Technology: The Blind spot of Media and Communication Research?",Nordicom Review,Vol.18,No.2,11 1997,pp.83-88.

50. Campbell, Heather, "A Social Interactionist Perspective on Computer Implementation",Jounal of the American Planning Association,Vol.62,No.1,winter 1996,pp.99-107.

51. Carle,Y Kathleen M., "Communicating New Ideas: The Potential Impact of Information and Telecommunication Technology",Technology in Society ,Vol.18,No.2,4 1996,pp.219-230.

52. Craig, W. J., "The Internet aids community participation in the planning process.",Computers, Environment & Urban Systems,Vol.22,No.4,1998,pp.393-404.

53. Currie, W. L., "Organizational Structure and the Use of Information Technology: Preliminary Findings of Survey in the Private and Public Sector",International Journal of Information Management,Vol.16,No.1,Feb 1996,pp.51-64.

54. Fetzer, James H., "Computer Reliability and Public Policy: Limits of Knowledge of Computer-Based Systems",Social Philosophy & Policy, Vol.13,No.2,summer 1996,pp.229-266.

55. Friedland, Lewis A., "Electronic Democracy and the New Citizenship",Media Culture & Society ,Vol.18,No.2,4 1996,pp.185-212.

56. Fulk, Janet; DeSanctis, Gerardine, "Electronic Communication and Changing Organizational Forms",Organization Science,Vol.6,No.4,Jul-Aug 1995,pp.337-349.

57. Gobbin, Renzo, "The role of cultural fitness in user resistance to information technology tools.",Interacting with Computers,Vol.9,No.3,1998,pp.275-285.

58. Hearn, Greg; Ninan, Abraham, "Communicative Strategies and the Evolution of Organizations Facing the New Turbulence: ICTs as Problems and Opportunities",Prometheus, Vol.15,No.1,Apr 1997,pp.101-109.

59. Hinds, Pamela; Kiesler, Sara, "Communication across Boundaries: Work, Structure, and Use of Communication Technologies in a Large Organization",Organization Science,Vol.6,No.4,Jul-Aug 195,pp.373-393.

60. Hone, Kate S. ; Kerrin, Maire ; Cox. Tom, "CORDiT: A multi-dimensional model for evaluating the psychological impact of teleworking.",European Psychologist,Vol.3,No.3,1998, pp.227-237.

61. Huuhtanen, Pekka, "Toward a multilevel model in longitudinal studies in computerization in offices",International Journal of Human-Computer Interaction,Vol.9,No.4,1997, pp.383-405.

62. Kanungo, Shivraj, "An Empirical Study of Organizational Culture and Network-Based Computer Use",Computers in Human Behavior,Vol.14,No.1,Jan 1998,pp.79-91.

63. Katz, James E., "The Social Side of Information Networking",Society ,Vol.34,No.3,Mar-Apr 1997,pp.9-12.

64. Kurland, Nancy B. ; Baile,Y Diane E., "Telework: The advantages and challenges of working here, there, anywhere, and anytime.",Organizational Dynamics,Vol.28,No.2,1999, pp.53-68.

65. Lamberton, Don, "A Telecommunications Infrastructure Is Not an Information Infrastructure", Prometheus,Vol.14,No.1,6 1996,pp.31-38.

66. Luke, Timothy W., "The Politics of Digital Inequality: Access, Capability and Distribution in Cyberspace",New Political Science,No.41-42,fall 1997,pp.121-144.

67. Mosco, Vincent, "Myths along the Information Highway",Peace Review,Vol.8,No.1,3 1996,pp.119-125.

68. Pickering, Jeanne M.; King, John Leslie, "Hardwiring Weak Ties: Interorganizational Computer-Mediated Communication, Occupational Communities, and Organizational Change",Organization Science,Vol.6,No.4,July-Aug 1995,pp.479-486.

69. Rasmussen, Terje, "Social Interaction and the New Media: The Construction of Communicative Contexts",Nordicom Review,Vol.18,No.2,11 1997,pp.63-76.

70. Read, William H.; Youtie, Jan Linker, "Policy Strategies along the Information Superhighway",Policy Studies Review,Vol.14,No.1-2,spring-summer 1995,pp.99-106.

71. Riedel, Eric ; Dresel, Libby ; Wagoner, Marc J. ; Sullivan. John L. ; Borgida, Eugene, "Electronic communities: Assessing equality of access in a rural Minnesota community.",Social Science Computer Review,Vol.16,No.4,1998,pp.370-390.

72. Sandkuhl, Kurt; Fuchs-Kittowski, Frank, "Telecooperation in decentralized organizations: Conclusions based on empirical research",Behaviour & Information Technology,

Vol.9,No.4,1999,pp.339-347.

73. Verstraeten, Hans, "The Media and the Transformation of the Public Sphere: A Contribution for a Critical Political Economy of the Public Sphere",European Journal of Communication,Vol.11,No.3,9 1996,pp.347-370.

74. Watson, Sophie, "New Orders, Disorders and Creative Chaos: The Information Age and the Network Society",Policy and Politics,Vol.26,No.2,4 1998,pp.227-233.

（日本語文献）

....

I 産業政策史資料

1. 産業構造審議会編『70年代の通商産業政策 −産業構造審議会中間報告』大蔵省印刷局 1971年

2. 通商産業省『産業構造の長期ビジョン−産業構造審議会報告』通商産業調査会 1974年

3. 通商産業省産業構造審議会編『80年代の通産政策ビジョン』通商産業調査会 1980年

4. 通商産業省重工業局重工業課編『70年代の電子・機械工業 −機電法の解説』通商産業調査会 1971年

5. 通商産業省通商産業政策史編纂委員会編『通商産業政策史』第1巻〜第17巻 通商産業調査会 1994年

II 日本産業政策論

6. 伊藤元重・清野一治・奥野正寛・鈴村興太郎『産業政策の経済分析』東京大学出版会 1996年

7. 今井賢一『資本主義のシステム間競争』筑摩書房 1992年

8. 小倉信次『機械工業と下請制』泉文堂 1994年

9.   小野五郎『現代日本の産業政策－段階別政策決定のメカニズム－』日本経済新聞社
      1999 年

10.   影山僖一『通商産業政策論研究』日本評論社 1999 年

11.   加藤寛・黒川和美『政府の経済学』有斐閣 1987 年

12.   加藤寛・浜田文雅『公共経済学の基礎』有斐閣 1996 年

13.   小西唯雄編『産業組織論の新潮流と競争政策』晃洋書房 1994 年

14.   小宮隆太郎・奥野正寛・鈴村興太郎編『日本の産業政策』東京大学出版会 1984 年

15.   白石孝『戦後日本通商政策史―経済発展 30 年の軌跡』税務経理協会 1983 年

16.   鶴田俊正『戦後日本の産業政策』日本経済新聞社 1982 年

17.   松井隆幸『戦後日本産業政策の政策過程』九州大学出版会 1997 年

18.   丸尾直美『総合政策論』有斐閣 1993 年

19.   宮沢健一『制度と情報の経済学』有斐閣 1988 年

20.   ミュラー著 加藤寛監訳『公共選択論』有斐閣 1993 年

21.   ロバート・M・オアー Jr. 著、田辺悟訳『日本の政策決定過程〜対外援助と外圧』東
      洋経済新報社 1993 年

Ⅲ 経営論・技術革新論

22.   宇賀克也『政策評価の法制度〜政策評価法・条例の解説』有斐閣 2002 年

23.   影山僖一『国際経営移転論―日本企業のグローバリゼイション―』税務経理協会
      1997 年

24.   影山僖一『トヨタシステムの研究：日本自動車産業論』産能大学出版部 1993 年

25.   加護野忠男『組織認識論：企業における創造と革新の研究』千倉書房 1988 年

26. 河合忠彦『戦略的組織革新～シャープ、ソニー、松下電器の比較』有斐閣 1996 年

27. クレイトン・クリステンセン著、伊豆原弓訳、玉田俊平太解説『イノベーションのジレンマ～技術革新が巨大企業を滅ぼすとき』翔泳社 20000 年

28. 作久間昭光『イノベーションと市場構造』有斐閣 1998 年

29. ジェームズ・P. ウォマック他著 沢田博訳『リーン生産方式が世界の自動車産業をこう変える 最強の日本車メーカーを欧米が追い越す日』経済界 1990 年

30. J.M. アッターバック著 大津正和・小川進監訳『イノベーション・ダイナミクス－事例から学ぶ技術戦略』有斐閣 1998 年

31. 橋本寿朗『日本企業システムの戦後史』東京大学出版会 1996 年

32. 橋本寿朗『戦後日本経済の成長構造－企業システムと産業政策の分析』有斐閣 2001 年

33. マイケル .E. ポーター著 竹内弘高訳『競争戦略論Ⅰ・Ⅱ』ダイヤモンド社 1999 年

Ⅳ 米国情報通信産業・政策論

34. アイラ・C・マガジナー、ロバート・B・ライシュ著、天谷直弘監訳、中岡望・塩崎恭久・永岡洋治『アメリカの挑戦：日米欧の企業戦略と産業政策』東洋経済新報社 1984 年

35. 浅井澄子『情報通信の政策評価』日本評論社 2001 年

36. 石黒一憲『超高速通信ネットワーク－その構築への夢と戦略』NTT 出版 1994 年

37. 石黒一憲『世界情報通信基盤の構築：国家・暗号・電子マネー』NTT 出版 1997 年

38. 浦山重郎編著, 向殿政男・阪田史郎・菰田文男・宮内充・石川哲夫著『情報・通信ビッグバン』東洋経済新報社 1998 年

39. オルセック著, 青木榮一訳『米国議会の実際知識：法律はいかに制定されるか』日本経済新聞社 1982 年

40. 城所岩生『米国通信法解説』木鐸社 2001 年

41. 小長谷一之・富沢木実編著『マルチメディア都市の戦略～シリコンアレーとマルチメディアガルチ』東洋経済新報社 1999 年

42. 草野厚『アメリカ議会と日米関係』中央公論社 1991 年

43. 国際通信経済研究所（研究報告書）『主要欧米諸国の情報通信の動向』国際通信経済研究所 1986 年

44. 芝野治郎『情報スーパーハイウェイの成功戦略』中央経済社 1995 年

45. 菅谷実『アメリカのメディア産業政策：通信と放送の融合』中央経済社 1997 年

46. 菅谷実・高橋浩夫・岡本秀之編著『情報通信の国際提携戦略』中央経済社 1999 年

47. 立石剛『米国経済再生と通商政策：ポスト冷戦期における通商政策』同文舘出版 2000 年

48. 谷口洋志『米国の電子商取引政策：デジタル経済における政府の役割』〔第 2 版〕創成社 2001 年

49. チャールズ・カプチャン著、坪内淳訳『アメリカの時代の終わり (上)(下)』日本放送出版協会 2003 年

50. 中村泰男『アメリカ連邦議会論』勁草書房 1992 年

51. 日本経済政策学会編『経済政策から見た「IT 戦略」（日本経済政策学会年報 L)』勁草書房 2002 年

52. 米国商務省著、室田泰弘訳『ディジタル・エコノミー：米国商務省リポート』東洋経済新報社 1999 年

53. 米国商務省著、室田泰弘編訳『ディジタル・エコノミー II ：米国商務省レポート』東洋経済新報社 1999 年

54. 米国商務省著、室田泰弘編訳『ディジタル・エコノミー 2000：米国商務省レポート』東洋経済新報社 2000 年

55. 米国商務省著、室田泰弘編訳『' 02 – 03 ディジタル・エコノミー：米国商務省レポート』東洋経済新報社 2002 年

56. 松永利文『情報通信政策の国際比較』学術図書出版社 2000 年

57. 宮田由紀夫『共同研究開発と産業政策』勁草書房 1997 年

58. 宮田由紀夫『アメリカの産業政策：論争と実践』八千代出版 2001 年

59. 郵政省郵政研究所編『1996 年米国電気通信法の解説』社団法人商事法務研究会 1997 年

60. リード著，草野厚訳『誰も知らないアメリカ議会』東洋経済新報社 1987 年

V 情報通信産業・政策論

61. 青木昌彦，奥野正寛編著『経済システムの比較制度分析』東京大学出版会 1996 年

62. 石黒一憲『国際通信法制の変革と日本の進路：電気通信事業法等の見直し問題との関係において』総合研究開発機構 1987 年

63. 石黒一憲『情報通信・知的財産権への国際的視点』国際書院 1990 年

64. 伊藤光晴編著『情報通信の発展と NTT の今後』日本評論社 1996 年

65. 今井賢一編著『情報技術と経済文化』NTT 出版 2002 年

66. 今村都南雄編著『民営化の効果と現実 NTT と JR』中央法規出版 1997 年

67. NTT ラーニングシステム編『NTT の 10 年 1985 → 1995 通史編』日本電信電話社史編纂委員会 1996 年

68. エベレット.M. ロジャース・ジュディス.K. ラーセン共著 安田寿明・アキコ.S. ドッカー共訳『シリコン・バレー・フィーバー 日本がめざす高度技術化都市』講談社 1984 年

69. 大西勝明『日本半導体産業論』森山書店 1994 年

70. 加藤敏春・SVM フォーラム編著『シリコンバレー・モデル マルチメディア社会構築へのメッセージ』NTT 出版 1995 年

71. 加藤寛編著『NTT vs 郵政省 インターネット時代の覇者は誰か？』PHP 研究所 1996 年

72. 木村順吾『情報政策法：ネットワーク社会の現状と課題』東洋経済新報社 1999 年

73. 木村順吾『IT 時代の法と経済』東洋経済新報社 2001 年

74. 後藤晃・山田昭雄『IT 革命と競争政策』東洋経済新報社 2001 年

75. 谷光太郎『半導体産業の系譜：巨大産業を築いた開拓者たち』日刊工業新聞社 1999 年

76. 土屋大洋『情報とグローバル・ガバナンス』慶應義塾大学出版会 2001 年

77. 法政大学比較経済研究所・萩原進・公文溥『アメリカ経済の再工業化－生産システム
    の転換と情報革命』法政大学出版局 1999 年

78. 山田敦『ネオ・テクノ・ナショナリズム－グローカル時代の技術と国際関係』有斐閣
    2001 年

VI メディア論・ネットワーク社会論

79. 池田信夫『情報通信革命と日本企業』NTT 出版 1997 年

80. 池田信夫『インターネット資本主義革命』NTT 出版 1999 年

81. 池田信夫『ブロードバンド戦略勝敗の分かれ目：情報通信社会主義の崩壊』日本経済
    新聞社 2002 年

82. 今井賢一『情報ネットワーク社会』岩波書店 1984 年

83. 内川芳美『マス・メディア法政策史研究』有斐閣 1989 年

84. クリス・ウェリー、モランダ・モウブレイ編、池田健一監訳『オンライン・コミュニティー』
    ピアソン・エデュケーション 2002 年

85. 林紘一郎, 池田信夫編著『ブロードバンド時代の制度設計』東洋経済新報社 2002 年

86. 林周二『日本型の情報社会』東京大学出版会 1987 年

87. 廣松毅・大平号声『情報経済のマクロ分析』東洋経済新報社 1990 年

88. 舟田正之・黒川和美編『通信新時代の法と経済』有斐閣 1991 年

Ⅶ 情報通信戦略論

89. 青木昌彦『経済システムの進化と多元性』東洋経済新報社 1995 年

90. 青木昌彦・安藤晴彦編著『モジュール化：新しい産業アーキテクチャの本質』東洋経済新報社 2002 年

91. 安藤晴彦・元橋一之『日本経済 競争力の構想』日本経済新聞社 2002 年

92. 奥野正寛・池田信夫『情報化と経済システムの転換』東洋経済新報社 2001 年

93. 尾高煌之助・都留康編『デジタル化時代の組織革新』有斐閣 2001 年

94. 國領二郎『オープン・アーキテクチャ戦略—ネットワーク時代の協働モデル』ダイヤモンド社 1999 年

95. 國領二郎『オープン・ネットワーク経営』日本経済新聞社 1995 年

96. 信夫千佳子『ポスト・リーン生産システムの探究—不確実性への企業適応—』文眞堂 2003 年

97. 末松千尋『京様式経営−モジュール化戦略』日本経済新聞社 2002 年

98. 竹田陽子『プロダクト・リアライゼーション戦略：3 次元情報技術が製品開発組織に与える影響』白桃書房 2000 年

99. 野口恒『日本発・最先端 "生産革命" を見る—セル生産／モジュール生産／ダイヤグラム生産／ BTO 生産—』日刊工業新聞社 2003 年

100. 野村総合研究所『変貌する米銀：オープン・アーキテクチャ化のインパクト』野村総合研究所 2002 年

101. 藤本隆宏『生産システムの進化論：トヨタ自動車にみる組織能力と創発プロセス』有斐閣 1997

102. 藤本隆宏・武石彰・青島矢一編『ビジネス・アーキテクチャ：製品・組織・プロセス

の戦略的設計』有斐閣 2001 年

103. 山田日登志『現場の変革、最強の経営 ムダとり』幻冬舎 2002 年

VIII 環境政策・環境経営論

104. 環境法政策学会編『環境政策における参加と情報的手法～環境パートナーシップの確立に向けて』商事法務 2003 年

105. 藤江俊彦『環境コミュニケーション論』慶應義塾大学出版会 1997 年

106. 三橋規宏『地球環境と企業経営～環境経営をリードする経済人たち』東洋経済新報社 2001 年

107. 森田恒幸・天野明弘編『地球環境問題とグローバル・コミュニティ』岩波書店 2002 年

108. 山本和夫・國部克彦『IBM の環境経営』東洋経済新報社 2001 年

●著者紹介

藏田 幸三 （くらた こうぞう）Kozo KURATA　　kurata@cuc.ac.jp

社会の共通的なインフラとなった IT を基盤として、社会・経済の本質に実証的な
調査・実務的な分析および政策研究の切り口で研究に取り組む。Society5.0 や
Industry4.0 など、新しい生産システムが創発する環境下、企業、行政、地域の三
者の連携による新しい社会づくり、SDGs 等を含めた持続可能な地域づくりを含め、
総合的な政策のあり方を模索している。

〔所属〕
千葉商科大学　商経学部　専任講師
東洋大学 PPP 研究センター　リサーチパートナー・関東学院大学　地域創生実践
研究所　客員研究員・一般財団法人　地方自治体公民連携研究財団（PPP 財団）
代表理事

〔専門〕
産業政策論・情報政策論・公民連携論・地方創生論

〔経歴〕
法政大学法学部（教育法：永井憲一ゼミナール）・同大学院法律学専攻（修士課程）、
千葉商科大学大学院経済学研究科（修士課程）、同政策研究科（博士課程）を経て、
2007 年より千葉商科大学に非常勤講師、2019 年より現職。「産業政策論」「地方
創生・地域産業論」「地域開発論」「現代産業論」「現代の日本経済」「生産システ
ム論」等を担当。経済政策学会、地域活性学会等に所属。川崎市、茅ヶ崎市、調
布市などの行政改革関連委員会や津山市の FM（ファシリティ・マネジメント）
委員会、公共施設・公民連携に関する審査委員会・評価委員会などを務める。代
表を務める PPP 財団では、北海道などの都道府県、横浜市などの市区町村の 45
の地方自治体と協定を結び、地方創生・地域活性化・人材育成などに取り組む。

〔研究業績（書籍・論文）〕
熊田禎宣・山本佳世子編『環境市民による地域環境資源の保全－理論と実践－』
古今書院、2008 年（地域学会著作賞）共著
「米国州政府における公民連携手法の公共経済学的考察 -- 民間提案型社会資本整
備制度の公共投資に与える影響を中心に」（国際公共経済学会論文賞受賞論文）
「民間提案型の公民連携手法の分析と日本への応用可能性に関する一考察～アメ

リカ・バージニア州 PPEA 法を中心に」(東洋大学経済学研究科最優秀論文)
「日本における民間提案型公民連携制度に関する一考察」(東洋大学 PPP 研究センター紀要 第 1 号)
「米国における公有資産活用事例 -- オイスター・スクール・プロジェクト (『地域開発』544 号)
彩の国人づくり広域連合「PPP による地方自治体運営イノベーションの調査・研究」(令和元年度政策課題共同研究 研究報告書 (2019 年度)   等

〔社会的活動〕
・内閣府経済社会総合研究所「公民連携」推進研究会 委員 (2011 年度、2012 年度)
・国土交通省「都市開発事業における効果的な PPP 手法の検討委員会」委員 (2010 年度、2011 年度)
・文部科学省「文教施設におけるコンセッション事業に関する先導的開発事業」企画提案選定委員会　委員 (2018 年度)
・神奈川県川崎市「川崎市の行財政改革に関する研究会」委員 (2014 年度〜現在)
・神奈川県茅ヶ崎市「行政改革推進委員会」委員 (2012 年度〜現在)
・神奈川県茅ヶ崎市「指定管理者選定評価委員会」委員 (2015 年度〜現在)
・神奈川県茅ヶ崎市「提案型民間活用制度事業者選定委員会」委員 (2015 年度〜現在)
・岡山県津山市ファシリティマネジメント委員会委員〔委員長〕(2015 年度〜現在)
・岡山県津山市旧苅田邸コンセッション事業選定委員会 委員 (2018 年度)
・岡山県津山市随意契約保証型民間活用制度審査委員会 委員 (2019 年度〜現在)
・茨城県龍ケ崎市「龍ケ崎市公共施設再編成の行動計画策定に係る有識者会議」委員 (会長) (2013 〜 2014 年度)
・茨城県龍ヶ崎市「龍ケ崎市公共施設等マネジメント推進委員会委員」〔副委員長〕(2015 年度〜 2016 年度)
・東京都調布市「調布市行財政改革推進会議」委員 (2014 年度〜現在)
・岡山県市町村振興協会「ファシリティマネジメント研究会」(シニアアドバイザ) 2014 年度
・大阪府枚方市「王仁公園土木部ワークショップ」ファシリテーター (2019 年度)
・大阪府枚方市「王仁公園あり方ワーキンググループ」アドバイザー (2019 年度)
・彩の国人づくり広域連合「PPP による地方自治体運営イノベーション」研究会アドバイザー (2019 年度)
・釧路公立大学　地域経済研究センター　客員研究員 (2012 年度〜 2013 年度)
・一般社団法人 コナン市民共同発電所プロジェクト　役員 (2011 年度〜現在)
        等

IT機器の日米改善比較分析
—1970-2020年を中心に—

2021年2月20日 初刷発行
2022年3月20日 第2版発行

著 者■藏田 幸三
発行者■大喜 幸豊
発行所■株式会社 エイデル研究所
〒102-0073 東京都千代田区九段北 4-1-9
TEL.03-3234-4641／FAX.03-3234-4644
装丁デザイン■嶋谷 桂
本文 DTP■大蔵 若博
印刷・製本 ■中央精版印刷株式会社